JN071180

バロック・オペラとギリシア古典

Baroque Opera and Greek Classics

大崎さやの　森佳子［編著］

辻昌宏　大河内文恵　森本頼子　吉江秀和［著］

論創社

はじめに

大崎さやの

本書は2021年3月20日にオンラインで開催したシンポジウム「ギリシア悲劇主題の18世紀のオペラ――イピゲネイア主題のオペラを起点として」[1]における研究発表をもとにした5編の論文に、書き下ろし論文1編を加えた、6編からなる論文集である。

洋の東西を問わず、古典の受容は、人の文化的営みの中心にあり続けてきた。バロック・オペラも例外ではなく、ギリシア・ローマ神話や悲劇、古代の歴史に基づく作品が、数多く存在する。なかでもイピゲネイアは、古典学者ナポリターノがその論考で、「当時作られたオペラの総数に対して比率としては比較的少数だったとはいえ、イピゲネイアという登場人物のセンセーショナルな成功を、過小評価してはならない」(Napolitano 2010, 37) と述べているように、ギリシア悲劇のヒロインとしては圧倒的な成功を収めた登場人物であった[2]。

だがそもそも、イピゲネイアが成功を収めたのは、バロック・オペラの世界が最初ではない。イピゲネイア主題の数々のオペラの原作となった古代ギリシアの悲劇詩人エウリピデス作の2つの悲劇、すなわち『アウリスのイピゲネイア』および『タウリケのイピゲネイア』[3]――あらすじについては、

1）主催：科学研究費補助金基盤研究(C)「18世紀のイタリア・オペラ台本の女性像に見られる社会の変容と作者の創作理念」(研究課題番号：16K02560　研究代表者：大崎さやの)、後援：日本18世紀学会・早稲田大学総合研究機構オペラ／音楽劇研究所・地中海学会・西洋比較演劇研究会により開催した。

2）同じ論考でナポリターノが、「サルトーリが1800年代の初め頃から刊行を始めたイタリアのリブレットの記念碑的な記録に列挙された何千というリブレットのうち、アルケスティスとヘレネに関するものはたった10作ほどであり、アンティゴネに関するものはその約2倍、イピゲネイアに関するものは約30作である」(Napolitano 2010, 42) と述べていることから、その成功を窺うことができる。

3）この2つの悲劇以前でイピゲネイアについて触れている文献の主なものとして、かつてヘシオドス作と考えられていた（実際は作者ではなかった）『名婦列伝』が挙げられており、そこではアウリスでアルテミスが祭壇にいたアガメムノンの娘を救い、アンブロジア（不老不死と

第 1 章の拙稿を参照されたい——は、バロック・オペラでイピゲネイアが取り上げられる以前にも、さまざまに言及され、また翻案作品が作られてきた。

たとえば古代ギリシアのアリストテレスは、その『詩学』で、登場人物の性格が首尾一貫していない例として『アウリスのイピゲネイア』におけるイピゲネイアを挙げている。そして『タウリケのイピゲネイア』でオレステスが自分の素性を明かすことは、作者によって作られた認知（相手が誰か認識すること）であるから技法としてまったく価値がないと批判している（アリストテレース 1997, 59-62）。一方、古代ローマのキケロは、悲劇作家マルクス・パクウィウスが新作劇で『タウリケのイピゲネイア』におけるオレステスとピュラデスが互いを救おうとする場面を取り上げた際、観客席から大きな歓声が沸き起こったと述べ、彼らの友情の素晴らしさを称揚している（キケロー 2019, 148）。同じく古代ローマのオウィディウスも、女神ディアナ（アルテミス）が生贄にされそうになったイピゲネイアを牝鹿に変えて救った顚末を、『変身物語』で語っている（オウィディウス 1984, 156）。中世にはダンテが『神曲』煉獄篇で、自身が煉獄で遭遇した霊魂が「僕がオレステスだ」と叫んだと述べて、『タウリケのイピゲネイア』でのイピゲネイアと弟オレステスの再会の場面に触れている（Dante 1960, 236）。

近代に入ると、14 世紀初めにテッサロニキで 2 つのイピゲネイアの悲劇を含むギリシア語写本が発見される。写本はまずイタリア・フィレンツェに渡り、1503 年にはヴェネツィアで出版者アルド・マヌーツィオによって印刷本が刊行される。その後、『アウリスのイピゲネイア』に関しては、エラスムスがラテン語翻訳を出版し（1506）、1551 年にはイタリアの文人ルドヴィーコ・ドルチェがそのイタリア語翻案を出版した（Gliksohn 1985, 65）。『タウリケのイピゲネイア』の方は、1520 年頃にジョヴァンニ・ルチェラーイが『オレステ（オレステス）』というイタリア語悲劇に翻案している。この『オレステ』は、1712 年にルイージ・リッコボーニの一座によってヴェネツィアで上演され、1723 年にはオリジナルの手稿から書き変えられた版

なる神々の食べ物）を振りかけたと語られている（Hall 2013, xxix）。またヘロドトスは、タウロイ（黒海沿岸のタウリケ、すなわち現在のクリミア半島に住んでいた民族）は自分たちが生贄を捧げる女神はアガメムノンの娘イピゲネイアだと語ったと『歴史』で述べている（ヘロドトス 2007, 71）。

が、シピオーネ・マッフェーイ編の『イタリア演劇、または上演用悲劇選集』（1723-25 初版、全 3 巻）のうちの 1 編として出版されている。リッコボーニの一座は、1713 年にもピエル・ヤーコポ・マルテッロ作の悲劇『タウリスのイフィジュニーア（タウリケのイピゲネイア）』（1709 ローマ初版）を上演しており、劇の主題としてイピゲネイアが広まっていたことがわかる（大崎 2022, 27-41）。

18 世紀にイピゲネイア主題が流行した理由の 1 つは、1674 年に初演されたフランスの劇作家ラシーヌの悲劇『イフィジェニー』（イピゲネイア）が、フランスのみならずヨーロッパ中で人気を得たことにある。この悲劇は『アウリスのイピゲネイア』の翻案である。

もう 1 つの『タウリケのイピゲネイア』も多数翻案されているが、この悲劇の人気について、ホールは「エウリピデスの劇がキリスト教徒としての振る舞いや賛美のモデル、特にイスラムに対する文化的自己規定と容易に一致すること。このことが、この劇のひな型としての人気を明かしている」と述べている（Hall 2013, 158）。劇で描かれる友情の美徳がキリスト教道徳に合致していたこと、そして劇中で描かれる野蛮なタウロイ人が、ヨーロッパ人の敵だったイスラム教徒のイメージと重ね合わされていたこと――特にオスマン・トルコは 1770 年頃までヨーロッパにとっての脅威であった――が人気の理由だとホールは説明する。

イピゲネイア主題の流行には、前記のようにいくつかの理由が考えられるが、筆者はこれらに加えて 18 世紀のヨーロッパで頻発した戦争――スペイン継承戦争（1701-14）、ポーランド継承戦争（1733-35 年）、オーストリア継承戦争（1740-48）、七年戦争（1756-63）、アメリカ独立戦争（1775-83）、そしてフランス革命戦争（1792-1802）――が、同じく民族間の対立と戦争を描いたイピゲネイアの悲劇を、当時の人々にとって身近に感じられるものとしたのではないかと思う。さらに、悲劇で描かれる主従関係――専制的な父親アガメムノンと、彼に従わざるを得ない母親クリュタイムネストラと娘イピゲネイア、あるいは専制的な王トアスと奴隷たち――に、王や貴族の横暴に耐えていた人々が、自分たちの現状を重ね合わせたのではないかとも思う。この主従関係にはさらに、男親に対する女親と娘、男の君主に対する女の奴隷という、男女の不平等な関係も含まれているが、考えてみれば 18 世紀はフェミニズム運動の黎明期でもあった。

いずれにせよイピゲネイアの主題がこれほどまでに人々に受け入れられ、その後も受容され続けている事実——主な受容の例として、ゲーテの『タウリスのイフィゲーニエ』（タウリケのイピゲネイア、1779 初演）、ハウプトマンの『デルフォイのイフィゲーニエ』（1940 初演、『タウリケのイピゲネイア』の後日譚）、ピナ・バウシュとヴッパタール舞踊団による『タウリスのイフィゲーニエ』（1974 初演、グルック作曲のオペラ《トリドのイフィジェニー》の音楽に振り付けたもの）など——は、この主題の普遍性を物語っている。実際、21 世紀の現代においても、いまだ民族間の対立と紛争、専制主義、人や国の不平等、ドメスティック・バイオレンス、さまざまなハラスメント等、どれもこれも問題は解決されないままである。イピゲネイアの主題は、いまなおアクチュアルなものであり続けているのだ。

本書のもととなったシンポジウムでは、イタリア、フランス、ドイツ、ロシア、イギリスの各地域において上演されたイピゲネイア主題のオペラ、またはギリシア古典を主題とするオペラを、それぞれの地域を研究対象とする研究者が、台本面、音楽面、上演面などから分析し、時代的な特徴や上演場所の地域性との関連を考慮に入れつつ検討した。

以下、簡単に各論考を紹介したい。

第 1 章の大崎さやの「イピゲネイア主題の 18 世紀のオペラ台本——ローマ、ウィーン、ヴェネツィア、ロンドン、パリで上演された台本を例に」では、18 世紀にヨーロッパ各都市で上演されたイピゲネイア主題のイタリア・オペラまたはフランス・オペラの台本に、当時アルカーディア・アカデミー（またはアッカデーミア・デッラルカーディア）が中心となって行ったオペラ改革の理念がどの程度実現されているのかを分析した。同時に各台本に見られる 18 世紀的な特徴と地域性について考察した。

第 2 章の辻昌宏「祝婚オペラとしての《シーロのアキッレ》」は、ハプスブルク家の皇女マリア・テレジアとフランツ・シュテファンの結婚を祝うために、メタスタージオの台本にカルダーラが作曲し、1736 年にウィーンで初演された《シーロのアキッレ》をめぐる論考である。オペラが作曲されるまでの経緯、《シーロのアキッレ》が台本に選ばれた理由、カテゴリーとしての祝婚オペラの考察、カルダーラ以降に同じ台本に作曲されたオペラとの比較がなされ、台本の持つ特質が明らかにされている。

第3章の大河内文恵「18世紀のベルリンにおけるギリシア悲劇を題材とするオペラ——C.H. グラウンの2つの《イフィゲニア》を例に」では、C.H. グラウンが1728年にブラウンシュヴァイクで上演したドイツ・オペラ《イフィゲニア》と、1748年にベルリンで上演したイタリア・オペラ《イフィジェニーア》の2つの台本と音楽を分析し、それらに見られるフランスとイタリアの要素を兼ね備えたドイツならではの特徴が述べられる。

第4章の森本頼子「18世紀ロシア宮廷におけるオペラ・セーリア上演の実態——ギリシア悲劇を原作とした作品に注目して」は、18世紀後半にロシア宮廷で上演されたギリシア悲劇主題による3つのオペラをめぐる論考である。同主題で史上2作目のロシア語オペラが書かれ、ロシア宮廷に招かれたオペラ改革の最前線の作曲家と台本作家もオペラを創作、上演したことで、ロシア文化に新たな波がもたらされていった様子が分かる。

第5章の吉江秀和「ヘンデルのギリシア悲劇に基づくオペラ《オレステ》の上演をめぐって」は、1734年にロンドンで初演された、ヘンデルによるイピゲネイア主題のオペラ《オレステ》についての論考である。ヘンデルがライバルの貴族オペラというオペラ団体との熾烈な競争の中で、なぜ《オレステ》という台本を選び、パスティッチョ（寄せ集め）・オペラという形式を採用したのか。その謎を明らかにしている。

第6章の森佳子「グルック《オリドのイフィジェニー》と《トリドのイフィジェニー》——新たなトラジェディ・リリックの誕生」は、18世紀後半のフランスで議論された「音楽模倣論」の理念が、グルックのイピゲネイア主題のオペラにおいてどのように実現されているかを論じる。観客の演劇的関心を逸らさないためのものと解釈される音楽の模倣を行うことで、グルックはオペラの作劇法に変革をもたらしたのである。

以上のように、各論考はイピゲネイアに代表されるギリシア古典の主題が、18世紀ヨーロッパの各地のオペラにおいてどのように受容され、それがどのような変革をもたらしたのかを探るものとなっている。

ヨーロッパ各都市で上演されたイピゲネイア主題の台本を分析する大崎の

論考に始まり、辻は皇女の祝婚オペラ用に書かれたギリシア古典に基づく台本が一般に広く浸透していく様を述べ、大河内はイピゲネイア主題で市のために書かれたオペラと国王フリードリヒ 2 世のために書かれたオペラを比較する。続いて森本は女帝エカテリーナ 2 世のロシア宮廷におけるギリシア悲劇主題の改革オペラを語り、吉江はロンドンにおけるビジネスとしてのイピゲネイア主題のオペラの上演を分析し、森は啓蒙思想家たちの中心地パリで上演されたイピゲネイア主題のオペラの持つ革新性を明らかにする。グルックの《トリドのイフィジェニー》は、18 世紀に上演されたギリシア古典に基づくオペラの代表作の 1 つで、のちのロマン主義オペラのひな型と言える。ギリシア古典に由来するオペラが、次世代への幕を開いたのだ。アメリカ独立にフランス革命という歴史的大事件が起こったこの激動の時代においても、ギリシア古典は脈々と人々に受け継がれ、形を変えながら、次の時代の文化を築き上げていったのである。

本書は 18 世紀のオペラの日本ではあまり知られていない一面を切り取った論集である。小さな一石ではあるが、今後の芸術文化の発展に少しでも貢献できれば幸いに思う。

バロック・オペラとギリシア古典　**目次**

はじめに

大崎さやの　3

第1章　イピゲネイア主題の18世紀のオペラ台本

ローマ、ウィーン、ヴェネツィア、ロンドン、パリで上演された台本を例に

大崎さやの　13

序　13

1　エウリピデス作悲劇『アウリスのイピゲネイア』および『タウリケのイピゲネイア』　15

2　ラシーヌ作悲劇『イフィジェニー』　18

3　18世紀イタリア・オペラ台本とフランス・オペラ台本におけるイピゲネイア　20

結び　38

第2章　祝婚オペラとしての《シーロのアキッレ》

辻　昌宏　41

1　フランツ・シュテファンとマリア・テレジアの仕組まれた出会いから結婚まで　42

2　カルダーラがカール6世およびマリア・テレジアの祝婚オペラを書くにいたる経緯　45

3　祝婚オペラとしての《シーロのアキッレ》　52

4　カルダーラ以降の《シーロのアキッレ》諸作の特徴と比較　61

おわりに　66

第 3 章　18 世紀のベルリンにおけるギリシア悲劇を題材とするオペラ
C. H. グラウンの 2 つの《イフィゲニア》を例に
大河内文恵　67

はじめに　67
1　ドイツ諸都市におけるイピゲネイアを主題とするオペラ　68
2　C. H. グラウンの《イフィゲニア》　71
結び　87

第 4 章　18 世紀ロシア宮廷におけるオペラ・セーリア上演の実態
ギリシア悲劇を原作とした作品に注目して
森本頼子　89

はじめに　89
1　18 世紀ロシアにおけるオペラ・セーリア上演　90
2　ロシアで上演されたギリシア悲劇主題のオペラ　97
おわりに　117

第 5 章　ヘンデルのギリシア悲劇に基づくオペラ《オレステ》の上演をめぐって
吉江秀和　119

はじめに　119
1　パスティッチョとは　120
2　1730 年代半ばのヘンデルを取り巻くイタリア・オペラ上演状況　121
3　ヘンデルの《オレステ》　134
おわりに　144

第 6 章　グルック《オリドのイフィジェニー》と《トリドのイフィジェニー》
新たなトラジェディ・リリックの誕生

森　佳子　147

はじめに　147

1　フランス・オペラの理念——その誕生からグルックまで　148

2　18 世紀末のオペラ論と作劇法　151

3　2 つの「イフィジェニー」の比較　157

4　考察　169

5　結論　170

参考文献　172

あとがき　185

人名索引　189

作品名索引　196

凡 例

1. 文献の出典情報は、(著者名または文献名 発行年, ページ数) で本文中に示した。文献の詳細は、巻末の参考文献を参照されたい。

2. 各種記号の主な意味は以下の通りである。

『 』 書名、雑誌名

「 」 論文等の題名、引用文

《 》 曲名、曲集名

〈 〉 小規模な曲名、曲集のなかの 1 曲

[ ] 引用文への補足・修正

3. 本文中、古典語 (ギリシア語、ラテン語) の日本語表記は、引用部や参考文献、他所との関連で必要とされる部分等を除き、基本的に音引きをしていない。

第1章

イピゲネイア主題の18世紀のオペラ台本

ローマ、ウィーン、ヴェネツィア、ロンドン、パリで上演された台本を例に

大崎さやの

序

ミュケナイの王女、イピゲネイアは、古来、ヨーロッパの芸術作品の中で、さまざまに表象されてきた。古代の作品で、演劇作品として現代に伝えられているものは、ギリシアの悲劇詩人エウリピデスによる『タウリケのイピゲネイア』(BC413頃執筆)と『アウリスのイピゲネイア』(BC405初演)で、この2作はのちに多様な形で描かれるイピゲネイア主題の劇作品の手本とされる。

近代初期、知識人層への普及の目的などから、エウリピデスの悲劇のラテン語への翻訳が始まる。本格的な受容が始まったのはフランスにおいてで、1674年初演のラシーヌの『イフィジェニー(イピゲネイア)』の成功でイピゲネイアの劇作品における受容は決定的となった。なお、この作品は『アウリスのイピゲネイア』の翻案である(Gliksohn 1985, 56-71)。

18世紀に入っても、ラシーヌの『イフィジェニー』は人々の熱狂の対象であり続け、英語、オランダ語、ドイツ語、スペイン語、ロシア語等の各国語に翻訳され、ヨーロッパ中に普及した。翻訳数が最も多かったのがイタリア語で、多くの版が出版されている。

イタリア語で18世紀にイピゲネイア主題で書かれたのは断然オペラ台本で、1713年にはローマでカルロ・シジズモンド・カペーチェの『アウリデ

のイフィジェニーア[1)]（アウリスのイピゲネイア）』および『タウリのイフィジェニーア（タウリケのイピゲネイア）』、1718年にはウィーンでアポストロ・ゼーノの『アウリデのイフィジェニーア』、1719年にはヴェネツィアでベネデット・パスクワリーゴの『タウリデのイフィジェニーア（タウリケのイピゲネイア）』、1735年にはロンドンでパオロ・ロッリの『アウリデのイフィジェニーア』と、各地でイピゲネイア主題のイタリア・オペラの台本が制作された。フランス・オペラでも、グルック作曲により知られるフランソワ＝ルイ・ガン・ル・ブラン・デュ・ルレの『オリドのイフィジェニー（アウリスのイピゲネイア）』が1774年に、ニコラ・フランソワ・ギヤールの『トリドのイフィジェニー（タウリケのイピゲネイア）』が1779年に、それぞれパリで初演された。

一方で18世紀はオペラ改革が行われた時代としても知られている。1690年にローマで創設された文学アカデミー、アルカーディア・アカデミー（またはアッカデーミア・デッラルカーディア Accademia dell'Arcadia）は、文学改革の一環としてオペラ台本の改革を目指した。フランス人によって非理性的で時に猥雑と批判されていた当時のイタリア・オペラの台本を、ラシーヌやコルネイユ等17世紀のフランス古典主義作家たちに倣って変えていこうとしたのである。その際、彼らはフランス古典主義演劇の規範に従うことにした。たとえば「三一致の法則」――すなわち、話の筋は一貫したもので、物語はできれば24時間以内に、場所的に近い範囲で展開されなければならないとする規則――や、劇は「真実らしさ」を持つものとしなければならない、登場人物の性格に一貫性を持たせなければならないなどとする、ルネサンス以来のアリストテレスの『詩学』解釈に由来する規範を守ることにしたのである。

本論文では、ローマ、ウィーン、ヴェネツィア、ロンドン、パリで上演されたイピゲネイア主題のオペラ台本を取り上げる。そして各台本においてオペラ改革の理念がどの程度実現されているのか、フランス古典主義理論の規範のうち、特に「真実らしさ」や登場人物の「一貫性」が実現されているか否かを中心に検証する。同時に台本の持つ18世紀的な特徴や、初演場所の地域性との結びつきについても考えてみたい。

1）本論文ではオペラ作品の台本のみを取り上げて論じているため、オペラ作品についても、通常用いられる《　》ではなく、文学作品に用いられる『　』を用いる。

1　エウリピデス作悲劇『アウリスのイピゲネイア』および『タウリケのイピゲネイア』

まず、近代においてさまざまな劇作品のもととされたエウリピデスの2作の内容を見てみたい。

2作のうち、成立年代は、『タウリケのイピゲネイア』（以降『タウリケ』と略記）の方が先だが、物語は『アウリスのイピゲネイア』（以降『アウリス』と略記）で語られる内容の方が先のため、最初に『アウリス』を取り上げる。

『アウリス』の初演は紀元前405年、作者エウリピデスが亡くなった翌年とされる（丹下2013, 111）。

舞台はギリシアの都市アウリス。スパルタ王メネラオスの妻ヘレネーがトロイアの王子パリスに連れ去られたため、メネラオスの兄でミュケナイ王のアガメムノンを総大将とするギリシア連合軍が、トロイアとの戦いに向けて船出するためアウリスに集合している。ところが風が吹かず出港できない。予言者カルカスが神託を伺うと、アガメムノンの長女イピゲネイアを女神アルテミスへ生贄に捧げなければならないという。

劇は、アガメムノンがイピゲネイアを勇者アキレウスと結婚させるという嘘の手紙を送って、彼女を呼び寄せようとしているところから始まる。アガメムノンは娘を生贄にしようとしたことを後悔し、今度はアウリスに来ないように伝える手紙を遣いの老人に託す。だが老人から手紙を取り上げたメネラオスと口論となる。そこへ、イピゲネイアと母クリュタイムネストラが喜び勇んでやってくる。アキレウスは母娘から結婚の話を聞いて驚くが、老人からイピゲネイアが犠牲にされると聞き、助けると約束する。クリュタイムネストラはアガメムノンを責め、イピゲネイアは悲嘆にくれる。だがその後イピゲネイアは一転して、死んでヘラス（ギリシア）を救いたいと言い出し、生贄となるため自ら祭壇に進み出る。それを聞いたアキレウスはイピゲネイアを妻にしたいと願い、生贄の祭壇に兵を配置して彼女を救おうとする。その後、生贄の場に居合わせなかったクリュタイムネストラのところに使者がやってきて、以下のように報告する。すなわち、祭壇に進み出たイピゲネイアは刃を突き立てられた瞬間に消え失せ、代わりに血を流した1匹の牝鹿がそこに横たわっていた。それは女神アルテミスの采配によるもので、姫は

図１　「イピゲネイアの犠牲」、ポンペイ、悲劇詩人の家の壁画（CC BY-SA 4.0）（ナポリ国立考古学博物館）

神々のところに行かれたのだろう、と（【図 1】）。アガメムノンが戦に出立するためクリュタイムネストラに別れを告げたところで悲劇は終わる（エウリピデス 1986a, 565-603）（人物相関図【図 2】）。

次に『タウリケ』を見てみよう。この悲劇の執筆は紀元前 414 年から 412 年の間と推測されている。

舞台はタウロイ人の国タウリケ（現在の黒海沿岸、クリミア半島の地域）のアルテミス神殿の前。女神アルテミスに救われたイピゲネイアは、アルテミス神殿の巫女となっており、国にやってきたギリシア人を生贄に捧げる際の浄めの儀式を担当している。彼女は故郷アルゴスの家が崩れ、残った大黒柱に浄めの水をかける夢を見て、弟オレステスが亡くなったのだと言う。一方母クリュタイムネストラを殺したため、復讐の女神に追われて逃亡中の弟オレステスは、従兄弟のピュラデスとともにタウリケにやってくる。神殿からアルテミス像を盗み出してアテナイに渡せば追跡されなく

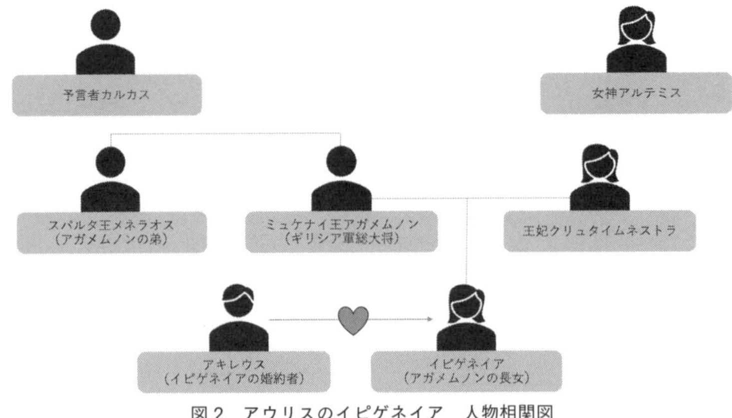

図２　アウリスのイピゲネイア　人物相関図

なるというアポロンの神託があったためである。2人は捕らえられ、イピゲネイアと会うが、姉弟は互いを認識できない。イピゲネイアはオレステスがアルゴス出身と知ると、家族に宛てた石版の手紙を渡そうとする。オレステスはピュラデスを生贄にして自分だけ助かる訳にはいかないと言って拒み、ピュラデスも同じことを言うので口論になる。最終的にピュラデスが石版を届けることとなり、イピゲネイアは彼に手紙の内容をことづてる。そこで彼らは彼女がイピゲネイアであると知り、再会を喜ぶ。タウリケの王トアスは、イピゲネイアたちが逃走しそうだという報せを聞いて追いかけようとするが、女神アテナに制止され、3人は無事脱出して悲劇は終わる（エウリピデス 1986b, 88-165）（【図3】、人物相関図【図4】）。

図3　「タウリケのイピゲネイア」、左からピュラデス、オレステス、イピゲネイア（ポンペイ、百年祭の家のフレスコ画）

以上がエウリピデスによる悲劇2編の梗概である[2)]。

図4　タウリケのイピゲネイア　人物相関図

2）2編とも悲劇であるが、いわゆる「悲劇的な」結末ではない。これはウィリアム・マルクスの言うように、悲劇性の近代的概念は「おもに18世紀から19世紀の転換期にドイツのザクセン＝ヴァイマール公国の小都市イェーナの周辺で」「ドイツロマン主義者とその追随者たちによって」作られたものであって、「悲劇性が不幸に終わる物語と一義的に同一視されるようになり、日常語でこの悲劇的という形容詞が“不吉な”の同義語になったのは、つい最近のことにすぎない」（マルクス 2019, 99-101）ためである。エウリピデスに関しては、「彼の名のもとに保存されてきた17篇の悲劇のうち、『アルケスティス』をのぞくと、不幸な結末を持つのは9篇のみ、すなわち53パーセントである」（マルクス 2019, 112）と述べられているように、

2　ラシーヌ作悲劇『イフィジェニー』

図5　ジャン・ラシーヌ（ジャン＝バティスト・サンテールによる肖像画、17世紀）

次にラシーヌ（【図5】）の悲劇『イフィジェニー』について検討したい。この悲劇は、先に述べたように、エウリピデスの『アウリス』の翻案である。1674年にフランス、ヴェルサイユにてフランシュ＝コンテ攻略を祝う祭典の一環としてルイ14世の御前で上演された（永井 2015, 20;　川口 1966, 130）。翌1675年にはブルゴーニュ座で一般公開され、数か月にわたり上演されるという成功を収めた。5幕から成る作品で、12音節詩行によって書かれている。

本作ではエウリピデスの原作とは異なり、アキレウス[3)]（仏語名アシール）はすでにイピゲネイアと婚約しており、彼がレスボス島から連れ帰ったエリピュレ（仏語名エリフィール）という女性が、イピゲネイアのライバルとして登場する。そのため原作よりも恋愛劇としての側面が強い作品となっている。ライバルのエリピュレは、実はトロイアに奪われたヘレネーの娘で、本名はイピゲネイアである。故に、犠牲にするよう神託が下ったのは、実はアガメムノンの娘イピゲネイアではなく、エリピュレの方であった。エリピュレは物語の最後にその事実を知り、自ら命を絶つことになる。

ラレーヌの悲劇は、エリピュレが自害して犠牲になることでイピゲネイアが死を免れるという筋となっており、神によって救われるデウス・エクス・

不幸な結末の悲劇と幸せな結末の悲劇は、ほぼ同数となっている。「悲劇」は現在一般的に信じられているように、不幸な結末を持つものだけではなかったのである。

3）本論文では同じ登場人物の各作品における違いを比較する。比較を容易にするため、これ以降登場人物名は、基本的に原語ではなくギリシア語による表記とする。

マキナ（機械仕掛けの神）によるエウリピデス版の非現実的な結末とは異なっている。ラシーヌは犠牲となるエリピュレについて、悲劇の序文で「イフィジェニーという名の姫君が犠牲にされたことは確かであるが、このイフィジェニーは、ヘレネーがテーセウスとの間に儲けた娘であるという」と述べ、そして「とくにポーザニアス［希語名パウサニアス］を挙げたのは、この作者のお蔭で、エリフィールという格好な人物を見つけることができたからである」と、イピゲネイアという本名を持つエリピュレという娘を見出したのは 2 世紀のギリシアの地理歴史学者パウサニアスの記述のお蔭だと説明している[4)]。そして「女神とか、舞台技巧とか、変身などの助けをかりて、この悲劇の結末をつけたところで、どんなものだろう？　そんなものは、エウリピデスの時代なら多少は信じられたかも知れないが、現代人にはあまりに馬鹿馬鹿しく、とうてい信じ難いだろう」と、結末を変えた理由に言及している（ラシーヌ 1966, 133-134）。

この結末の変更は、アリストテレスの『詩学』で「詩人の仕事は［……］起こりうることを、すなわち、ありそうな仕方で、あるいは必然的な仕方で起こる可能性のあることを、語ることである」（アリストテレース 1997, 43）と述べられる「ありそうなこと」、すなわち「真実らしさ（vraisemblance）」の概念を守るために考案されたものと考えられる。この概念は、序でも述べたように、フランス古典主義演劇で重視されていた。ラシーヌの友人ニコラ・ボワローは、アリストテレスの『詩学』やホラティウスの『詩論』に倣って書いた『詩法』を、『イフィジェニー』初演と同じ 1674 年に出版している。彼はそこで「観客に決して信じられないものは何も提供してはならない」と述べており（ボワロー 2019, 102）、ラシーヌはこの友人の理論を参考にしたものと思われる。

『イフィジェニー』の結末は、神の力によらないという点では確かに真実らしい。ただし、エリピュレはヘレネーの娘とはいえ、なぜわざわざ自害しなければならないのかという点で説得力に欠ける。彼女は結末の問題を解決するために、またアキレウスをめぐる三角関係の恋愛劇にするという作劇上

4）だがグリクソンは、イピゲネイアが本名の娘はクリュタイムネストラとアガメムノンが育てたイピゲネイアと同一人物だということが判明したため、ラシーヌは劇の都合を神話に書かれた内容に優先したと、ナイトの研究に基づいて指摘している（Gliksohn 1985, 74）。

の都合のために作られた人物のように見える。その点でラシーヌの「真実らしさ」の追求は、あまり成功しているとは思われない。

一方で、ラシーヌの『イフィジェニー』では、アリストテレスが『詩学』で批判した、エウリピデスの描くイピゲネイアの性格の一貫性のなさ（アリストテレース 1997, 59-60）は解消されている。エウリピデス版のイピゲネイアは、当初嘆き悲しんでいたのに、突如として犠牲になることを受け入れる。ラシーヌ版では、最初から動じることなく、父の命令に従うと述べる。父に命乞いはするものの、それは母とアキレウスを悲しませたくないという心遣いからで、父にも母にも婚約者にも従順である。彼女はおそらく当時の娘の理想像として描かれているのである。とはいえ犠牲にされることを顔色一つ変えずに受け入れるイピゲネイアが「真実らしい」のかは、やはり疑問である。他方、特にアガメムノンは、のちにディドロが高く評価しているように、複雑な心情を持つ人物として描かれ、一貫性と真実らしさを併せ持って見事に造形されている。ラシーヌ版では、父としての娘への愛情と、それによって生じる苦悩と葛藤が、エウリピデス版より一層克明に表現されているのである。王が涙を流す点も、エウリピデス版と異なる。またクリュタイムネストラは、娘を救うには軍にも立ち向かうと宣言するなど、エウリピデス版よりも気の強い女性とされている。アキレウスは一貫してイピゲネイアを守ろうとする英雄的な恋人として描かれる。

イピゲネイアの「真実らしさ」には疑問が残るが、アキレウスやクリュタイムネストラの怒りやアガメムノンの逡巡は、いかにも起こりそうなことで、「真実らしさ」に満ちている。特にアガメムノンの描写に、ラシーヌの心理劇創作の手腕が活かされている。

なお、この悲劇では、「三一致の法則」も守られており、全体として見ると、フランス古典主義演劇の規範に適っていると言える。

3　18世紀イタリア・オペラ台本とフランス・オペラ台本におけるイピゲネイア

カペーチェ作台本『アウリデのイフィジェニーア』と『タウリのイフィジェニーア』

エウリピデスの2つのイピゲネイア主題の悲劇に基づく18世紀イタリアのオペラ台本として最初に挙げられるのが、カルロ・シジズモンド・カペーチェ台本、ドメニコ・スカルラッティ作曲により1713年にローマで初演された『アウリデのイフィジェニーア』（以降『アウリデ』と略記）と、同じ台本作家と作曲家による同年初演の『タウリのイフィジェニーア』（以降『タウリ』と略記）である。ヘンデルのオラトリオ『復活』（1708ローマ初演）の詩人として知られるカペーチェは、アルカーディア・アカデミーのメンバーであった。彼は宮廷詩人として仕えていたポーランド王妃マリア・カジミェラ邸宅内の劇場での上演のために、この2つの3幕構成の台本を書いた。

『アウリデ』の内容を見てみると、まず登場人物はアガメムノン（伊語名アガメンノーネ）、クリュタイムネストラ（伊語名クリテンネーストラ）、イピゲネイア、アキレウス（伊語名アキッレ）、オデュッセウス（伊語名ウリッセ）、ピュラデス（伊語名ピーラデ）の6人で、エウリピデス版では『タウリケ』のみに登場したピュラデスが、新たな人物として付け加えられている。

クリュタイムネストラ、イピゲネイアとピュラデスは、船でアウリスの海辺に到着する。ピュラデスはイピゲネイアへの恋心を歌う。アガメムノンはオデュッセウスにイピゲネイアを生贄に捧げるよう促される。アキレウスがレスボスでの戦いから帰還し、イピゲネイアへの愛を歌う。森の中でピュラデスがイピゲネイアに愛を告白する。クリュタイムネストラは、アキレウスがイピゲネイアとの結婚を拒否したという王の嘘を信じて、アキレウスを責める。彼はイピゲネイアに別れを告げられ、混乱する。イピゲネイアはピュラデスに、自分は婚約者がいるので彼の愛には応えられないと告げる。クリュタイムネストラとアガメムノンが揉める中、イピゲネイアは死なせてほしいと歌う。彼女が祭壇に進むと、白い雲が周りを包み込む。雲が晴れるとイピゲネイアが現れ、自分はアルテミスに他の地へ連れて行かれることになったが、皆はトロイアに出発するようにと言って、幕となる（Capeci 1713a）。

次に『タウリ』を見てみよう。

登場人物はイピゲネイア、オレステス、トアス（伊語名トアンテ）、トアスの娘ドリーフィレ（＝伊語名）、ピュラデス、タウロイ人の王族の男子イズメーノ（＝伊語名）の6人である。序で作者も述べているように、エウリピデス版に対して、ドリーフィレとイズメーノが新たに付け加えられている。

イピゲネイアはトアスから、ギリシア人の生贄を捧げるのは、昔ギリシア人に自分の妻と息子を連れ去られたためだと聞かされる。イズメーノは幼なじみのドリーフィレに愛を告白するが拒絶される。彼は、イピゲネイアに、トアスが彼女を妻に望んでいると話す。イピゲネイアとドリーフィレは、眠っているオレステスを発見し、彼に魅せられる。だが、トアスが彼を牢に入れてしまう。ピュラデスはイピゲネイアと再会するが、互いに相手がわからない。ピュラデスはトアスに、オレステスの代わりに自分を殺すよう申し出る。牢に入れられたオレステスは、イピゲネイアに母について尋ねられ、復讐の女神たちの幻影を見る。彼は、幻影を追うために鎖を切って去り、ピュラデスも後を追う。剣を振り回して現れたオレステスを見て、トアスは逃げる。オレステスはドリーフィレに一目惚れするが、逆に彼女に捕らえられてしまう。ピュラデスがイピゲネイアに名を明かしたことで、2人は互いを認識し、オレステスもイピゲネイアの弟だとわかる。トアスはピュラデスを生贄にしようとするが、彼が実は自分の息子だとわかり、イピゲネイアとの結婚を認めて、喜びの合唱で幕が閉じる（Capeci 1713b）。

カペーチェの『アウリデ』にはピュラデスとオデュッセウスが追加されており、反対にメネラオスは不在だが、それ以外の点ではラシーヌ版よりもエウリピデス版に近い。ただし、『タウリ』でピュラデスが実はトアスの息子だと判明し、イピゲネイアとピュラデスが結ばれるという結末は、エウリピデス版からはかけ離れている。また、本作にはエウリピデス版やラシーヌ版とは異なり、アガメムノンやイピゲネイアの独白がある。これは個人の心情がアリアに託して歌われる、オペラならではの処理の仕方だと考えられる。

次にオペラの改革面から台本を見てみたい。「三一致の法則」に関しては、場の一致以外は守られている。「真実らしさ」については、オペラ最初期のヴェネツィアでも議論されたように、そもそも台詞を歌うという行為自体「真実らしさ」からはかけ離れているが、その点はアルカーディア・アカデミーでは問題にされなかったようである。アルカーディアで問題とされたのは、むしろ詩の内容面における「真実らしさ」である。カペーチェの台本は、登場人物の持つ「真実らしさ」の点では、エウリピデスやラシーヌを上回っているように感じられる。たとえばカペーチェの『アウリデ』では、イピゲネイアは自らの死について、一度は父の命令を受け入れたとはいえ、なぜ死ななければならないのか悩み続ける。クリュタイムネストラは、自分の命を代わりに差し出して、娘を救おうとする。オレステスは、母殺しという自分の所業に苦しみ、死んだ方がましだと言い続けるが、ドリーフィレの愛に救われる。ピュラデスは、最後まで友を救おうとする誠実な人物で、王女イピゲネイアと結ばれるにふさわしい青年として描かれている。どの人物も、その人に「ありそうな」行動をとっている。ただ、アガメムノンに関しては、娘の命を救おうとさまざまに画策するものの、突然翻意して彼女を殺すよう命じるなど、筋が通っていない。アガメムノンの描写は、ラシーヌの悲劇の方が細やかで、一貫性がある。『タウリ』について言えば、物語の最後で女神アテナが登場したエウリピデス版と違い、神々は登場せず世俗の世界で完結している点で、より真実らしい物語と言える。

次にこの台本の持つ 18 世紀的な特徴について見てみたい。のちの時代のメタスタージオ[5]等によるオペラ・セーリア（18 ～ 19 世紀にかけて作られた、英雄や歴史、神話を扱った、イタリア・オペラを指す用語。通常王侯貴族や神々を主人公とした）の台本では退場アリア（舞台に最後に残った 1 人が退場前に歌う独白アリア。オペラ・セーリアで一般化された）は各場の最後に歌われるが、カペーチェの台本では登場人物が場の途中でアリアを歌って退場するケースも多い。また、メタスタージオによる台本と異なり、二重唱や三重唱など、重唱が多く見られる点も特徴的である。オペラ・ブッファ（18 世紀に登場した喜劇なイタリア・オペラを指す用語。通常庶民やブルジョワを主人公とした）の最初の作品とされる『ラ・チッラ』がナポリで初演されたのが 1707 年であることを考えると、ナポリ楽派のドメニコ・スカルラッティの作曲によりローマで初演されたカペーチェのオペラには、近隣のナポリで誕生したオペラ・ブッファの新しい潮流が反映されている可能性も考えられる。オペラ・セーリアでは、恋人役 2 人による二重唱を除くと、重唱は喜劇的な場面に特徴的な形式だった。そのため、喜劇的な要素を取り除いていったオペラ・セーリアの台本には、恋人役や親子、友人同士などによる二重唱と、合唱のみが残っていく。たとえば次に見るゼーノの台本には、合唱はあるが重唱はない。このカペーチェの台本は 1713 年発表で、メタスタージオによりオペラ・セーリアの形式が完成する 1720 年代より前のものであるため、オペラ・ブッファ的な要素を残したままになっているとも考えられる。

5）メタスタージオについて、詳しくは本書第 2 章の辻昌宏「祝婚オペラとしての《シーロのアキッレ》」を参照されたい。

以上見たように、カペーチェの台本は、アルカーディア・アカデミーの改革理念に沿って書かれてはいるものの、新たなオペラ・ブッファ的な要素も含んだ、オペラ・セーリア改革の過渡期の作品と言える。

ゼーノ作台本『アウリデのイフィジェニーア』

図6　アポストロ・ゼーノ肖像

ウィーンの宮廷詩人だったゼーノ作（韻文化はピエトロ・パリアーティが担当）の『アウリデのイフィジェニーア』は、皇帝カール6世の誕生日を祝うため、1718年にウィーン宮廷劇場でカルダーラの音楽により初演された3幕のオペラである。ゼーノ（【図6】）はヴェネツィアの貴族で、後にアルカーディア・アカデミーの支部となる「勇者たちのアカデミー（Accademia degli Animosi）」の創設者（1691年創設）の1人であった。このオペラの登場人物は、アガメムノン、クリュタイムネストラ、イピゲネイア、アキレウス、レスボスの王女エリピュレ（伊語名エリゼーナ）、オデュッセウス、ギリシア軍隊長のテウクロス、アガメムノンの臣下アルカスの8人である。

アキレウスは、テウクロスの想い人エリピュレを連れて、レスボスからアウリスに凱旋する。エリピュレはテウクロスに、自分の素性を知った時は、自分が死ぬ時だとのアポロンの神託を明かす。アガメムノンはアルゴスを出立した妻と娘に引き返すよう手紙を書くが、それを読んだオデュッセウスに責められる。だがクリュタイムネストラとイピゲネイアは到着し、アキレウスがエリピュレに心を移したと誤解する。エリピュレはテウクロスに、自分と結婚する代わりにイピゲネイアとアキレウスを別れさせるよう頼む。娘が犠牲にされることを知ったクリュタイムネストラは、アキレウスに助けを求める。イピゲネイアは父に命乞いをするが、神々には逆らえないと聞き、犠牲となる決心をする。アガメムノンは臣下アルカスに、妻と娘をアルゴスに帰すよう命じる。アキレウスは神殿でイピゲネイアを守る。神官カルカス（劇には登場しない）がエリピュレの本名はイピゲネイアだと明かしたため、エリピュレは自害する。アガメムノン、イピゲネイア、アキレウスが神殿より現れ、ギリシア軍の出立を祝す中、幕となる（Zeno 1786, 237-264）。

ゼーノが初演に関して「作品は素晴らしい成功を収め、特に台本は皆から非常に好評で称賛されました」と手紙で述べているように（Zeno 1785, 444）、この台本は18世紀を通してフィレンツェ、ミュンヘン、パドヴァ、ローマと、各地でさまざまに音楽を付されて上演された。

ゼーノ自身は、台本はエウリピデスとラシーヌの悲劇に基づいていると序文で断っているが、実際はエウリピデスよりもむしろラシーヌの悲劇をかなり忠実になぞったものとなっている。

ラシーヌ悲劇と異なる点を見てみると、ゼーノの台本では頻繁に場面転換が行われており、場の一致を守るラシーヌ悲劇とは異なっている。またオペラ用に書かれているため、歌手ごとのアリア数の配分などが考慮された上で、劇の場面配分が行われている。第1幕第7場のアルカスと、第3幕第12場のエリピュレを除けば、登場人物は全員退場アリアを歌っており、さらにカペーチェ台本とは異なり、退場アリアが歌われるのは必ず各場の最後である。アルカーディア・アカデミーの創設者の一人であったクレシンベーニが論考『俗語詩の美について』で、ゼーノをオペラ台本における過剰なアリアの数を減らした改革者の1人と述べていることに対し（Crescimbeni 2019, 220）、現代の音楽学者フリーマンは、アリア数の減少は当時のオペラ台本の全般的な傾向で、ゼーノだけの特徴とは言えないと指摘している（Freeman 1968, 327-328）。確かに、先に見たカペーチェ版のアリア数31に対しゼーノ版は32と、アリアの数で言えばむしろ増えている。また退場アリアは「真実らしさ」にそぐわないことも事実である。

ゼーノ版はテウクロスが登場する点でもラシーヌ悲劇と異なっている。テウクロスはエリピュレへの愛に翻弄されるが、恋に苦しめられる若者役は牧歌劇の伝統を汲むものでもあり、カペーチェ版のピュラデス等、同時代のオペラにはこうした若者役が登場するのが常であった。そのため、ゼーノも慣習的に付け加えたものと思われる[6)]。

6）作曲者カルダーラは、カペーチェの『イピゲネイア』初演の翌年に同作家の『ティートとベレニーチェ』に作曲しているため、ゼーノがカルダーラを通じてカペーチェ台本を知っていた可能性は高い。

ゼーノの台本は、ラシーヌの悲劇と形式上は大きく異なっているが、内容的にはほぼ忠実な再現と言える。では内容面に新しい点はないのかと言えば、アガメムノンの台詞に、この台本が18世紀の作品だと判別できる要素が認められる。イピゲネイアの命乞いとクリュタイムネストラの抗議の後に、アガメムノンが娘を生贄にすることをやめ、2人をアルゴスに帰すことを決心する台詞である。以下、まずラシーヌ悲劇から、次にゼーノ台本から、同じ場面におけるアガメムノンの台詞を取り出してみる。

ラシーヌ『イフィジェニー』第4幕第8場

わしは神々の至高の御力を屈服させることを望んでいるのだろうか。
ああ！　どんな神もわしにとって、わし自身以上に残酷ではないだろう。
いや、わしにはできない。親子の情に道を譲ろう。
そして親として当然の憐みの情を恥じることは、もうやめよう。
（Racine 2008, 107）

ゼーノ『アウリデのイフィジェニーア』第3幕第6場

ああ、わしにとっては妻［クリュタイムネストラ］と
その達者な弁舌以上に怖いものはないのかもしれない！　ああ、娘や、娘や、
お前はわしの心配の種だ、お前はわしの心労のもとだ。
あいつ［イピゲネイア］がどんな風にわしに懇願したか？　どんな風に泣いたか？
わしの心を動かす親子の情よ、愛よ、自然よ。抵抗しても無駄だ。わが身は［親子の情、愛、自然に］任せるよ。（Zeno 1786, 244-245）

まず、ラシーヌの悲劇ではアガメムノンは神々の力を恐れているが、ゼーノ版のアガメムノンは妻クリュタイムネストラを何よりも恐れている。神話的というより、現実的な台詞で、見方によっては滑稽に聞こえなくもない。クレシンベーニは喜劇的な要素をオペラ台本から排除した改革者としてもゼーノを評価していたのであるが（Crescimbeni 2019, 220）、フリーマンも指摘しているように、ゼーノの台本に喜劇的な要素は依然として存在しているの

である（Freeman 1968, 326-327）。

もう1つ、ラシーヌ版との大きな違いとして指摘されるのは、ゼーノ版の台詞には「親子の情」や「愛」以外に、「自然」という言葉が使われている点である。この言葉の使用には、台本が書かれた18世紀前半におけるニュートンの影響が感じられる。ゼーノが活躍したヴェネツィアは、国際的に広範囲の地域と繋がりのある知的・科学的活動の中心地で、ゼーノも仲間の文人や科学者とともに、1710年に『イタリア文人新聞』を創刊した。これは、イタリア半島の文学及び科学の最も優れた著作の紹介を目的とするものだったが（Brover-Lubovsky 2010, 197）、すでに創刊年には紙上で数学者ヤーコプ・ヘルマンがニュートンの『プリンキピア』中の問題について論じていた（Ferrone 1982, 67）。そのニュートンの自然哲学では、「自然界」には神（この場合はキリスト教の神）の摂理が働いており、その摂理によって導かれる調和という現実を科学が証明しているのだとされた（ジェイコブ 1994, 263-283）。それ故ゼーノの「自然」という言葉の使用には、ギリシアの多神教的な世界観ではなく、むしろキリスト教的な世界観が感じられる。彼の描いたアガメムノンは、ギリシアの神々を恐れるラシーヌのアガメムノンと比べ、よりキリスト教的、かつ現実的な世界の登場人物と言えるかもしれない。

このように、自然を重んじ、喜劇的な現実描写を行うゼーノの台本には、18世紀的な新しい特徴と、ウィーン初演ではあるが、作者ゼーノの出身地ヴェネツィアの地域性がよく表れているのである。

パスクワリーゴ作台本『タウリデのイフィジェニーア』

パスクワリーゴ台本、オルランディーニ作曲の『タウリデのイフィジェニーア』は、1719年にヴェネツィア、グリマーニ劇場で初演された。ヴェネツィア貴族のパスクワリーゴは、ゼーノ同様「勇者たちのアカデミー」のメンバーで、エウリピデスやセネカの悲劇をイタリア語に翻訳している。

パスクワリーゴの台本は、先に見た2つの台本とは異なり5幕から成っており、登場人物の紹介の後に、「ロムアルド・マウリ氏の発明による可変場面（Scene mutabili d'invenzione del Sig. Romualdo Mauri）」（Pasqualigo 1719, 9）と、一般的な台本と異なり各場面の舞台設定を細かく指示する頁が含まれている。ここで面白いのは、アルテミスの神殿の場面の設定に、神殿の

「周囲に生贄になったギリシア人の脱いだ甲冑（Spoglie de' Greci sacrificati d'intorno)」という、これまでの版には見られなかった生々しい一文が見られる点である。タウリケに着いたオレステスが、生贄が捧げられた証として、木の枝にかかったギリシアの甲冑に言及する場面があるので、舞台に実際に甲冑が登場していたと考えられる。宮廷劇場で上演されたカペーチェやゼーノのオペラと異なり、パスクワリーゴ版は公衆劇場で上演されたオペラだったため、観客の残酷趣味を満足させ、生贄の恐怖を実感させる効果的な小道具として、「脱いだ甲冑」が舞台に取り入れられたものと思われる。

オペラの主な登場人物を見てみよう。イピゲネイア、トアス、オレステス、ピュラデスの他に、トアスの娘テオノエ（＝伊語名)、タウリケの大将でテオノエに恋するアルミレーノ（＝伊語名）が新たに加えられている。

トアスはアルミレーノとの結婚を渋る娘テオノエを説得するが拒否される。彼自身もイピゲネイアに結婚を申し込むが、こちらも断られる。船から上陸したオレステスとピュラデスは、神殿前の木の枝にかかったギリシア人の甲冑を発見した後、アルテミスの像を奪いに神殿に入る。だが捕らえられ、生贄にするようトアスからイピゲネイアに託される。イピゲネイアはオレステスに、テオノエはピュラデスに、それぞれ愛情を感じる。イピゲネイアはオレステスがアルゴス出身だと聞き、クリュタイムネストラについて尋ねるが、オレステスは怒って逃げる。イピゲネイアが眠っているオレステスを見つけると、彼は目覚めて自分は母を殺したと告げる。イピゲネイアはトアスに、捕虜にアルゴスへの手紙を届けさせてくれれば、トアスとの結婚を受け入れると言う。イピゲネイアがアルゴスへの手紙をピュラデスに渡したことで、互いの正体が判明する。トアスは自身の恩人であるポキス王からの手紙で、ピュラデスがポキス王の息子だと知る。トアスはポキス王からイピゲネイアとアルテミス像の安全を保つよう依頼されていた。その結果、イピゲネイアは独身を貫き、テオノエはピュラデスと結ばれることになる（Pasqualigo 1719)。

先に見たカペーチェの『タウリ』と比較すると、登場人物は、エウリピデス版の４人に、トアスの娘テオノエ（カペーチェ版ではドリーフィレ)、タウリケの大将アルミレーノ（カペーチェ版はイズメーノ）の２人を加えた計６人で、人物構成はカペーチェ版と同じである。また、トアスがイピゲネイアに、アルミレーノがテオノエに結婚を断られる点も、カペーチェ版同様である。

ただし、カペーチェ版ではピュラデスはトアスの息子であったが、こちらはトアスの恩人の息子に変えられている。イピゲネイアと処女神アルテミスとの関連性は、イピゲネイアが結婚を拒否して純潔を保ち続けるという点から、カペーチェ版よりも明確に読み取ることができる。

登場人物の性格の一貫性について見ると、まずイピゲネイアは、見ず知らずのギリシアの青年たちに同情し、自分が代わりに生贄になってもよいと述べるような、純粋で高徳な乙女として描かれる。ピュラデスは友情に篤い勇気ある男性、テオノエは恋人に一途な女性として描かれている。オレステスはピュラデスへの友情に溢れており、トアスは残酷な生贄の風習を変える気はないが、恩人の願いは素直に受け入れる。アルミレーノは報われないながらも、テオノエを想い続ける。どの人物も一貫した性格を持っている。

詩の内容面の真実らしさを見てみると、カペーチェ版同様、女神は登場せず、世俗の物語となっている。また、オレステスは、カペーチェ版では鎖を断ち切って逃走するが、パスクワリーゴ版ではまず鎖を外され、その後逃走するという流れで、より現実的な内容となっている。

次に物語の展開であるが、イピゲネイアとオレステスが互いを認識する「再認」（アナグノリシス。アリストテレスが『詩学』で唱えた。肉親の認知により、筋に劇的な展開がもたらされる）に関して、先に見たカペーチェ版では第2幕でイピゲネイアとピュラデスが互いを認識し、ピュラデスがオレステスに姉イピゲネイアを発見したと告げるというように、姉弟の再認は間接的なものとなっていた。さらにそれが悲劇半ばで起こることで、その後の展開はやや緊張感に欠けていた。それに対しパスクワリーゴ版では、エウリピデス版同様、3人は直接互いを認識する。またそれが悲劇のほぼ最後に起こることにより、観客が喜びそうな、より劇的でスリリングな展開となっている。

全体的に見て、パスクワリーゴ版は、エウリピデス版やカペーチェ版と比較して、非現実的な描写の少ない作品と言える。さらに、生贄になったギリシア人の甲冑を舞台に出すような残酷趣味や、緊張感溢れる展開は、数ある公衆劇場が競合していたヴェネツィアで、観客を呼び寄せる効果があったに違いない。パスクワリーゴの台本は、啓蒙期の台本らしく、より現実的な内容で、かつオペラ上演がビジネスだったヴェネツィアならではの特徴を備えた作品だと言える。

ロッリ作台本『アウリデのイフィジェニーア』

図7　パオロ・ロッリ（ドン・ドメニコ・ペンティーニによる肖像画）

次に1735年にニコラ・ポルポラの作曲によりロンドンのヘイマーケット劇場で上演された、ロッリ作、全3幕の『アウリデのイフィジェニーア』を見てみよう。ロッリ（【図7】）はメタスタージオ同様、アルカーディア・アカデミーの創設者の1人であるグラヴィーナによって育てられた。その後1715年頃ロンドンに移住し、ジョージ2世の王子たちの家庭教師を務め、王立音楽アカデミーの公式詩人となった。

ロッリ版の登場人物は、イピゲネイア、クリュタイムネストラ、アキレウス、アガメムノン、オデュッセウス、カルカスの6人である。

アガメムノンは手紙で妻と娘にアルゴスに帰るよう指示して神託に逆らおうとする。それをオデュッセウスから聞いた神官カルカスはアガメムノンを諫める。イピゲネイアとクリュタイムネストラが婚礼のために到着する。だがアキレウスは結婚について知らされていないと言う。彼は初対面のイピゲネイアの美しさに驚く。アガメムノンは妻子と再会した後、オデュッセウスとカルカスに生贄を促され、アキレウスに事情を話して助けを求める。クリュタイムネストラとイピゲネイアは真実を知り、イピゲネイアは犠牲となることを受け入れると言う。アガメムノンはカルカスにイピゲネイアを殺させまいと歌う。アキレウスは兵士たちにイピゲネイアを護衛させる。彼は神殿でカルカスに戦いを宣言し、イピゲネイアに逃げるよう告げる。彼女は護衛とともに出発するが、森の中でカルカスに見つかり、捕らえられてしまう。カルカスが神殿でイピゲネイアを殺そうとしていると、アキレウスが襲いかかる。そこへ女神アルテミスが雲に乗って現れ、イピゲネイアをタウリケに連れて行くと歌う。アガメムノンとクリュタイムネストラ、アキレウスも歌に加わり、最後に女神を称える合唱で幕となる（Rolli 1735）。

この台本は、最後にイピゲネイアが女神に連れて行かれる点が、エウリピデスの悲劇と同じである。その理由として、前年の 1734 年に同じロンドンのコヴェント・ガーデン劇場でエウリピデスの『タウリケ』に基づくヘンデルのパスティッチョ・オペラ[7]『オレステ（オレステス）』が初演されたことが、シュトロームによって指摘されている（Strohm 2012, 130）。『タウリケ』に先立つ物語として成立させるためには、イピゲネイアがアキレウスと結婚する筋立てでは齟齬が生じてしまうからである。

ロッリは台本の序文で、イピゲネイアを女神アルテミスに捧げなければならなくなった理由を、アガメムノンが女神にとって聖なる動物であった牝鹿を狩で殺したこととしており、劇中でもオデュッセウスがその理由に触れている。だがエウリピデス、ラシーヌ、カペーチェ、ゼーノのどの台本にも、そのような理由付けは見当たらない。そこで調査したところ、1 ～ 2 世紀頃の古代ローマのギリシア人、アポロドロスによる『ギリシア神話』の摘要の 3 章 22 節に、アガメムノンが牝鹿を殺したとする記述が見つかった（アポロドーロス 1978, 186）。さらに、犠牲に捧げられるのは、「アガメムノンの娘のうち最も美しさの優ったもの」とも書かれている。先に見てきた作品に、イピゲネイアの美しさに言及したものはなかったが、ロッリ版のアキレウスはイピゲネイアの美しさに魅せられており、その美について台本中でもしばしば言及される。これは、アポロドロスの書がもととなったためだと思われる。

登場人物について見てみよう。イピゲネイアは父の命であれば祖国に命を捧げることを厭わない、忠誠心の強い娘として描かれている。さらに、非常に美しいとされ、アキレウスも先行作品のように彼女の徳に魅せられるのではなく、もっぱらその美しさに惹かれている。アキレウスはイピゲネイアを守る勇者として描かれ、アガメムノンはイピゲネイアの犠牲を阻止しようと妻と協力する。カルカスはイピゲネイアに自ら手を下そうとする。オデュッセウスはアガメムノンに犠牲を捧げることを勧めるものの、第 2 幕までにしか登場せず、端役のような扱いである。先に見てきた劇と比べると、アガメムノンは最初から娘を救うことに決めているため心の葛藤はなく、神々

7）複数の既存作品の寄せ集めで構成されたオペラのこと。ヘンデルの『オレステ』について、詳しくは第 5 章の吉江秀和「ヘンデルのギリシア悲劇に基づくオペラ《オレステ》の上演をめぐって」を参照されたい。

に対する畏敬の念もあまり感じられない。行き違いや誤解によって登場人物が苦しむこともなく、どの登場人物にも悩みがない。そのため心理描写には乏しいが、一方でカルカスが明らかな悪役として描かれており、わかりやすい劇となっている。イタリア語を解さないロンドンの観客のことを考えれば、この作劇法の選択は正しいものであったと言えよう。そもそも台本自体、カペーチェやゼーノのものと比べ、非常に短い。カペーチェやゼーノの作品は君主の劇場で上演されたため、費用の問題を考慮する必要がなかったが、公衆劇場で営利目的のため上演されたこのオペラは、費用の問題から短縮されたとも推測される。

次に、作品の「真実らしさ」を検討したい。先に見たように、登場人物の性格は一貫しており、話の流れに不自然な部分はない。「三一致の法則」に関しても、場の一致以外は守られている。カペーチェやゼーノの台本と比較して興味深いのは、1710 年頃からオペラ・セーリアの規範とされていた退場アリアが、必ずしも登場人物の退出時に歌われていない点である。登場人物が退場するからといってアリアを歌うことは確かに不自然で、その点から見るとロッリの台本はより「真実らしさ」を獲得していると言える。

またこの台本では、第 2 幕の最後がアキレウスとカルカスが言い争う二重唱となっている。カペーチェ版には恋人同士や母子の二重唱があったが、このロッリ版では敵同士の二重唱となっている点が興味深い。また、イピゲネイア、アキレウス、クリュタイムネストラの三重唱は幕の途中に置かれるなど、従来の形式に囚われない重唱が、劇に真実らしさを与えている。

作品に表れた 18 世紀的な特徴を見てみよう。面白いのはこの劇ではっきりと悪役として描かれているのがカルカス、つまり神官となっている点である。カルカス以外の神官も、彼とともにイピゲネイアを捕らえて神殿に引っ立てていくのであるが、この神官という存在について、アキレウスはイピゲネイアの疑問に答える形で以下のように述べている。

> イピゲネイア：神々は偽ものなのですか？
> アキレウス：偽もので嘘つきなのは、その仲介者の方だ。彼らは神々に自分たちで作った風習や、奇妙な情熱を捧げているのだから。（第 2 幕第 5 場）（Rolli 1735, 30）

先にも述べたように、18世紀前半は、ニュートンの自然哲学がイギリスやフランスを中心に広まった時代である。熱心なニュートン主義者だったフランスの哲学者ヴォルテールは、聖職者や宗教的迫害や儀礼化された礼拝形式に反対する激しい論戦を行っている（ジェイコブ 1994, 275）。ロッリは1729年に、ニュートンも理事長を務めた世界最古の科学協会である王立協会（Royal Society）の会員となっており、当然ニュートン主義には親しんでいたものと思われる。さらに、書籍化された台本のタイトルページの裏には、「実に、かくも甚だしい悪事を行わせる力を持っていたのだ（Tantum potuit suadere Malorum）」というエピグラフが載せられている（【図8】）が、これは古代ローマの詩人哲学者ルクレティウスの『物の本質について』からの引用で、原文は「宗教とは、実に、かくも甚だしい悪事を行わせる力を持っていたのだ（Tantum religio potuit suadere malorum、傍点筆者）」（ルクレーティウス 1961, 13-14）である。ルクレティウスは同箇所で「ダナイー〔ギリシア〕人の選ばれたる将軍たち、兵どもの先に立つ者たちが、アウリス〔の港〕において、三叉路の処女神（ディアーナ）［＝アルテミス］の祭壇を、イーピアナッサ〔イピゲネイア〕の血を流して、みにくく汚がしたのも、このためにほかならなかった（〔　〕は訳者による注）」と、イピゲネイアを例に、宗教を攻撃している。ロッリは、エピグラフから原文の「religio 宗教」の語を用心深く外しているが、いずれにせよこのエピグラフは原文と同じ内容を表すものと考えられる。ルクレティウス同様、ロッリによるアキレウスの台詞や作品中でのカルカスの描写は聖職者への非難として読むことができ、その点でもこの劇には時代の特徴と、ニュートン主義の本場、ロンドンの土地柄が表れている。

図8　エピグラフ
「Tantum potuit suadere Malorum」

デュ・ルレ作台本『オリドのイフィジェニー』とギヤール作台本『トリドのイフィジェニー』

デュ・ルレ台本、グルック作曲の全3幕のオペラ『オリドのイフィジェニー』（以降『オリド』と略記）は、1774年にパリ・オペラ座で初演された。初演版では、神官カルカスが突如イピゲネイアを助けるようにという霊感を受け、彼女はあっさり助かるものとなっていた。だがこの結末は弱いと批評家たちから批判され、1775年の再演のために結末が修正された（Cumming 1995, 224）。グルックとデュ・ルレは、『メルキュール・ド・フランス』誌に手紙を出して人々の支持を得ようとし、ディドロがオペラ化を推奨したラシーヌの『イフィジェニー』の台詞数行をそのまま取り入れて、知識人層にアピールしようとした。

再演版の台本では、主要登場人物はアガメムノン、クリュタイムネストラ、イピゲネイア、アキレウス、パトロクロス、カルカス、アルカス、アルテミス（仏語名ディアーヌ）の8人である。

アガメムノンは娘を生贄にしなければならないと苦悩する。カルカスは自ら彼女に手を下さなければならない苦しみを漏らし、アガメムノンとともに神に祈るが、ギリシア人たちは生贄を急かす。そこにクリュタイムネストラとイピゲネイアが到着する。クリュタイムネストラはアキレウスが他の女性に心を奪われて結婚を断ったと言うが、アキレウスは自分は心変わりしていないとイピゲネイアへの堅い愛を歌う。イピゲネイアはアキレウスがレスボスから連れてきた女奴隷たちを自分の召使いにする。アガメムノンの臣下アルカスがイピゲネイアが犠牲になることを明かしたため、クリュタイムネストラとアキレウスは激怒する。アガメムノンは復讐の女神への畏れから、娘を生贄に捧げるのをやめると告げる。イピゲネイアは神々に従って死ぬと宣言して、祭壇前にひざまずく。カルカスが後ろで剣を構えているとアキレウスが助けに来る。そこへアルテミスが現れて、娘の徳と母の涙が恩寵を得たと述べ、兵士たちに出発を促し、恋人たちを祝福する。結婚祝いとトロイアでの勝利を期する合唱のうちに幕が閉じる（Du Roullet 2002, 25-99）。

続いてギヤール台本による全4幕の『トリドのイフィジェニー』（以降『トリド』と略記）を見てみよう。デュ・ルレは1776年に『ドラマ＝オペラについての手紙』を出版し、『オリド』の結末の後、女神はイピゲネイアをタウリケに連れて行ったと述べている（Du Roullet 1776, 15）。その後、彼とグルックの監督の下に、駆け出しの台本作家ギヤールが『トリド』を仕上げ、1779 年にパリ・オペラ座で初演された。台本はギモン・ド・ラ・トゥッシュの同名悲劇に基づいている[8)]。主要登場人物は、イピゲネイア、オレステス、ピュラデス、トアス、アルテミス、スキタイ人の男の 6 人である。

イピゲネイアは、故郷の家が崩れ、アガメムノンが剣で刺され、母クリュタイムネストラが逃走し、自身もオレステスを刺すという夢を見る。トアスは神々の怒りを鎮めるには生贄が必要だと言う。オレステスとピュラデスが浜辺で捕らえられる。神官がピュラデスを連れて行き、オレステスは意識を失う。すると舞台奥から復讐の女神たちが現れて、恐ろしいバレエ＝パントマイムを踊り、オレステスの母殺しを責める。オレステスはそこへやってきたイピゲネイアを母と取り違える。イピゲネイアはアルゴスにいる妹への手紙をピュラデスに託す。オレステスがイピゲネイアの名を口にしたことで、姉弟は相手が家族だと認識する。トアスはイピゲネイアが捕虜 1 名を逃がそうとしたと怒る。ピュラデスがギリシア兵を伴って故郷から戻り、スキタイ人たちとの戦いとなる。そこへ女神アルテミスが現れ、スキタイ人に女神像をギリシア人に返すよう命じ、オレステスには帰って国を治めるよう言って去る。平和を祈る合唱で幕が下りる（Guillard 2002, 101-159）。

『オリド』は先ほど述べたように、元はラシーヌの悲劇を模して書かれたが、ラシーヌ版に登場したエリピュレは取り除かれ、代わりにアキレウスの親友パトロクロスが加えられている。だがカミングによると、エリピュレを排除したせいで、第 2 幕でアキレウスがレスボス島の奴隷を伴って帰還する場面が意味をなさなくなり、批判されたという（Cumming 1995, 224）。パトロクロスも第 2 幕に台詞が 1 つあるだけで、果たして彼を加える必要があったのか疑問が生じる。

「三一致の法則」から台本を検討すると、『オリド』と『トリド』の両者において、時の一致は守られている。場の一致については、『オリド』では守られているが、『トリド』は幕ごとに舞台転換があり、守られていない。

筋の一致については、『オリド』では第 2 幕でアガメムノンがイピゲネイアを犠牲にすることをやめると独白したのに、第 3 幕になるとすでに生贄

8）ギモン・ド・ラ・トゥッシュの悲劇は 1757 年にパリのフランス座で初演されて成功し、1761 年にグルック滞在中のウィーンでも上演されている。

の儀式の準備が整えられている。前後で食い違う上、王の意見が無視されたまま儀式が強行されることになったように見え、「真実らしさ」の点で劇の展開に疑問が残る。イピゲネイアが、アキレウスが別の女性に心を奪われたために婚約を破棄されたと思い込み、嫉妬に悩まされるという設定も、エリピュレが取り除かれた台本においては意味をなさないと思われる。また、アガメムノンがイピゲネイアの犠牲を諦めるのは、復讐の女神への畏れからであり、ラシーヌ悲劇で語られた父としての愛情や、ゼーノ台本に見られる妻への恐れからではない。これはおそらく、グルックとデュ・ルレが続編『トリド』を書くことを念頭に、『オリド』に取り組んだためではないか。オレステスが復讐の女神の執拗な攻撃に悩み続ける『トリド』に繋げるには、好都合だと思われるからである。とはいえ、アガメムノンが復讐の女神に突然言及するのは不自然である。そのためラシーヌ悲劇におけるアガメムノンは、「真実らしさ」をおそらく最も備えた登場人物として描かれていたが、デュ・ルレの台本では説得力に欠ける人物となってしまっている。一方、『トリド』の筋は、破綻なく一貫性を持って展開されている。登場人物も、救いを待つイピゲネイア、過去の罪と復讐の女神に苦しめられるオレステス、オレステスと篤い友情で結ばれたピュラデス、残酷なタウリケの王トアスと、それぞれはっきりと役回りが決まっており、あらすじに有機的に組み込まれている。

18 世紀的な特徴は、『オリド』第 3 幕のクリュタイムネストラの独白によく表れている。この台詞には、先に述べたように、ディドロがオペラ用に推奨したラシーヌの台詞が若干の変更が加えられた上で取り入れられている。以下、引用する。

> クリュタイムネストラ：
> 神官は、残酷な群衆に取り囲まれて、
> 罪深い手を彼女の上に伸ばそうとするでしょう。
> 彼は彼女の胸を切り裂いて…
> そして好奇心に満ちた眼差しで
> ぴくぴくと動く心臓をあらため
> 神々の心を占うでしょう。（第 3 幕第 6 場）（Gluck 2002, 88）

この台詞も、ロッリ版のアキレウスの台詞同様、神官に対する批判となっている。引用元の作者ラシーヌは、キリスト教の教派であるジャンセニスムの牙城であったポール・ロワイヤル修道院の学校で教育を受けたが、キリスト教が敵対視していた演劇創作に関わったため、修道院の人々と対立した。彼はのちに信仰の道に戻るが、『イフィジェニー』執筆時の1674年には、まだ両者の対立は続いていた。ディドロはラシーヌの悲劇から、この神官を非難する箇所を注意深く取り出してオペラ化を推奨し、デュ・ルレは——他にもディドロが推奨した台詞はあったにもかかわらず——わざわざこの箇所を台本に取り入れているのである。デュ・ルレの台本は、ロッリの台本と共通する部分が少なくない。たとえばイピゲネイアの美しさについて、ロッリの台本同様何度も言及している。また、第2幕第6場でのアキレウスとアガメムノンの対立は二重唱で表現されているが、これはロッリ台本のアキレウスとカルカスの敵同士の二重唱とよく似ている。おそらくデュ・ルレ台本での神官の描き方も、ロッリ版のそれと同様、聖職者への批判と解釈できるのではないだろうか。

聖職者への疑念は『トリド』にも見られる。タウリケの王トアスは、「私の命は、神託に脅かされている。もし、ただ1人であっても外国人がこの地に足を踏み入れ、その血が神々の怒りを免れた場合には」と生贄を求める理由を述べている。ただ1人でも外国人が入国した場合、その血を神々に捧げなければ自分の命が危ないと、彼はイピゲネイアに訴えている。エウリピデスでは生贄は昔からの国のしきたりと説明され、カペーチェではトアスの妻子がかつてギリシア人に誘拐されたのが生贄の理由とされていたのが、ギヤールの台本では「神託」が犠牲を捧げる理由とされているのである。ギヤールとデュ・ルレ、そしてグルックが、それぞれ宗教とどのような関係にあったかについては今後調査が必要であるが、イピゲネイア主題の劇が、少なくとも18世紀のイギリスやフランスにおいては、宗教との関係で論じられるものであったことは、特筆すべき点ではないだろうか。

なお『オリド』と『トリド』の両者において、退場アリアは姿を消し、レチタティーヴォとアリアの境界も明確ではなくなる。アルガロッティがオペラ改革について述べた『オペラ論』で主張したように、オペラ全体の統一が目指されている。改革は、台本というよりむしろ音楽面に、その成果が表れていると言える。

結び

以上、ローマ、ウィーン、ヴェネツィア、ロンドン、パリの各都市で初演されたイピゲネイア主題のオペラ台本について、台本改革について検討しながら、それぞれの持つ 18 世紀的な特徴や、地域との関連について考察した。

1713 年、ローマにおいてポーランド女王の邸内の劇場で初演されたカペーチェの台本は、「真実らしさ」や「一貫性」を重視しており、同じくローマで創設されたアルカーディア・アカデミーの理念に沿った作品となっている。だが同時に、近くの町ナポリで生まれたオペラ・ブッファ的な要素も持ち合わせている。

1718 年にウィーンの宮廷劇場で初演されたゼーノの台本は、ラシーヌ悲劇のほぼ忠実な再現で、「真実らしさ」や「一貫性」はラシーヌ版と同程度に守られている。一方で、自然の重視と現実描写という 18 世紀的な特徴と、作者の出身地ヴェネツィアにおける思想潮流が反映されている点で、新しい作品となっている。

1719 年にヴェネツィアのグリマーニ劇場で初演されたパスクワリーゴ台本は、「真実らしさ」の点でも「一貫性」の点でも、優れた作品となっている。その現実的な描写に啓蒙期の特徴が表れており、一方で観客を喜ばせるような残酷趣味に、劇場間の競争が激しかったヴェネツィアで勝ち抜くための戦略が感じられる。

1735 年にロンドンのヘイマーケット劇場で初演されたロッリの台本も、確かな「一貫性」と「真実らしさ」を持つものである。作品に見られる宗教批判には、ニュートン主義の本場であるロンドンの地域性と、啓蒙期における反宗教の思想が表れている。

1774 年にパリ・オペラ座で初演されたデュ・ルレの台本は、「真実らしさ」と「一貫性」に弱さが見られる。一方、ギヤールが書き、1779 年に同劇場で初演された続編の台本は、「真実らしさ」も「一貫性」も高いレベルで実現されている。また両作品ともロッリの台本同様に聖職者への批判が見られ、フランスの啓蒙思想家たちの宗教批判に足並みを揃える内容となっている。

ほぼすべての台本に共通して「真実らしさ」や「一貫性」を尊重する台本改革の意識が見られ、また18世紀ならではの新たな特徴が表れている。一方で、同一の主題でありながら、各台本には作者自身の理念や戦略、あるいは作者を取り巻く都市の思潮が反映されており、それぞれ独自性が認められる。

ちなみに音楽学者のカミングによると、18世紀においては『アウリス』よりも『タウリケ』の方が、新たな「改革オペラ」の主題として好まれたという。グルック作曲の2つのオペラも例外ではなかったが、カミングはエウリピデスの『タウリケ』の持つ新古典主義的な側面が当時の観客に受け入れられたのがその理由ではないかとしている（Cumming 1995, 237）。すなわちヴィンケルマンが古代ギリシア美術を評して述べた「高貴な単純さと静かな偉大さ」という言葉に集約されるような、単純な美と高潔な美徳――『タウリケ』はギリシア劇の中でも最も単純な劇の1つで、登場人物は4名のみ、さらにオレステスとピュラデスの高潔な友情を描いている――が観衆に好まれたのではないかという説である。

そうした説ももちろん認められるだろうが、同時に18世紀には特にフランス演劇において、アリストテレス唱えるところの「再認」を筋に含む劇が流行していたことも指摘しておきたい。離れ離れになっていた家族が、互いにそうと知らずにいて、最後に互いを認知する物語は、1784年初演のボーマルシェの喜劇『フィガロの結婚』におけるフィガロとマルスリーヌ母子の再会にも見られる。『トリド』が『オリド』と比べてより大きな成功を収め、『タウリケ』原作のオペラが好まれた背景には、お涙頂戴の催涙喜劇が流行していた当時の演劇潮流も影響していたと考えられる。ブルジョワが社会で台頭する中で、家族や親子の関係や、ありのままの感情を重視するブルジョワ的な価値観が、オペラ台本でも優勢となっていた。

さらに、独裁者トアスのもとで奴隷とされていたイピゲネイアたちが、専制の軛（くびき）から脱するというあらすじも、時代の空気に合ったものだったのではないだろうか。シュテファニー台本、モーツァルト作曲のオペラ『後宮からの誘拐』（1782）も脱出を描くオペラだが、観客たちは『タウリケ』で脱出に成功するイピゲネイアたちに自分たちの姿を重ね合わせながら、新たな時代を夢見たのではないか。自由を求める当時の思潮が、18世紀に『タウリケ』が好まれた最大の理由のように思われる。

第2章

祝婚オペラとしての《シーロのアキッレ》

辻　昌宏

メタスタージオが《シーロのアキッレ》(スキュロス島のアキレウス)のリブレットを書いたのは、オーストリアの「女帝」となるマリア・テレジアの祝婚のためだった。メタスタージオは弟への手紙(1736年1月7日)で、このリブレットは18日で書いたが、こんなに短時間に書いたのは初めてだとこぼしている【図1】。

小論では、(1)祝婚オペラというカテゴリー(ジャンルのように固定的なものではなく分類上の装置)を措定することを提唱したい。思えば、オペラはフィレンツェで誕生した時から結婚を祝するスペクタクルであった。音楽劇のテーマに沿ってオペラ・セーリアやオペラ・ブッファといった分類がなされるのが通例であるが、制作される機会・オケージョンによる分類の有効性を考えてみたい。《シーロのアキッレ》を中心にいくつかの事例(マリア・テレジアの両親や祖父母の婚礼に際して作られた祝婚オペラ)を例にとり検証する。(2)《シーロのアキッレ》というオペラが誕生するまでの詳細な人的環境および地政学的状況と、ギリシア神話の中でアキッレ(アキレウス)の女装とその放棄という特異なテーマが選ばれた理由を、宮廷事情、マリア・テレジアおよび夫君となるフランツ・シュテファンが置かれていた宮廷事情、政治

図1　メタスタージオ

状況を踏まえて考察する。(3) さらに、初演後、メタスタージオのリブレットは複数の作曲家によって別の機会に別の場所で付曲されたが、コルセッリ作曲の《シーロのアキッレ》上演（1744）にいたるその軌跡をたどり、このオペラのリブレットが、祝婚オペラとしても通常オペラとしてもリユース上演される際にどのような修正が加えられていたのか、カテゴリーがどう横滑りしていったのかを検証する。

1 フランツ・シュテファンとマリア・テレジアの仕組まれた出会いから結婚まで

ロレーヌ公フランツ・シュテファン

まずは、マリア・テレジアと夫となるフランツ・シュテファンの出会いにいたるまでの事情を紹介しよう。マリア・テレジアの夫となったフランツ・シュテファンは、ロレーヌ公レオポルト・ヨーゼフの次男として生まれた。ロレーヌ（ドイツ語ではロートリンゲン）はなかなかややこしい存在で、領主は自らを国王であると称しているのだが、一方で、フランスと神聖ローマ帝国の間にはさまれ領土確保が難しい地域であった。実際、フランツ・シュテファンの父レオポルト・ヨーゼフは、ロレーヌがフランスに占領されロレーヌ公家がオーストリアに亡命していた時期にオーストリアのインスブルックで生まれている。彼はウィーンで軍人としての教育を受け、オスマン帝国との戦いに出陣し、またルイ 14 世を包囲する大同盟戦争の最終局面に関わり、1697 年のレイスウェイク条約でようやくルイ 14 世からロレーヌを取り戻したのである――ただし神聖ローマ帝国の封土として。その後もスペイン継承戦争が始まると、1702 年には首都ナンシーを含めいくつかの町は再びフランスに占領されてしまう。レオポルト・ヨーゼフにとってルイ 14 世は敵であるが、フランスの王族とは口も利かない犬猿の仲かというと、さにあらず。彼の妻は、ルイ 14 世の弟オルレアン公フィリップ 1 世の娘エリザベート・シャルロットなのである。この時代のヨーロッパの王族は、同盟関係が猫の目のように変わる。機をみて敏でなければ生き残れないのだ。だからヨーロッパの王族の結婚市場は国を越えて 1 つになっており、昨日の敵は今日の友という具合に入り組んだ婚姻関係の網の目が形成されていた。しかし、こういった入り組み複雑な婚姻関係が、継承者のいない王家や選帝侯家が生じた場合に継承戦争へと容易に発展するのもこの時代の特徴と言えよう。レオポルト・ヨーゼフは、神聖ローマ皇帝に臣従する一方で、フランス王の姪と婚姻関係を持ち、2人の間には13人の子が生まれた。成人に達したのは5人だが、この時代、身分を問わず、生まれた子どものうち成人に達するのは半分程度であった。こうした状況のもと、レオポルト・ヨーゼフが、自分の息子をハプスブルク家と結びつけようという意図を抱いたとしても不思議はない——レオポルト・ヨーゼフの母は、神聖ローマ皇帝フェルディナンド3世の娘エレオノーレである。ただし、最初に彼が意図したのは長男のレオポルト・クレメンスをウィーンに送り込むことであった。ウィーンの宮廷で育ったレオポルト・ヨーゼフは、この長男に君主たるにふさわしい教育をさずけ、さらにマリア・テレジアの父カール6世がボヘミア王として戴冠する際には目立たぬように息子を引き合わせる計画を立てていた（Stollberg-Rilinger 2021, 45-46）。しかし彼は1723年6月に天然痘で亡くなってしまう。レオポルト・ヨーゼフは1週間もたたぬうちに、では次男フランツ・シュテファンをウィーンに送り込もうと決意する。彼は皇帝夫妻に迎えられ、宮殿で皇帝の母がかつて住んでいた部屋をあてがわれる。ここに彼は1729年まで居候のような形で住まい、皇帝の狩のお供を勤めたのだった。この時フランツ・シュテファンは15歳で、9歳年下のマリア・テレジアは6歳だった【図2】。

当然のことながら、マリア・テレジアを花嫁候補として狙っていた（言い方が上品でないかもしれないが、前述のように婚姻により縁戚関係を作るのは国

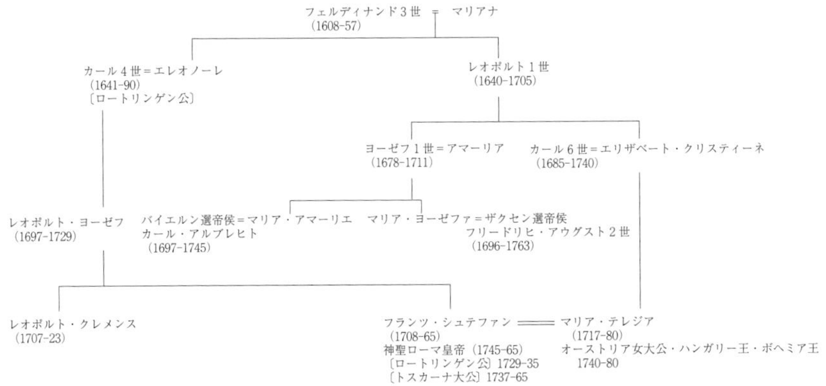

図2　ハプスブルク家家系図

家の戦略の重要な一部であり、関係者は鵜の目鷹の目で結婚相手となりうる候補者を探し求めている）のは、ロレーヌ公だけではない。先帝（カール6世の兄）の娘マリア・ヨーゼファ（ポーランド王かつザクセン選帝侯フリードリヒ・アウグスト2世の妃）やマリア・アマーリエ（バイエルン選帝侯カール・アルブレヒトの妃）や先帝の未亡人アマーリアもマリア・テレジアに目をつけていたのだが、結局はカール6世がフランツ・シュテファンを気に入っていたため、彼女らは話を進展させることができなかった。

1729年3月にレオポルト・ヨーゼフが亡くなると、フランツ・シュテファンはロレーヌ公となったが、父から受け継いだのは借金ばかりだった。度々のフランス軍の侵略で領土は疲弊し、またレオポルト・ヨーゼフの宮廷生活は派手なものだったからだ。

1733年、ポーランド王かつザクセン選帝侯のフリードリヒ・アウグスト1世が亡くなるとポーランド継承戦争が起こる。ポーランドは選挙王制で、ポーランド貴族のスタニスワフ・レシチニスキが王位継承に名乗りをあげ、娘婿であるフランス王ルイ15世はそれを支持した。同時にザクセン選帝侯の息子フリードリヒ・アウグスト2世も王位を請求した。彼の妃マリア・ヨーゼファは、カール6世の兄ヨーゼフ1世の娘。つまりカール6世にとってザクセン選帝侯は姪の夫であり、プラグマティッシェ･ザンクティオン（カール6世がオーストリア王位継承を定めるために発した詔勅。国事詔書。それまで男系のみに認められていた継承を、マリア・テレジアに継承させる意図で策定した）を認めてもらう代わりにカール6世は、フリードリヒ・アウグスト2世を支持した。こうして戦争が勃発すると、フランス＋スペイン対ザクセン＋神聖ローマ皇帝＋ロシアという構図が成立した。しかし皇帝にとっては悲惨な結果がもたらされ、フランス軍はロレーヌになだれこみ、スペインは当時ハプスブルク家の所領だったナポリやシチリアを攻略した。休戦の結果はイス取りゲームのようで、スタニスワフはポーランド王位を放棄する代わりにロレーヌ公国を手に入れたが、一代限りで、死後は、スタニスワフの娘マリー・レクザンスカ（ルイ15世の妃）に継承されることが決まった。カール6世はナポリ王国、シチリア王国を失い、その代わりにフランス王とスペイン王から国事詔書の承認を得た。領土を失ったロレーヌ公フランツ・シュテファンは、賠償金とメディチ家の最後の君主ジャン・ガストーネの死後にトスカーナ公国を与えられることが約束され、1737年になってトスカーナ大公に即位することになる。つまり即位は、マリア・テレジアとの結婚後である。通常の歴史書などでフランツ・シュテファンはマリア・テレジアと結婚するために先祖伝来の領土を割譲したと書かれていることがあるが、それは前記のような事情を圧縮したややミスリーディングな表現である。実際、大国同士の交渉がほぼまとまったところで、フランツ・シュテファンは意見を求められ、多少の抵抗をして幾分かの妥協を得たといったところなのである（Stollberg-Rilinger 2021, 49-50）【図3】。

図3　フランツ・シュテファンとマリア・テレジア

2　カルダーラがカール6世およびマリア・テレジアの祝婚オペラを書くにいたる経緯

カール6世のオペラ上演へのこだわり

ポーランド継承戦争を終結させるウィーン条約は1735年に予備条約が成立し、1738年に正式な条約が調印された。フランツ・シュテファンとマリア・テレジアの結婚の準備は1735年末から始まり、結婚の儀礼にかかる予算およびその調達について、カール6世は家臣に問い合わせている。祝婚オペラの上演を希望するカール6世に対し、家臣は貧困が蔓延している現状を伝え、結婚式をいずれにせよオペラが催されるカーニヴァル・シーズンまで延期し、出費を抑えるよう進言した。しかし皇帝は、祝典の中で最も経費を要するオペラをカーニヴァルとは別に結婚式のために上演するよう命じた【図4】。

1736年1月31日、フランツ・シュテファンは皇帝に正式にマリア・テレジアとの結婚を申し込む。この行為もここから先もすべては宮廷の儀礼にの

図4　カール6世

っとり厳かに事は進んでいく。結婚の契約が交わされ、両者とも15万ギルダーを供出している。契約の中には、マリア・テレジアが寡婦になった場合の住居としてロレーヌ領のコメルシーとトスカーナ公国のシエナが候補に挙がっている。

実際の結婚式が挙行されたのは1736年の2月12日であった。場所はウィーンのアウグスティーナ教会で教皇大使によって祝福された。その晩、公式の晩餐会が催されたが、テーブルについて食事をするのは皇帝夫妻と新郎・新婦と皇帝の親族3人のみであり、家臣たちは立ったままである。その後、床入りの儀式がある。翌日には結婚を記念するミサがあり、重臣たちも参加する。そして、この機会のために書かれたオペラが初演されるのである。このオペラを書いたのは台本がピエトロ・メタスタージオ、作曲はアントニオ・カルダーラであった。

カルダーラとハプスブルク宮廷

この時までのカール6世とカルダーラの関係は長きにわたっている。

話はスペイン継承戦争に遡る。のちの神聖ローマ皇帝カール6世は、この時点ではカール大公であり、父皇帝レオポルト1世につかわされバルセローナに赴いていた。スペイン継承戦争は、カルロス2世が世継ぎなく没したため大国同士が争いを繰り広げていたわけだが、途中からはスペインの内部争いの様相も呈していた。継承者の候補の1人はアンジュー公フィリップで、祖父ルイ14世のフランス、カスティーリア、バスク、ナバラが支持していた。一方、カール大公には、オーストリア、イギリス、オランダがつき、イベリア半島内ではアラゴン、バレンシアが支持していた。アンジュー公フィリップはマドリッドを取ってフェリペ5世を名乗った。一方、カール大公は、1703年にイベリア半島に赴き、バルセローナに1705年夏に入城し、カルロス3世を名乗った。そこでマドリッドを奪取する機会を狙ったが、思いがけず1711年に兄ヨーゼフ1世が没し、その後を継いで神聖ローマ皇帝カール6世となるためにバルセローナを後にした。

アントニオ・カルダーラは、1670年にヴェネツィアで生まれ、サン・マルコ寺院の聖歌隊に加わっており、聖歌隊を指導していた作曲家レグレンツィの弟子だった可能性が指摘されている【図5】。

図5　アントニオ・カルダーラ

月日は飛んで、1708年の四旬節。ローマに大作曲家が揃っていた。カルダーラのオラトリオが枢機卿ピエトロ・オットボーニ（1667-1740、教皇アレッサンドロ8世の大甥、外交官、美術品収集家かつパトロン、作曲家、アッカデーミア・デッラルカーディアの会員、詩人）の館で上演された。アッカデーミア・デッラルカーディア（Accademia dell'Arcadia）は、1690年にローマの貴族・文人が結成した知的サークル（アッカデーミア）で、バロック的な装飾過剰な文体を悪趣味なものとしてしりぞけ、古代の牧歌を範にとり優美かつ簡素な文体を目指した。のちには作曲家やリブレットを書く詩人も加わりオペラ改革にも少なからぬ影響を与えた団体である。オットボーニ枢機卿はヴェネツィア出身で、時にはリブレットを書き、それにアレッサンドロ・スカルラッティ、ベルナルド・パスクィーニ、カルロ・フランチェスコ・ポッラローロ等が曲を付した。

前述のように1708年の四旬節にはローマにコレッリ、パスクィーニ、ヘンデルがおり、そこにカルダーラも加わったわけである。大パトロンとしてオットボーニの他にルスポリ侯がいて、彼の館でもアレッサンドロ・スカルラッティの《バラ園》やヘンデルの《復活》が上演された。ヘンデルのこのオラトリオを指揮したのは作曲家アルカンジェロ・コレッリだった。

ところが1708年の晩春には、作曲家たちは蜘蛛の子を散らしたように移動してしまう。スペイン継承戦争の余波で、神聖ローマ皇帝とクレメンス11世の対立が激化し、皇帝軍がローマ城壁に迫ったのである。ヘンデルはナポリに向かい、カルダーラはおそらくバルセローナに向かった。バルセローナには舞台美術家のフェルディナンド・ガッリ・ビビエーナもカール大公に仕えるべく呼ばれていた。カール大公はもう5年にもわたり、アンジュー公フィリップに対抗して、スペイン継承権を主張していた。1705年10月にはバルセローナ市からカルロス3世として承認された。その時以来カールは、この城塞都市に宮廷をかまえたが、マドリッド攻略には成功しなかった。マドリッドは、フェリペ5世となったアンジュー公が支配していた。こういった背景の中で作曲・上演されたと考えられているのがカルダーラのオペラ《最も美しい名前》（初演バルセローナあるいはミラノ）である（Kirkendale 2007, 49-52）。

この作品は、通説では、1708年8月2日、カール大公とエリーザベト・クリスティーネ・フォン・ブランシュヴァイク＝ヴォルフェンビュッテルとの結婚式の翌日にバルセローナで初演されたと考えられている。しかし11月19日の聖エリ－ザベトの日に、聖名祝日を祝うために初演されたという説もある（Kirkendale 2007, 54）。新婦エリーザベトは当時ヨーロッパ貴族の3美女の誉れ高い女性だった。それを意識して室内オペラ《最も美しい名前》はギリシア神話のパリスの審判に基づいた台本である。パリスの審判のエピソードが用いられたバロック・オペラは数多く存在している。実際、カールの父レオポルト1世の祝婚オペラは、このテーマを用いたチェスティ作曲、フランチェスコ・ズバッラ台本の《黄金の林檎》だった。一番美しいのは誰かと問われたパリスがヴェーネレ（ヴィーナス）、ジュノーネ（ジュノー）、パッラデ（ミネルヴァ）の中からヴェーネレを選ぶと紛糾し、それを収めるべくジュピターは最も美しい人のシンボル黄金の林檎を新婦マルガリータ・テレーサに渡す、という物語だった。1707年8月にカールはエリーザベトとの婚約を公式に発表し、1708年4月23日、代理人を立てた結婚式をウィーンであげた。不在のカールの代わりに皇帝が代理人となった。2日後にエリーザベトはウィーンを発ってバルセローナに向かった（Kirkendale 2007, 52-53）。カルダーラが作曲したオペラ《最も美しい名前》の台本作者はピエトロ・パリアーティで、登場人物は5人。ジュノーネ（ジュノー）、ヴェーネレ（ヴィーナス）、エルコレ（ヘラクレス）、パーリデ（トロイの王子パリス）とファート（運命）である。神々の間で、美（ヴェーネレ、パーリデ）と美徳（ジュノーネ、エルコレ）の持ち主が競う。しかし運命の女神ファートが4人の神々を美においても美徳においてもしのぐ女神がやってくると告げる。それがエリーザだ。明らかに新婦エリーザベトの美と美徳をたたえる内容で、エルコレはカール大公のスペインにおける武勇を称賛するためのものだろう。

ただし初演日に関しては、バルセローナではなくて、ウィーンからの道すがら立ち寄り5週間滞在したミラノにおいてだという説もある（Kirkendale 2007, 53-54）。しかしここで我々の論旨にとって重要なのは、カール大公の祝婚のためエリーザベトを褒め称えるオペラをカルダーラが作曲し、それが大公に大変気に入られたことだ。スペインに向かうエリーザベトにカルダーラが同行したらしい。おそらく1708年にカルダーラはバルセローナにいた。だが、長く留まることはできなかったようだ。ルスポリ侯の文書にこの年の10月17日にはカルダーラ作品を写譜生が請け負ったという記述がある。おそらくは、この時点で定職を得ていなかったカルダーラはいくつかの宮廷に出向いて自分を売り込んでいたのだろう。

その甲斐あってか、カルダーラは1709年から7年間、ルスポリ侯に家付きの作曲家兼楽長として雇用される。ルスポリ家のような名家では歌の名手や楽器の名手も何人かサラリーを払い雇用しており、その中にはヘンデルの《復活》などを創唱した（今後もすることになる）有名なソプラノ歌手マルゲリータ・ドゥラスタンティもおり、彼女の俸給は毎月20スクードで、それはコントラバス奏者の1年分であり、チェリストの半年分だった。中には従者と演奏家を兼任しているものもおり、ヴァイオリン奏者ピエトロ・カストルッチなどは、ルスポリ家の従者としてヘンデルと知り合い、のちにロンドンでヘンデルのオペラでコンサートマスターを務めている。

頓挫した求職

1711年4月17日、神聖ローマ皇帝ヨーゼフ1世がウィーンで崩御した。スペインのバルセローナにいたヨーゼフ1世の弟カルロス3世（カール大公）がその地位を継ぎ皇帝カール6世となり、カルダーラは将来の皇帝に職を申請することにした。ルスポリ侯から休暇の許可を得て、5月7日にはアルト歌手のカテリーナ・ペトロッリと結婚した。彼女とともにウィーンに移住するつもりだったのである。8月から11月までカルダーラはミラノに滞在した。この町は、ハプスブルク家のイタリア領の中心でカール大公が到着することになっていた。大公は10月13日から11月10日までミラノに滞在したが、10月30日に大公が神聖ローマ皇帝に選出されたという知らせが届いた。カールはフランクフルトでの戴冠式のために11月10日出発した。カルダーラはウィーン宮廷への就職の陳情書を提出していた。1712年に彼は期待を持ってウィーンに到着した（Kirkendale 2007, 81-82）。君主の交代に伴って2つの重要な音楽関係のポストの任命が期待された。1709年のアントニオ・パンコッティの死去以来、楽長のポストが空白のままだった。しかしウィーンに到着すると副楽長だったマルカントニオ・ジアーニが楽長に昇進していた。カルダーラは新たに空白となった副楽長を望んだが、1713年1月から副楽長のポストはヨハン・ヨーゼフ・フックスが任ぜられることになる。フックスとカルダーラを比較した場合、作曲家としての才能はカルダーラにあるのだが、組織をまとめる力、奏者をリクルートしたりその面倒をみたりする能力においてはフックスが優れていると見なされたようだ。

落胆しつつカルダーラは1712年6月イタリアへの帰途につく。そして9月からは再びルスポリ侯にお仕えする。侯の別荘があるアルバーノに赴いて精力的に作曲活動を再開する。アルバーノには侯の義母が住んでいたのだ。

カルダーラはアッカデーミア・デッラルカーディアのために演奏をしたのは間違いない。ルスポリ侯が1707年から1721年まで彼らの活動場所を提供していたからだ。しかしヘンデル同様、カルダーラはアッカデーミアの正式のメンバーではなかった。会のメンバーに認められた音楽家は、何十年にもわたってパスクィーニ、コレッリ、A.スカルラッティのみだった。基本的にはアッカデーミア・デッラルカーディアは文学者中心の組織だったのだ（Kirkendale 2007, 106）。

カルダーラ、再びウィーンへ

1715年1月12日にウィーンのジアーニが亡くなる。宮廷楽長の夢が蘇る。しかし2月にはフックスが宮廷楽長となる。副楽長の座が、カルダーラ、ジュゼッペ・ポルシーレ、フランチェスコ・スカルラッティ（アレッサンドロの弟）によって競われた。ポルシーレとF.スカルラッティはフックスによって推薦され、とりわけポルシーレはバルセローナでカールに宮廷楽長として仕えた経験があった（Kirkendale 100-101）。しかし祝婚オペラを書いたこと、1711 ～ 12 年のウィーン滞在で皇帝がカルダーラのことをよく知っていたことが効を奏したようでカルダーラが副楽長に選ばれた。

カルダーラがローマを発ったのは 1716 年 5 月 24 日だった。こうしてウィーンの副楽長となったカルダーラだったが、サラリーは楽長よりずっと高く、仕事内容としては楽員の管理的仕事はほとんどせず作曲に専念することだった。彼は毎年皇帝の聖名祝日（11 月 4 日）のために大がかりなオペラを書き、1 年おきに皇妃の誕生日（8 月 28 日）のためにセレナータあるいは祝典曲を書いた。1732 年からは皇妃誕生日の作曲は毎年となった。皇妃のための作曲をフックス、フランチェスコ・バルトロメオ・コンティあるいはポルシーレがする時には、カルダーラは皇帝の誕生日（10 月 1 日）あるいは皇妃の誕生日（11 月 19 日）のためセレナータを書いた。要するに、カルダーラは皇帝、皇妃のために定期的にオペラやセレナータを作曲していた。しかし彼の仕事はそれに限るものではなく、祝婚オペラ、祝婚セレナータも書いたのは言うまでもない。

カルダーラと祝婚オペラ／セレナータ

1719 年に、前皇帝ヨーゼフ 1 世の娘（皇帝カール 6 世の姪）マリア・ヨーゼファがザクセン選帝侯の皇太子フリードリッヒ・アウグスト 2 世と結婚する際には、ゼーノがリブレットを書いた《シリタ》にカルダーラが作曲した。主人公シリタは、デンマーク王シヴァルドの王女で貞節の鏡。花嫁の美徳を讃える祝婚オペラである。1722 年その妹マリア・アマーリエとバイエルン選帝侯の婚礼の際には、カンタータ《愛神とヒュメーンの勝利》に曲を付した。こうして 1736 年マリア・テレジアとロレーヌ公フランツ・シュテファンの結婚時には、メタスタージオのリブレット《シーロのアキッレ》に作曲をしたのである（Kirkendale 2007, 108）。

カルダーラの楽曲と皇帝一家

カルダーラの音楽が皇帝カール 6 世のお気に入りだったことは、オペラや祝祭の音楽の独占度合から明らかなのであるが、その他にも彼は 100 曲単位でカノンを皇帝のために作っている。皇帝は、自らカノンを作曲したり歌ったりするほどの音楽愛好者だった。

オペラ《エウリステーオ（エウリュステウス）》上演の時には7歳のマリア・テレジアと6歳の妹マリア・アンナがバレエの踊り手として参加し、皇帝はオーケストラの筆頭でチェンバロを弾いたのである。

父の音楽好きを受け継いだのか、マリア・テレジアは宮廷で上演される小さなオペラに何度か出演し、歌を歌ったり、バレエを踊ったりしている。歌の巧みさは、同時代の証言が複数ある。彼女は幼い時からメタスタージオやカルダーラといった超一流の詩人、音楽家が身近にいる環境で育っているわけだ。18歳の時にはオペラ《三美神の復讐》で主要な役を歌っている。これはマリア・テレジア自身が母（皇妃）の誕生日のために委嘱した小オペラで上演時間は1時間に満たない。三美神とヴェーネレ（ヴィーナス）の葛藤が主題になっていて、三美神は息子のキューピッドを野放しにして人々や彼女らの生活に混乱をもたらしたヴェーネレに対する復讐として、新たな愛の神としてヴェーネレに代わりエリーザベトを愛の神とするという物語だ。これは前述のエリーザベトとカール6世の祝婚オペラと同工異曲のオペラだが、リブレットはメタスタージオ、作曲はカルダーラなのである。メタスタージオはリハーサルの時に弟への手紙で、「プリンセスたちの歌の技術、甘美さ、チャーミングなこと」を伝え、これは彼女らの身分の高さゆえに言っているのではないと断っている。

1744年の《イーペルメストラ（ヒュペルムネストラ）》（メタスタージオ台本、ハッセ作曲）は、彼女のために作られ、マリア・テレジアは歌い手として出演するつもりでおり、リハーサルも進行中だった。しかし彼女はすでにハンガリーやボヘミアの王位についており、家臣から君主としてふさわしくない振る舞いとされ、しぶしぶ出演を断念したのだった。

3　祝婚オペラとしての《シーロのアキッレ》

メタスタージオ版《シーロのアキッレ》のあらすじ

前述のように、祝婚オペラについてすでに経験を積んだカルダーラは、1736年マリア・テレジアのために祝婚オペラを作曲する。メタスタージオ台本、カルダーラ作曲のオペラ《シーロのアキッレ》は、マリア・テレジアとフランツ・シュテファン公の結婚式の翌日、1736年2月13日に初演されたわけだが、簡単にあらすじを紹介しておこう。それが先行作との比較、メタスタージオ台本が他の音楽家により作曲された版との相違を説明する際に必要であるからだ。メタスタージオのリブレットは、周知のように《シーロのアキッレ》に限らず1つのリブレットに対し多くの作曲家が曲を付しているが、各リブレットを綿密に比較してみると、レチタティーヴォの削除・改変、アリアの付加・削除などが行われている。その詳細は後述する。

まず序として、コンテクストの提示がメタスタージオ自身によって書かれている。つまりリブレットには最初にメタスタージオ自身による要約が付され、そこに幕が開くまでにどんな事柄が起きていたのかが説明されているのだ。テーティ（テティス＝アキッレの母、水の女神あるいはニンフ）は、息子アキッレが参戦しない限りトロイアとの戦争には勝てないという考えがギリシア人戦士の間に広まっているのを知り、戦争でのアキッレの命運を危惧する。息子を救うべく、彼女は息子を女装させ遠いシーロ島（スキュロス島）のリコメーデ（リュコメデス）王に託す（祝婚オペラのため、アキッレがトロイア戦争に行けば死すべき運命であることへの言及は巧みに避けられている）。アキッレは島ではピッラ（ピュラー）という名の若い女性として知られており、王の娘デイダミア（デイダメイア）と親しい。2人は密かに愛し合っているが、王はアキッレの正体を知らない。以上、述べたコンテクストに関しては、ギリシア神話を扱ったソースによってさまざまなヴァリエーションがあり、中にはデイダミアとアキッレの間にすでに子どもができているものなどもあるが、ここでは上述のコンテクストに従い2人は未婚である。また、以下のあらすじおよび場面の区切り方に関しては、マドリッドで2023年に上演された《シーロのアキッレ》のプログラムを参照している。

第1幕

第1場～第6場（バッカスの神殿）　アキッレ（ピッラ）とデイダミアはバッカス神の儀式に参加している。島に船が近づいてくる。デイダミアは逃げようとするが、アキッレは武具の音に惹かれる。デイダミアは「私より戦いが大事なの」と怒る。船乗りの1人はウリッセ（オデュッセウス）で、彼の密かなミッションはアキッレを見つけ出し戦場へ連れ帰ることだ。ウリッセはすぐにピッラが怪しいと気づく。

第7場～第12場（デイダミアの居室）　王はデイダミアに婚約者テアジェ

ーネ（テアゲネス）を紹介しようとするがデイダミアは拒絶。アキッレは婚約者の話を教えてくれなかったと怒り嫉妬心をあらわにするが、デイダミアはアキッレが女装したまま身を隠していれば彼への愛は変わらないと誓う。

第 13 場〜第 15 場　リコメーデ王は、テアジェーネとデイダミアを互いに紹介する。隠れて見ているアキッレは嫉妬する。王はテアジェーネに、君のライバルはピッラ（アキッレ）だよ、2 人はとても仲がよいから、と知らずに核心をついたことを言う。リコメーデ退場。再びデイダミアに拒絶されたテアジェーネは彼女を追いかけようとするが、アキッレに止められる。男勝りのピッラ（アキッレ）を見て、テアジェーネは彼女に惹かれる。

第 2 幕

第 1 場〜第 6 場　手練手管を駆使してウリッセはアキッレを刺激すべく、ヘラクレスの英雄らしさを称賛し、アキッレの苛立ちは募る。リコメーデ王は、ウリッセにトロイアとの戦争に船や兵士を提供すると約束。王はアキッレにデイダミアにテアジェーネとの結婚を促してくれと頼み、アキッレは苛(いら)立つ。アキッレは、後見人のネアルコ（ネアルコス）に、もうこれ以上女装し続けるのは無理だと言うが、ネアルコはここにいられなくなった場合のデイダミアの悲しみを考えよと説き、アキッレの気持ちを鎮める。

第 7 場〜第 12 場　ギリシアからの一行を歓迎するため、リコメーデ王はピッラに歌を歌ってもてなすよう命ずる。アキッレはチェトラ〔註：チェトラは形が竪琴のような撥弦楽器であるが時代によって形状が異なる。王の台詞にはチェトラとあり、ト書きにはリラ（竪琴）とあるが、オーケストラではチターで演奏されることもある〕を弾きながら歌う。召使たちがウリッセからの贈り物を運んでくる。宝石、衣装は女性たちの目を惹くが、アキッレは武具に惹き付けられる。突然物音がし、島に敵が襲来したかと（実はウリッセの策略）思われ、皆は部屋から逃げ出すが、アキッレは残り、ウリッセはその様子を隠れて見ている。アキッレはチェトラを捨て、剣と盾を取る。ウリッセが現れ出て称賛する。アキッレは女装を捨てようとするが、ネアルコはそれがどれほどデイダミアを悲しませることかと説得する。テアジェーネは再びデイダミアに求愛するが失敗する。

第 3 幕

第 1 場〜第 5 場（海に面した宮殿）　アキッレとウリッセはトロイアに向け

出航しようとしているが、そこへリコメーデの部下が止めに入る。デイダミアがアキッレを非難し、アキッレはとりあえず島に留まる決意をする。

第6場〜第7場　アキッレは王の前でデイダミアに求婚する。テアジェーネはこんな立派なカップルならばとデイダミアへの思いを断念する。王はアキッレの求婚を認める。

リチェンツァ（締めの挨拶）：赤い百合と白い百合の王家が結ばれ、英雄たちが続々と生まれるでしょうと合唱が歌う。

このリチェンツァの部分は、版によって相違が大きいのだが、それはそれぞれのオペラがどのような機会に作られたか、上演されたかが大きな要因となっているためである。詳細は後述する。

メタスタージオ台本の特徴

《シーロのアキッレ》のリブレットはメタスタージオのリブレットの中で特徴的な部分がいくつかある。1つは短期間（18日半）で書き上げたこと。これは前述のようにカール6世と家臣との間で最初は祝婚オペラを作るかどうかの意見が一致していなかったためだと考えられる。2つ目のそして最大の特徴は、アキッレというギリシアの英雄が最初から女装して登場することだ。幕開きから彼はピッラという名前でデイダミアの女友達として出てくる。しかしウリッセからの刺激を受けると勇敢に戦いたいという本性が現れ出てくる。ここには異性装というテーマも絡んでいる（中川 2008, 80-82）。さらに3番目は、主人公アキッレとデイダミアが幼なじみ、あるいは長年知り合っていること。一目惚れの反対である。

マリア・テレジアの祝婚に選ばれた理由

前記の特徴は、マリア・テレジアの祝婚のために作られたオペラであるということとどう繋がっているのか。アキッレは登場した時には女装しているが、やがてその女装を捨て勇者として出陣する。しかし同時にデイダミアとの愛を成就させる。マリア・テレジアは皇女として育てられたが、男兄弟がいなかったため、ある時点からは皇帝の後継者となる。父の皇帝カール6世は、彼女に跡を継がせるためにプラグマティッシェ・ザンクティオン（国事詔書）を1713年に発布し、それを周辺国に承認させるべく奔走しているわけである。結婚して皇帝の後を継げば、外交・戦争の矢面に立たねばならない（実際には、カール没後、周辺国はプラグマティッシェ・ザンクティオンを承認せず、継承戦争が勃発した）。家庭（宮廷）内から世界に出ていかねばならないのである。その意味でマリア・テレジアは象徴的に性的役割を変化させねばならない、という点で、アキッレはそれを寓意的に表象する主人公と言えるだろう。もう1つは、アキッレとデイダミアが幼なじみ、あるいは長年親しんだ間柄であるということだ。アキッレはデイダミアの侍女たちに混じってデイダミアのそばにいて親しくなったのである。その点はまさにマリア・テレジアとフランツ・シュテファンに似ている。マリア・テレジアは6歳の時に、15歳のフランツ・シュテファンと出会っているが、フランツ・シュテファンは前述のようにウィーンの宮廷内に居室を得て、カール6世の狩りのお供などをしている。つまり他国のプリンスでありながら、マリア・テレジアが子どもの頃から同じ空間に暮らしていたのである。その点で、両カップルは共通点があるわけだ。このリブレットが味わい深いのはアキッレが女装していて最後に女装を解いて勇者として愛も成就するという物語であるため、アキッレをマリア・テレジアの表象と読むこともでき、その一方で、アキッレは、他国の王（皇帝）のもとで暮らしていたという点でフランツ・シュテファンの表象と読むこともできる点だ。寓意的には、愛と栄光の葛藤、そして両者を獲得する物語とも読める。また、当時進行していたオペラ改革の基準から言えば、アキッレの女装とそれを何とかやめさせようとするウリッセの策士ぶり、アキッレが女装をやめると決意したり、その決意を引っ込めたりして揺れ動く様はユーモラスな場面に充ちており、オペラ・セーリアが追求した方向性からずれる。シリアスな要素とブッファな（滑稽な）要素がごたまぜになっているわけだ。そのせいか、メタスタージオはこの作品が不評に終わることを恐れていた。しかし実際には大変好評で、しかも後述のようにこの後も他の作曲家によって曲が付されている。思うに、オペラのリブレット改革などというものはフランス古典主義の成果への引け目を感じていたイタリア文人サークルにとっては重要な運動であったかもしれないが、パトロン側のハプスブルク家の貴人にとっては直接的にはあずかり知らぬこと。リブレットの中身が純化されぬという欠点？　があったとしても、ユーモラスな場面があることをむしろ楽しみとして、ポジティヴに享受したのではないだろうか。

マリア・テレジアの祝婚オペラの先行作

こうして1736年2月に《シーロのアキッレ》はウィーンで上演されたわけだが、このアキッレ（アキレウス）を扱ったオペラには先行作がいくつかあった。70年ほど前にフェッラーラで上演された《シーロのアキッレ》（1663）は、「劇的寓話（Favola Dramatica）」と自ら規定している。リブレットを書いたのはイッポーリト・ベンティヴォーリオという貴族・宮廷人の詩人であった。度重なる軍役にも赴いている。作曲はジョヴァンニ・レグレンツィ。レグレンツィはヴェネツィアのサン・マルコ寺院の副楽長および楽長をしていた時期にカルダーラを指導しており、カルダーラがこのオペラのことを知っていたとしてもおかしくはないだろう。このオペラは1663年にフェッラーラで初演されているが好評だったとみえて、1664、65年にヴェネツィアで再演されているのだ。1670年生まれのカルダーラ、1698年生まれのメタスタージオは直接見たことはないわけだが、評判を聞いたことはあったかもしれない。

メタスタージオの《シーロのアキッレ》とベンティヴォーリオのオペラには5つの相違点がある。

1. ベンティヴォーリオのオペラは祝婚オペラではなく、枢機卿ジャーコモ・フランツォーニに献呈されている。
2. ベンティヴォーリオ版にはプロローグがあって（メタスタージオ版にはない）、そこでティフェーオ（テュポン、山に押しつぶされる巨人族）、ジュノーネ（ユノー、ジョーヴェの妻）、パッラデ（パラス、アテネの守護女神）、ケンタウロスのキローネ（ケイロン）が話し合う。
3. デイダミアにはチレーネ（キュレネ）という妹がいて、テアジェーネに相当するポリカステはチレーネに求愛する。
4. モック（しゃべらない）の登場人物がリコメーデの番兵、ポリカステの番兵、デイダミアの侍女など複数いる。
5. ベンティヴォーリオ版の終幕にはLicenza（最後の挨拶）がない。

まとめて言えば、全体としてはメタスタージオ版の方が、登場人物が減っており、副筋が整理されてすっきりコンパクトになっている。また、乳母が2人の愛の言葉を混ぜっ返すような台詞もない。ベンティヴォーリオのリブレットは17世紀に制作されたものであり、当時の通例に従い、セリアな要素とブッファな要素が混交することにためらいはなく、ブッファな台詞を担う役として乳母がいる。乳母は、二人が交わす愛の言葉を聞くと、そんなものは風に放り投げるようなもの（当てにならない）とか、ピッラには一番肝心なところが欠けているのになんでそんなにデイダミアはお気にいりなのか、などときわどいことも言う。それに対し、メタスタージオ版は、主人公アキッレの女装やテアジェーネが男勝りのピッラ（アキッレ）に惚れてしまうというユーモラスな状況はあるものの、それはあくまでも状況であって、主要登場人物の（台詞の）価値観を皮肉ったり、世の中そんなものではない、といった世俗的本音の台詞や混ぜっ返しの台詞を担う人物はいない。つまり、メタスタージオは、17世紀的なリブレットの枠組みを引き継ぎつつ、セリア寄りに登場人物やストーリーの組み立てを整理しているのである。ただし、このオペラが祝婚オペラであるため最後の最後にリチェンツァを置いて、祝祭としての形を整えている。このリチェンツァには本編とは無関係に突然、Gloria（栄光）とTempo（時）とAmore（愛神）が雲の上から登場する。アモーレの台詞に 'Oggi dell'Istro/su la sponda real l'anime auguste/di Teresa e Francesco/stringe nodo immortale.（今日、ドナウ河の王国の岸辺で、テレーザとフランチェスコの畏き魂が永遠の契りを結ぶ）' と新婦、新郎の名前（マリア・テレジアとフランツはイタリア語ではマリア・テレーザ、フランチェスコとなる）が出てきて2人の魂が不滅の契りを結ぶとある。また、'Su' grandi esempi/e di Carlo e d'Elisa（カルロとエリーザを大いなる模範として）' と皇帝夫妻の名前も出てきて、彼らを新カップルは範とする、とある。当て書きであることは明白なので、初演以降に別の場所、別の機会に別の作曲家によって曲が付される際に、このリチェンツァの部分がカットされたのは当然と言えよう。

カペーチェとD. スカルラッティの《シーロのテーティデ》

前記のものとは別の先行作として、《シーロのテーティデ》がある。テーティデはアキッレの母である。カルロ・シジスモンド・カペーチェ（カペーチの表記もある）台本、ドメニコ・スカルラッティ作曲である。1712年1月

10日にローマのパラッツォ・ズッカリで初演され、ポーランド王妃マリア・カジミェラに献呈されている。フランス出身で王妃の侍女だったマリア・カジミェラは王妃に上りつめる。だが夫の死後、王位継承をめぐる政争に敗れ(ポーランドは選挙王制である)、ローマで隠居生活を送り、パラッツォ・ズッカリで小宮廷を営んでいたのだ。カペーチェはもともと外交官で教皇庁からマドリッドに派遣されていた。外交官として、秘書として、何人かの枢機卿に仕えた。アッカデーミア・デッラルカーディアに1692年に入会しているが、それは彼がアッカデーミアの創立者のクレシンベーニと友人であったことが影響している。1704年には前述のポーランド王妃マリア・カジミェラに仕えるようになり、それは1714年に彼女がローマを去るまで続いた。彼の作品に音楽が付されたものとして作曲家不明のものもあるが、多くはドメニコ・スカルラッティが作曲している。両者の共作には、《ラ・シルヴィア》(1710)、《トロメーオとアレッサンドロ》(1711)、《オルランド》(1711)、《シーロのテーティデ》(1712、ヴィチェンツァではポッラローロの作曲で上演、1715)、《アウリデのイフィジェニーア》(1713)、《タウリのイフィジェニーア》(1713)、《影の愛神と微風の嫉妬》(1714) がある。イフィジェニーア物2作はエウリピデスの戯曲が原作で、前者は劇作家オルテンシオ・スカマッカによる翻訳、後者はピエル・ヤーコポ・マルテッロの翻訳に基づいてリブレットは書かれている。マルテッロは、周知の如く、フランスの詩形アレクサンドランを模して導入したマルテッリアーノという14音節詩行で作品を書いた詩人・劇作家で、彼もアッカデーミア・デッラルカーディアの会員である。この事実からもうかがえるように、スカルラッティとカペーチェの共作群は、ゼーノ、メタスタージオらのリブレット改革が進める運動と方向性を共有している。ただし、クレシンベーニの専横に嫌気がさして、グラヴィーナは弟子のメタスタージオ、パオロ・ロッリを引き連れて1711年新たなグループを結成した。分裂後、どちらに属することもせずにゼーノは独立して活動した。

では《シーロのテーティデ》のあらすじを見てみよう。登場人物は6人。

アキッレは、アルミンダという名の少女に変装してシーロ島にいる。母テーティデが、さもなくばアキッレがトロイア戦争で死んでしまうと知り、女装を命じたからである。ここで彼は島の王リコメーデの娘デイダミアと親しくなる。しかしデイダミアは、フィラルテ（ピュラルテス）に惹かれてしまう。このフィラルテという男は、実はアンティーオペという女性が男装している姿で、彼女はリコメーデの恋人だったのだが棄てられたのだった。一方、王リコメーデはアキッレ（アルミンダ）に惹かれている。そこへウリッセがやってくる。彼はアガメンノーネ（アガメムノン）から送られた使者だったが、その役割はアガメンノ－ネの息子オレステ（オレステス）の代わりにデイダミアに求婚することだった。ウリッセは、剣を見せることで、アキッレの本性をあらわにすることに成功する。こうした入り組んだ人間関係の中で誤解や勘違いが生じるが、最後に、テーティデが正体を現しすべてはめでたく解決し、デイダミアとアキッレが、アンティーオペとリコメーデが結ばれて結婚する。

メタスタージオ版との相違を整理しておこう。

(1) アキッレの母テーティデが登場人物として舞台に出てくる。しかし最後の場面を除き、人間の女性ネレーアとして登場する。

(2) テゼーオ（テーセウス）の娘アンティーオペが男装して登場する。彼女は王リコメーデの恋人であったが棄てられたのであり、かつ、リコメーデが父を殺したと信じ復讐しようとしている。

(3) テアジェーネに相当する人物がおらず、リコメーデがアルミンダ（女装したアキッレ）に惹かれている。

(4) 最終場面で、テーティデが洞窟を背景に出現し、女神としての正体を現し、すべての誤解が解け、大団円となる。

全体として言えば、メタスタージオ版の方が登場人物同士のもつれ合った人間関係が少しばかりすっきりしているのだが、一方で、カペーチェ版は、異性装がアキッレの女装とアンティオペの男装という形でシンメトリーになっている様式美がある。

カペーチェの方は愛情・愛憎のカップルが二組となっている。つまり、アキッレとデイダミアの他に、リコメーデとアンティオペ組がいるわけで、しかも後者のカップルの方が、以前は愛されていたのに棄てられたとか、父を殺した憎き敵（誤解ではあるのだが）という重苦しい事情がのしかかっていて見せ場、聴かせどころが期待できる。メタスタージオ版でははるかにリコメーデの役割は軽い。バロック・オペラにおいてはカップルが二組いることは、たとえば《オリンピーアデ》でもそうであるようにむしろ普通である。なぜ《シーロのアキッレ》は一組のカップルにストーリーの展開が集中するのか。

両者の違いは、メタスタージオの美意識とカペーチェのそれの相違にのみ帰着させることはできないだろう。ここで重要と考えられるのは上演機会の違いである。カペーチェの場合は、引退した未亡人王妃に献呈しているのであり、メタスタージオの場合は祝婚である。祝婚であるから、新郎・新婦を象徴的にあるいは寓意的に表象するアキッレとデイダミアに集中するのは必然と言えよう。むしろ通常とは異なる要請を見事に解決したリブレットと言えるわけだ。

4　カルダーラ以降の《シーロのアキッレ》諸作の特徴と比較

カルダーラ以降の作

当時としては慣例となっていたが、メタスタージオのリブレットは、初演以降も他の地で他の作曲家によって曲が付され何度も上演された（Heller 1998, 577）。その例をいくつかあげ、最後にコルセッリによる例の詳細を述べる。

まずは、ドメニコ・サッロ作曲の《シーロのアキッレ》で、カルダーラ初演の翌年の1737年にナポリでサン・カルロ劇場の柿落（こけらお）としに上演された。それまで宮廷劇場としてサン・バルトロメーオ劇場が用いられていたが、新たに、当時としては巨大なサン・カルロ劇場が建設されたのである。サン・カルロは現代においてもオペラ・シーズンにも用いられている劇場としては最も古い。ミラノのスカラ座創設より41年、ヴェネツィアのフェニーチェ劇場より55年古いのである。劇場はスペイン・ブルボンのカルロス3世（ナポリ王としてはカルロ7世）の肝煎りで王権の権威を示すべく建造されたものであり、柿落としの《シーロのアキッレ》は王の聖名祝日11月4日に上演された。作曲を担当したサッロは、ナポリの政治動乱の余波で副楽長の地位を翻弄された。周知の如く、ナポリは従来スペインが支配していたが、スペイン継承戦争のさなか、1707年にオーストリア・ハプスブルク家がナポリを占領し、その支配は1734年まで続く。オーストリアの皇帝から派遣された副王が支配していたのだ。1707年オーストリア軍がナポリに入城し、アヴェルサ城で臣従の誓いの儀式が催されたのだが、宮廷楽長のヴェネツィアーノと副楽長のサッロは欠席したためその職を解かれたのである。だが1725年にアレッサンドロ・スカルラッティが亡くなり、人事案件が玉突き状態で生じた時にこの地位を取り戻した（Markstrom 2007, 119）。1737年に宮廷楽長のマンチーニが亡くなるとサッロが宮廷楽長となり、サン・カルロ劇場の柿落としの音楽を担当したのである。この時は、アキッレを女性歌手ヴィットリア・テージ、通称モレッタが歌い、デイダミアはアンナ・ペルッツィ、通称パルッキエリーナが歌った。

その後も1740年にはレオナルド・レーオがトリノで曲を付す。こちらはカーニヴァル・シーズンのためで特別の機会のためではなかった。この時はアキッレをカストラートのジョアッキーノ・コンティ、通称ジツィエッロが歌い、デイダミアはアンナ・ストラーダが歌った。

1749年には、初演と同じくウィーンの宮廷劇場でニッコロ・ヨンメッリ作曲による《シーロのアキッレ》が上演された。ヨンメッリの音楽をメタスタージオはファリネッリへの手紙（1749年11月12日）で称賛している。アキッレを歌ったのはヴィットリア・テージ（サッロ作曲の時のアキッレと同じ歌手）、デイダミアはコロンバ・マッテイ、ウリッセはカストラートのガエターノ・マヨラーノ、通称カッファレッリである。

コルセッリの《シーロのアキッレ》

さて、時を5年ほど遡るが、1744年マドリッドで上演されたのはフランチェスコ・コルセッリ作曲の《シーロのアキッレ》だった。この時もカルダーラ作品初演と同様、祝婚のオペラとして上演された。スペインの王女マリア・テレーサ・ラファエラとフランスの皇太子ルイ（ルイ15世の息子）の結婚である。アキッレを歌ったのは女性歌手マリア・エラス、デイダミアはアンナ・ペルッツィ（ナポリでサッロ作曲の時のデイダミアと同一人物）、ウリッセも女性歌手エリザベッタ・ウッティーニ、テアジェーネも女性歌手エマヌエッラ・トロンベッタで、この上演で唯一のカストラートはネアルコを歌ったフランチェスコ・ジョヴァニーニのみだった。以上の例から、《アキッレ・イン・シーロ》でアキッレやウリッセは必ずしも男性カストラート歌手が歌うとは限らず、女性が歌うことも稀ではなかったことがわかる。アキッレは全体の大半で女装しており、この上演では女性歌手が男性に扮し、その男性が女装するという二重の扮装・異性装になっているわけで、ジェンダーが自由に往来すると言える。ちなみに、この上演の芸術監督は高名なカストラートのファリネッリだった。

ロマン派以降のオペラとバロック・オペラのジェンダー観の相違

バロック・オペラにおいてはロマン主義の時代、即ち19世紀と比べてはるかに男性・女性の役割分担から自由なのである。これは単にカストラートという男性高音歌手がいたからだけでなく、キャラクターの設定においてもアグリッピーナやポッペアといった政治的野心を持った女性はバロック・オペラにはしばしば登場する。ロマン主義以降のオペラでは、ロマンティック・ラブが「神格化」され、エロスに関する軽口をたたくことが難しくなる。たとえばヴェルディの《リゴレット》のマントヴァ公のように好色な人物は出てくるが、モンテヴェルディの《ポッペアの戴冠》やベンティヴォーリオの台本のように乳母や老女がセクシュアルな冗談をあっけらかんと語るシーンは激減する。ロマン派においては、あるべき女性像の枠、ジェンダーの枠の縛りが強くなるのである。そして17世紀バロックとロマン派の中間に位置するのが、フランス古典派の影響を強く受けたゼーノ、メタスタージオによるリブレット改革で、ブッファ的要素とセリア的要素が分離されていくプロセスだったと言えよう。

カルダーラ、レオ、ハッセ、コルセッリの比較

時代をバロックに戻そう。メタスタージオの当該リブレットを用いている作曲家の中からカルダーラ、レオ、ハッセ、コルセッリを選び、彼らの実際の付曲の際のリブレットのテクストの終幕における異同を比較する。以下の比較はコルセッリを除きラッファエーレ・メッラーチェの分析（Mellace 1996, 33-70）に依拠している。

バロック・オペラでは一般に、どの歌手がどの役を歌うかを作曲家が承知した上で当て書きをしている。そのため、メタスタージオのリブレットがある作曲家の作曲で初演された後に別の作曲家が曲を付す場合には、劇場の事

情、歌手の事情・要請に合わせつつリブレットに手が加えられることが通例である。コルセッリ作曲の場合で言えば、スペインのマドリッドでの上演ということもあり、イタリア語リブレットの細かな文学的ニュアンスへの関心が相対的に薄いせいか、場面によってレチタティーヴォが削除されていたり、長いレチタティーヴォが短縮されていたりする。あるいは、あるアリアがカットされたり、それまでなかったアリアが新たに付加される場合もある。このアリアの付加、削除はその時歌う歌手の力関係や要請によるものと考えられる。カルダーラが曲を付した初演では、アキッレには7つもアリアが割り振られており、アキッレを歌ったフェリーチェ・サリンベーニがオペラ全体を背負ってくれたおかげでうまくいったとメタスタージオ自身が弟に述べている。「あの役は彼のために作ったのだ。私は苦労して彼に教え込んだが、彼は見事に成し遂げた。彼がいなかったら、決して、この芝居が大評判をとることはなかったと確信しているよ」(Metastasio 1943-54, vol.3, 135. 1736年3月10日弟への手紙)。サリンベーニはミラノ出身のカストラートだが、ポルポラ(メタスタージオと何度も共作している)の弟子であり、メタスタージオにとって信頼できる歌手だったのだと思われる。それに対し、ウリッセやテアジェーネのアリアはそれぞれ3つしかないのである。こうした偏りがあるので、別の作曲家が曲を付す時には、アリアの数の調整がなされることも自然なことであった。

アリアの数とは別に、登場の頻度も物語の進展に果たす役割を考える時には重要となってくる指標である。たとえば王リコメーデは、全体で37場のうち8場でしか登場しないのに対し、娘のデイダミアは13場、アキッレは22場に登場し、顕著な相違が見て取れる(Torrente 2023, 25)。ウリッセの場合、アリアは3つであるが16場に出てきて、アキッレの女装解除に決定的な介入を果たしている。

劇の登場人物の配置から言えば、デイダミアをめぐってアキッレとテアジェーネがライバル関係になるわけなのだが、一方でアキッレは女装をしているし、第1幕の終わりでは、アキッレとテアジェーネが激しく言い争いをした後、テアジェーネは男勝りの女性も素敵だなとアキッレ(ピッラ)に惚れ込んでしまうというユーモラスな場面がある。そこでテアジェーネは第1幕の幕切れアリアとして、アキッレの〈amabile fierezza 愛すべき勇猛さ〉を歌いあげるわけだが、このアリアはレオ作曲の時にはカットされ、ハッセとコルセッリではテアジェーネのアリアが存在している。

2幕の幕切れアリアは、カルダーラでは再びテアジェーネのアリアである。それがレオの場合は歌うのはテアジェーネのままで歌詞が変更されている。ハッセの場合、デイダミアが歌うアリアとなり歌詞も違ったものになっている（Mellace 1996, 40-43）。コルセッリではオリジナルの歌詞で、テアジェーネのアリアで第2幕を締めくくっている。

終幕の比較

相違が最も顕著に異なるのは、第3幕の終わり方である。ウィーン初演のカルダーラ作曲のものは、前述のように、第3幕第7場で王のアリアがあり、その後全員のコーラスがあって、その間に天上から栄光と愛と時という寓意的登場人物が降りてきて三重唱＋合唱で新郎・新婦および皇帝夫妻を祝福し幕を閉じる。一方、レオ作曲のそれでは、第3幕の最後は、テアジェーネとアキッレの対話（レチタティーヴォ）とテアジェーネのアリアで終わっており、カルダーラの場合の合唱以下はカットされている。ハッセ作曲のそれでは合唱のみが残っているが、歌詞は変更されている。コルセッリの場合は、本来の第3幕第7場が途中省略された場があるため第3幕第6場となっており、テアジェーネのアリアが1つ加えられる。最終場では合唱もカットされ、リコメーデの最後の台詞の後に、直接リチェンツァ（締めくくりの挨拶）に入っていく。リコメーデはリチェンツァでは初演当時劇場にいたスペイン王に向かって、フランスの茎にスペインの百合を接ぎ木すれば、雲霞の如く英雄が生まれ出るだろう、とレチタティーヴォ・アコンパニャートで新郎・新婦および両王家が栄えることを言祝（ことほ）ぐ。同様の内容を韻文にしたものを全員の合唱で歌い、幕となる。

ここから見て取れるのは、(1) オペラの幕切れが、祝婚オペラとそれ以外では顕著に違うこと。(2) 祝婚オペラでは、結婚を言祝ぐ場面、台詞が最後の場面を飾る。(3) 祝婚オペラの最終場面は、祝われているカップルに応じた個別の台詞（レチタティーヴォであれ、アリアであれ）が用意される。(4) 祝婚オペラ以外のオペラでは、ストーリーに沿ったエンディングとなり、そこに特別な場面、台詞は付加されない。

以上のような相違はあるものの最終場面を除いては、実に柔軟にメタスタージオのリブレットが使い回されているわけである。

おわりに

《シーロのアキッレ》のたどった軌跡と柔軟性

以上、メタスタージオの《シーロのアキッレ》がたどった軌跡をその直接的先行作や参照すべき先行する祝婚オペラを含め見てきた。初めにふれた祝婚オペラというカテゴリー設定に話が戻るわけだが、祝婚オペラというカテゴリー（ジャンルのように固定的なものではない）を措定することで一連の作品の特質が見えやすくなったのではないだろうか。

また、アキッレの女装とその解除という特異なテーマが選ばれた理由が明らかになったが、マリア・テレジアとフランツに当て書きされたにもかかわらず、このオペラは各地で他の機会・目的のためにも享受された。特定のカップルの祝婚のために創作されたものが、他のカップルの祝婚のためにも用いられるし、祝婚とは無関係に劇場の杮落としや、通常のカーニヴァル・シーズンの一演目として、細部を変更してそれぞれの機会に合わせつつ上演された。オペラのカテゴリーが見事に横滑りしている。上演機会の変更に合わせてリブレットに手を加え、アリアの数を増減することが認められていたからこそ可能になったものと考える。こうしたリブレットや全体構成に対する柔軟性は、宮廷詩人や宮廷作曲家といえどもその創作物の「オリジナリティ」が、ロマン主義以降のように絶対視されなかったがゆえに可能となったのだと言えよう。また一方で、オペラのリブレット改革の観点からは、コミカルな要素がオペラ・セーリアの随所に顔を覗かせるセーリアとしては中途半端なリブレットが広く受け入れられたことも注目すべき事象で、フランス古典主義に強い影響を受けたリブレット改革の純化の方向性に対し、当リブレットが有していた多様性・交雑性は、パトロンや聴衆には一定の支持を得ていたと想定することができる。

第3章

18世紀のベルリンにおけるギリシア悲劇を題材とするオペラ

C. H. グラウンの2つの《イフィゲニア》を例に

大河内文恵

はじめに

17世紀初頭にフィレンツェで始まったオペラというジャンルは、1627年ドレスデンにおけるシュッツ作曲の《ダフネ》上演以降、ドイツの各都市に広まっていった。1600年代のドイツ諸都市にとって、オペラはイタリアやフランスから移入されたジャンルであり、作曲・演奏をイタリアやフランス出身者が担っていることも多かった。たとえば、1719年にザクセン選帝侯国において皇太子フリードリヒ・アウグスト2世[1)]（在位1733-1763）とマリア・ヨゼファとの結婚に際し上演されたロッティのオペラ《アルゴのジョーヴェ（アルゴスのゼウス）》では、ロッティを含めイタリアから多くの音楽家が一連の結婚行事のために雇用された（荒川2011, 291-293）。

1730～1740年代になると、2つの方向で大きな変化が訪れる。1つは、オペラ上演の機会が、それまでのような結婚式や他国の賓客のもてなしといった特別な機会に限定されなくなったこと、もう1つは、イタリアなどで学んだドイツ出身の音楽家によってオペラが上演されるようになったことである。とはいえ、レパートリーの主流はイタリア・オペラが占め、ドイツ語のオペラ上演はハンブルクなどの商業都市などに限られていた。

本稿では、18世紀のドイツ諸都市においてオペラ上演が盛んな都市の1つであったベルリンで活躍したC. H. グラウンのオペラ《イフィゲニア（イ

1）ポーランド王としてはアウグスト3世（August III）。

ピゲネイア)》に焦点を当て、ギリシア悲劇を題材としたオペラがどのように受容され、創作に繫げられていったかをみていきたい。

1　ドイツ諸都市におけるイピゲネイアを主題とするオペラ[2)]

18世紀までの間にドイツ諸都市で上演されたイピゲネイアの題材に基づくオペラは【表1】の通りである[3)]。

表1　ドイツ諸都市で上演されたイピゲネイア主題のオペラ（〜18世紀）

上演年	上演場所	タイトル	台本	作曲
1661	ブラウンシュヴァイク	Iphigenia	アントン・ウルリヒ	不詳
1716	カールスルーエ	Iphigenia	ディートリヒ	ケーファー
1718/11/5	ウィーン	Ifigenia in Aulide	ゼーノ	カルダーラ
1728	ブラウンシュヴァイク	Iphigenia in Aulis	シュールマン	C. H. グラウン
1731	ハンブルク	Iphigenia	シュールマン	C. H. グラウン
1738	ミュンヘン	Ifigenia in Aulide	ゼーノ	ポルタ
1739	ミュンヘン	Iphigenie	不詳	アリプランディ
1744	ミュンヘン	Iphigenia	不詳	アリプランディ
1748/12/13	ベルリン	Ifigenia in Aulide	ヴィッラーティ	C. H. グラウン
1749-1750	ベルリン	Ifigenia in Aulide	ヴィッラーティ	C. H. グラウン
1751/11/4	マンハイム	L'ifigenia	ヴェラーツィ	ヨンメッリ
［ca. 1760?］	ブラウンシュヴァイク	L'ifigenia	不詳	不詳
1764/11/5	マンハイム	Ifigenia in Tauride	ヴェラーツィ	マーヨ
1768	ベルリン	Ifigenia in Aulide	ヴィッラーティ	C. H. グラウン
1773	カッセル	L'ifigenia	不詳	不詳
1781/10/23	ウィーン	Iphigenie auf Tauris	ギヤール	グルック
1783/10/4	ウィーン	Ifigenia in Tauride	コルテッリーニ	トラエッタ
1795/2/24-	ベルリン	Iphigenia inTauris	ギヤール	グルック

2）本稿においてドイツ諸都市は現在のドイツのみならず、オーストリアも含む。都市の選択に関してはBrockpähler c1964で扱われている都市を基準とした。

3）本表の作成にあたっては、Brockpähler c1964、Corago、Die Oper in Italien und Deutschland zwischen 1770 und 1830から抽出したデータを使用した。なお、グルックの《トリドのイフィジェニー》の上演日は、CoragoではSartoriに基づいて1783年12月14日としているが、Die Oper in Italien und Deutschland zwischen 1770 und 1830およびGluckGesamtaufgabeに基づいて1781年10月23日とした。

ドイツ諸都市で最初にイピゲネイアを題材としたオペラの上演が確認できるのは、1661年のブラウンシュヴァイクである。ドイツ語で書かれた台本はブラウンシュヴァイク＝ヴォルフェンビュッテル公のアントン・ウルリヒが自ら執筆したものであった。公自らの執筆はこのオペラに限ったことではなく、アントン・ウルリヒは自国で上演するオペラの台本の多くを執筆していた。作曲者の名前は伝わっていない（Herson 1980, 359-367）。

18世紀に入って最初に上演されたのは、1716年のカールスルーエである。これはプロローグ付きの5幕のオペラで、1704年にパリで上演された『トリドのイフィジェニー（タウリケのイピゲネイア）』（アントワーヌ・ダンシェおよびジョセフ・フランソワ・デュシェ作）に基づいている。続いての上演は、1718年11月5日、ウィーンの宮廷劇場であった。1717年にウィーンの宮廷副楽長に就任したカルダーラが作曲を担当した《アウリデのイフィジェニーア（アウリスのイピゲネイア）》はカール6世の聖名祝日の折に上演された。なお、この年にウィーンでは、謝肉祭のための《アスタルト》（コンティ作曲）、皇后エリーザベト・クリスティーネの誕生日のための《テッサリアの愛》、カール6世の誕生日のための《テミストクレ（テミストクレス）》、皇后と大公妃エレオノーレ・マグダレーネ・テレーゼのための《アルチェステ（アルケスティス）》といったオペラが上演されており、これらのうち、《アルチェステ》もギリシア悲劇に基づいている。一方、カール6世の聖名祝日に上演されたオペラという視点で1718年前後に上演されたオペラをみてみると、《ティリダーテ（ティリダテス）あるいは欺瞞の中の真実》（1717）、《独裁官ルーチョ・パピーリオ（ルキウス・パピリウス）》（1719）と史実ものが多く、1718年に上演されたギリシア悲劇を主題とした2作品はいささか異質である（Huss 2003, 199, 202）。とはいえ、皇后エリーザベト・クリスティーネはブラウンシュヴァイク＝ヴォルフェンビュッテルの出身であり、ブラウンシュヴァイクで上演された《イフィゲニア》を知っていた可能性は高く、彼女自身あるいは彼女の周辺からこの題材がウィーンにもたらされたと考えることができよう。ウィーンにおいて、イピゲネイアを題とするオペラが次に上演されたのは、1779年にパリで初演されたグルック作曲の《トリドのイフィジェニー》をドイツ語に翻訳したもので、1781年であった。

ウィーンに続いて、1728年にブラウンシュヴァイクにおいてグラウンがドイツ語の台本に作曲した《アウリスのイフィゲニア》が上演された。当時のブラウンシュヴァイクの音楽活動を中心になって支えていたのはシュールマンで、彼は1697～1701年に教会音楽楽長、1707～1751年に宮廷楽長を務めた（Brockpähler c1964, 86）。ブラウンシュヴァイク＝ヴォルフェンビュッテルは1432年に首都がブラウンシュヴァイクからヴォルフェンビュッテルに移されたため、宮廷オペラは1657年からヴォルフェンビュッテルで上演され、一方でブラウンシュヴァイクでは1690年に公開オペラ劇場が設立された。ブロックペーラーの著書におけるブラウンシュヴァイク＝ヴォルフェンビュッテルのオペラ上演の項目ではブラウンシュヴァイクとヴォルフェンビュッテルの劇場の区別はなされていないが、両都市を併せて毎年数本のオペラが上演されていたことがわかる[4)]（Brockpähler c1964, 84-97）。

《アウリスのイフィゲニア》は1731年にハンブルクで再演されている。ブラウンシュヴァイクとハンブルクは歌手の貸し借りを行っていたことがわかっており（村瀬 2022, 16-17）、チョルニーはブラウンシュヴァイクとハンブルクとは緊密な協力関係にあったと推測している（Czornyj 1988, 100）。1730年代のハンブルクでは、毎年2作のオペラが上演されており、1作は新作、もう1作は過去に他の都市で上演された作品の再演であった。1731年の新作は、ポルポラがアリア、テレマンがレチタティーヴォを作曲した《無邪気な義務と愛の諍い》で、再演されたオペラはグラウンの《イフィゲニア》であった。ハンブルクにおける再演作品にはヘンデルのオペラの改作が多い中で[5)]（Brockpähler c1964, 210）、グラウンの《イフィゲニア》が再演されたという状況から、この作品はある程度の評判と知名度を持っていたと考えられよう[6)]。

4）なお、ヴォルフェンビュッテルの宮廷劇場と同国内であるブラウンシュヴァイクに公開オペラ劇場が設立された経緯とその運用については、村瀬 2022を参照。

5）Brockpähler c1964, 210によれば、1730年は《テッサリアの王アドメート Admeto, re di Tessaglia》（1727年ロンドン初演）が《アドメトゥス Admetus》として、1732年は《ポーロとアレッサンドロ Poro ed Alessandro》（1732年ブラウンシュヴァイク初演）をテレマンが改作した《寛大と忠義の勝利 Der Triumph der Grossmut und Treue》（TWV22:11）、1733年は《パルテノペ Partenope》（1730年ロンドン初演）、1734年は《ロデリンダ Rodelinda》（1725年ロンドン初演）が上演された。ただし、ヘンデルに《ポーロとアレッサンドロ》というオペラはなく、TWV22:11は、『ニューグローヴ世界音楽大事典』のテレマンの作品表では疑作とされている。

6）Brockpähler c1964, 193-211では、グラウンのハンブルクでの再演作品には、ブラウンシュヴドイツ諸国でのイピゲネイアを題材としたオペラの上演数とイタリア諸都市での上演数とをイタリア・オペラの上演データベースであるCoragoでの件数で比較すると前者は11件、後者は48件である。Coragoではドイツ語での上演は収録されていない場合もあるため他の資料で補ったとしても前者は18件で、イタリア諸都市での上演数の半分にも満たない。とはいえ、上演数が少ないことは軽視してよいという理由にはならない。グルックのイフィジェニー2作すなわち、《オリドのイフィジェニー》と《トリドのイフィジェニー》の音楽史上での意義と照らし合わせると、ドイツ諸都市で数は少ないとはいえ継続的に上演されていたことは見過ごすべきではなく、その中でもグラウンの《イフィゲニア》は初演の翌年と10年後に再演されており、グルックに次ぐ再演数の多さからも、その重要性は明白である。

2　C. H. グラウンの《イフィゲニア》

C. H. グラウンとベルリン

グラウンは、ブランデンブルク選帝侯領のヴァーレンブリュックに生まれ、ドレスデン、ライプツィヒで音楽を学んだ後、1725年2月にブラウンシュヴァイクにテノール歌手として雇用されるとともに同地で6つのオペラを上演した。当時王太子だったフリードリヒ2世に1733年頃からプロイセンに招待されるようになる。1734年3月29日には当時の王妃（フリードリヒ2世の母）であるゾフィー・ドロテアの誕生日のために、1732年にブラウンシュヴァイクで上演したオペラ《アフリカのスキピオ》が上演されるなど、フリードリヒ2世と深く関わるようになった。1735年初めについにフリードリヒ2世のいるプロイセンへ赴く[7)]。

ここでプロイセンの首都ベルリンにおけるオペラ上演の歴史を振り返っておこう。ベルリン最初のオペラ上演は、フリードリヒ1世（在位1688-1713）の時代である。2番目の妃ゾフィー・シャルロッテのために、1699年に夏

ァイクで1726年に初演された《ポリドルス（ポリュドロス）Polidorus》の1735年における再演が挙げられているが、1726年のブラウンシュヴァイクにはこの作品は掲載されておらず、初演の情報がはっきりしないため、ハンブルクでの再演作品としては根拠に乏しい。

7）移籍の経緯については、Blindow 1994, 280-284を参照。ベルリンに移った後もグラウンとブラウンシュヴァイク宮廷との関係は続いていた。

の離宮リュッツェンブルク城（現在のシャルロッテンブルク宮殿）が建設され、1700年6月に当時の楽長アリオスティのオペラ《貞節が裏切りを打ち負かす》が上演された。アリオスティが楽長職を退いた1703年以降も、シャルロッテが生きていた1704年までは毎年オペラが上演されたが、1708年にフリードリヒ1世が次の妃ゾフィー＝ルイーゼと結婚すると、1709年に前年上演されたオペラが再演されたのみで、それ以降オペラの上演は途絶える。次の代、フリードリヒ・ヴィルヘルム1世（在位1713-40）時代にはオペラ上演は確認されていない。

ベルリンでオペラ上演が盛んになったのは、フリードリヒ2世（在位1740-86）時代である。1740年にフリードリヒ2世が即位すると、グラウンを楽長にして音楽家の確保を命じ、オペラ劇場を建設（1741年9月5日定礎）した。秋に完成予定だったが間に合わず、1741年12月13日に、柿落（こけらお）としの演目になるはずだったグラウンのオペラ《ロデリンダ》が城内の劇場で上演された。新設された劇場の柿落としは、1742年12月7日にグラウンの《クレオパトラとチェーザレ（クレオパトラとカエサル）》[8)] で行われた。

ベルリンのオペラ・シーズンは、基本的に謝肉祭の期間の約2か月で、その他に宮廷内の結婚行事や外国の諸侯来訪の際にオペラが上演された。1746年から1756年までの間はフリードリヒ2世の母、すなわちイギリス王ジョージ1世の娘であるゾフィー・ドロテアの誕生日にも上演が行われた。上演場所は、多くはフリードリヒ2世が造らせた宮廷劇場で、各シーズン2～3作のオペラを上演していた。この期間に上演されたオペラの作曲者はほとんどがグラウンであるものの、1746年12月30日から1か月間ハッセの《アルミニオ（アルミニウス）》、1752年12月29日から1か月間同じくハッセの《見捨てられたディドーネ（ディド）》が上演された。

1754年にはアグリコラの《クレオーフィデ（クレオピス）》、1755年にはフェルディナンド王子とブランデンブルク＝シュヴェート辺境伯の皇女アン

8）このオペラは、資料によってタイトルが異なっている。ベルリン州立図書館蔵のAm.B 187やザクセン州立図書館蔵のMus.2953-F-2などで《チェーザレとクレオパトラ》となっているためこちらの表記が使われることもあるが、ベルリン州立図書館蔵のスコア（Mus.ms. 8210、Mus.ms. 8210/1）は《クレオパトラ》となっており、グラウン研究やベルリンのオペラ研究では《クレオパトラとチェーザレ》が使われてきており、ニューグローヴ音楽事典やMGG Onlineでも《クレオパトラとチェーザレ》とされている。

ナ・エリーザベト・ルイーゼの結婚に際して同じくアグリコラの《愛の殿堂》が上演された。アグリコラが正式に宮廷楽長の座につくのは1765年だが、1751年から宮廷作曲家に任命されており、楽長になる前から彼のオペラが上演されていた。1741年から毎年続けられてきたオペラ上演も、1756年8月29日のプロイセン軍のザクセン侵攻に始まる七年戦争により中断を余儀なくされた。中断前最後に上演されたのは1756年3月27日のグラウンのオペラ《メーロペ（メロペ）》である。ベルリンにおいては七年戦争中のオペラ上演は確認されていない。

1764年、ベルリンのオペラ上演は、中断前の最後と同じ、グラウンの《メーロペ》で再開する。翌1765年にはアグリコラのオペラ《シーロのアキッレ（スキュロスのアキレウス）》が上演されたものの、しばらく新作オペラは上演されず、グラウンとハッセの旧作オペラが上演される時期が続く。アグリコラは2～3年おきにしか新作オペラを書かなかったため、グラウンのオペラが1784年までほぼ毎年1作品以上上演され、ベルリンのオペラ上演を支え続けることとなった[9)]。

グラウンは1740年から亡くなる1759年までベルリンの楽長を務めたが、1756年からは七年戦争でオペラが中断されたため、生前に上演された最後のオペラは1756年の《メーロペ》である。その間、毎年1作品以上のオペラが上演され、ベルリンで上演されるオペラの大部分はグラウンによるものであった。ベルリン時代のグラウンによるオペラは年代によって台本作家が異なり、4つの時期に分けられる**【表2】**。

ボッタレッリ、メタスタージオとゼーノまでの時代とヴィッラーティの時代以降とで台本の作られ方が変わった。というのも、ヴィッラーティになってから、ほとんどの台本がすでにある台本の改作となる。元の台本はラシーヌ、コルネイユ、キノー、デュシェ・ド・ヴァンシー、ラ・モットなどのフランスの作家によるものだった。また、ヴィッラーティ以降、フリードリヒ2世が台本の作成に関与することが多くなり、タリアズッキの時代になるとフリードリヒ2世自身が台本を書くようになった。タリアズッキの仕事はもっぱらその台本をイタリア語に翻訳することとなり、宮廷詩人の役割は縮

9）その一方で、宮廷以外でのオペラ上演も盛んになっていった。七年戦争以降のベルリンのオペラ上演については大河内2021を参照。

表２　ベルリン時代のグラウンのオペラ：台本作家別

ボッタレッリ	ロデリンダ（1741)、クレオパトラとチェーザレ（1742)
メタスタージオ、ゼーノ	アルタセルセ（1743)、ウティカのカトーネ（1744)、アレッサンドロとポーロ（1744)、ルーチョ・パピーリオ（1744)、シリアのアドリアーノ（1746)、デモフォーンテ（1746)、カイオ・ファブリーツィオ（1746)
ヴィッラーティ	チンナ Cinna(1748)、優雅なヨーロッパ（1748)、アウリデのイフィジェニーア（1748)、アンジェリカとメドーロ（1749)、コリオラーノ（コリオレイナス）（1749)
タリアズッキ	シッラ（1753)、セミラーミデ（1754)、モンテズーマ（1755)、エツィオ（1755)、敵のきょうだい（1756)、メーロペ（1756)

注）═══：フリードリヒ２世が関与したとされる作品

小された[10)]（Terne 2008）。グラウンの《イフィゲニア》はこうした流れの中で作られたものであることを確認しておく必要がある。

台本上の特徴

ブラウンシュヴァイク版《イフィゲニア》

グラウンの《イフィゲニア》は1728年にブラウンシュヴァイクで、1731年にハンブルクで上演された。ブラウンシュヴァイクとハンブルクはともに公開オペラ劇場であったという共通点がある。そのため、すべてドイツ語で書かれた台本に基づく上演であった。「ブラウンシュヴァイク」と扉に記載がある台本は、「1731年」と書かれているが、1731年にブラウンシュヴァイクで上演された記録はない。1731年の上演はおそらく1728年の上演と同じものと思われる。ハンブルクでの「1731年」と書かれた台本と、ブラウンシュヴァイクの台本は同じ内容であり、ブラウンシュヴァイク版の再演であると思われる。メニッケによれば、このオペラの楽譜はヴォルフェンビュッテルのアーカイヴに現存するが、序曲とアリアのみである[11)]（Menicke 1906, 525）。

10）フリードリヒ２世の名前が台本に記されているのは、《シッラ》《モンテズマ》の２作品のみだが、それ以前の作品でもフリードリヒ２世が台本作成に関与していたとされる。ただし、具体的にどの程度関わっていたかについての詳細は不明である。

11）この楽譜は入手できていないが、2021年にハンブルクでハンブルク版の復活上演が行われており、https://www.operaonvideo.com/iphigenia-in-aulis-graun-hamburg-2021/ にアーカイヴが残されている。この上演では、レチタティーヴォと楽譜が残っていないアリアはプロットの朗読で繋ぎ、序曲と残されたアリアで構成されている。

ブラウンシュヴァイク版は登場人物が多い【表3】。許婚であるイフィゲニアとアヒレスにそれぞれ本当の恋人がいる設定に起因する。イフィゲニアの恋人は劇中ではアナクシメネスと名乗っているが実はスキロスの王トアス

表3　登場人物の比較

エウリピデス	ラシーヌ	ブラウンシュヴァイク版	ベルリン版
アガメムノン	アガメムノン	アガメムノン：アルゴスの王、イフィゲニアの父	アガメンノーネ：アルゴスとミケーネの王、ギリシア軍の総大将
クリュタイムネストラ	クリテムネストル	クリテムネストラ：アガメムノンの奥方	クリテンネーストラ：アガメムノンの妻
イピゲネイア	イフィジェニー	イフィゲニア：その娘	イフィジェニーア：彼らの娘、アキッレの許婚
アキレウス	アシール	アキレス：テッサリア（ギリシア）の王、デイダミーアの許婚	アキッレ：ギリシアの王子、イフィゲニアの恋人
［カルカス］	［カルカス］		カルカンテ：ギリシアの聖職者
	エジーヌ		エジーナ：クリュタイムネストラの従者の女性
老人：アガメムノンの召使	アルカス（臣下）	ネストール：アガメムノンの古い友人	アルカーデ：アガメムノンの友人
	ユリバート（臣下）		エウリーバテ：王の古い友人
［アルテミス］	［ディアーナ］	ディアーナ：狩りの神	ディアーナ
	ユリス		
	エリフィール		
	ドリス		
メネラオス：アガメムノンの弟、スパルタの王、ヘレネーの夫		メナラウス：スパルタの王、アガメムノンの弟	
		アナクシメネス：（トアス）スキロスの王、イフィゲニアの恋人	
		デイダミーア：キプロスの王女、アキレスの恋人	
		テルシテス：デイダミーアの従者	
コロス			

である。また、アヒレスの恋人はキプロスの王女デイダミーアだが、劇中では途中まで男装をしている。エウリピデスでコロスが担っている情景描写や周囲の人々の心の動きを、アガメムノンの友人であるネストアやデイダミーアの従者であるテルシテスといった脇の人物が担当する。

物語の前段階で、アガメムノンは狩りで鹿を殺したことで女神ディアーナの怒りを買い、それを鎮めるためにイフィゲニアを生贄に捧げることになる。イフィゲニアに来ないようにと告げる手紙を届けるのは、エウリピデスでは老人だが、ここでは男装したデイダミーアである。イフィゲニアが父に殺されることを知って恋人のアナクシメネスは自分が身代わりになると言う。一方、アヒレスがイフィゲニアを妻にすると知ってデイダミーアはそれを偽りだと言い、従者のテルシテスがそれに同調する。手紙はアガメムノンの弟メネラウスに奪われ、アガメムノンとメネラウスが口論になる。

イフィゲニアは自分の身代わりに死のうとするアナクシメネスを制止して、アナクシメネスへの愛を告白し、自らの運命を受け入れようとする。死に向かおうとするイフェゲニアを剣と楯で阻止したのがアヒレスだった。イフィゲニアが殺されることに母のクリュテムネストラは激怒する。アヒレスは自分との婚約がイフィゲニアをアウリスに誘い出すための罠だったことに気づく。自分の代わりに死のうとするアナクシメネスにイフィゲニアは愛を告白する。

イフィゲニアは母に別れを告げ、母は気を失う。イフィゲニアが祭壇に向かうと、アナクシメネスは自分がトアスであることを明かし、デイダミーアは男装を脱ぎ捨て本来の姿になり、身代わりになることを望む。処刑が行われようとした時、鹿が引く車に乗って女神ディアーナが登場し、女神はイフィゲニアを解放し、代わりに白い鹿が現れる。2 組のカップルが結ばれ、結婚式が行われる。

ラシーヌの『イフィジェニー』上演は 1674 年なので 1728 年上演の時点ですでに存在しているが、ラシーヌとの共通点は少ない。敢えて言えば、恋愛劇の要素が強いという点とイフィジェニーの身代わりになりたがる人物の存在であろう。恋愛劇の要素はラシーヌよりも強められ、本当の恋人が 2 組登場し、婚礼の場面で終わる。身代わりという点では、ラシーヌではエリフィールが身代わりになってイフィジェニーが救われる。ブラウンシュヴァイク版でもアナクシメネスとデイダミーアが身代わりになろうとするが、そうはならず、イフィゲニアを救うのはディアーナである点が異なる。

恋愛劇の要素が強いことは結婚式での上演を想起させるが、ブランシュヴァイクでの上演は、大市に合わせて行われたもので宮廷オペラではない。村瀬によれば、「ブランシュヴァイクの公開オペラは（中略）軍事力を強化させようと、その資金を得るために大市に注力し、大市をより繁栄させる政策のひとつとして設立され、運営された」（村瀬 2022, 23）。恋愛劇の要素は、大市に集まった不特定多数の観客の興味を引くための方策であったと考えられる。

本項の最後に、ブラウンシュヴァイク版の台本作者が誰であるかという問題について記しておこう。ブロックペーラーは、詩人でハンブルクオペラの台本作家として知られるポステルの名前を挙げつつも、『音楽の歴史と現在（MGG）』[12] では宮廷楽長のシュールマンとしていると注記している。ポステルは1705年に亡くなっているため、1728年に新作を書くことは不可能であるが、以下の2点からポステルも関わっている可能性も高い。1つは1728年の時点ですでに書き残されている台本に新たに作曲されたという可能性が充分にあること、もう1つは1707～51年に宮廷楽長を務めているシュールマンは、1728年には《ドン・キショッテ（ドン・キホーテ）》の台本も書いたとされており（Brockpähler c1964, 95）、宮廷楽長の業務の傍ら1年に2本の台本を執筆するというのは考えにくいというのが理由である。これらを総合して考えると、『ニューグローヴ世界音楽大事典』のグラウンの項で採用されている、「ポステル原作・シュールマン台本」とする説が妥当であろう。

ベルリン版《イフィジェニーア》

1748年にベルリンで上演された《イフィジェニーア（イピゲネイア）》は、ラシーヌによって書かれた悲劇『イフィジェニー』を原作とし、ヴィッラーティがイタリア語で台本を作成した。ヴィッラーティは1725～29年にウ

12）MGGとして知られるドイツ語音楽専門事典 Die Musik in Geschichte und Gegenwart のことだが、ブロックペーラーが参照しているのは1968年に完結した第1版である。1994年から2007年にかけて発行され、2016年にオンライン版がリリースされた第2版のグラウンの項目では、シュールマンとポステルが併記されている。

ィーンでオラトリオの台本を書いたのち、1730 年代にはミュンヘン宮廷でオペラ作曲家として活躍していたフェッランディーニにオペラ・セーリア《ベレニーチェ（ベレニケ）》（1730）、またトッリにオペラ・セーリア《チーロ（キュロス）》の台本を提供した。1747 年にフリードリヒ 2 世に解雇されたボッタレッリの後任としてベルリンに年間 400 ターラーの俸給にて雇用されると、この年から亡くなる 1752 年までに 13 本のオペラを書き、ベルリンのオペラ上演並びにグラウンのオペラの黄金期を支えることとなる。

ラシーヌの『イフィジェニー』とヴィッラーティの台本の大きな違いは、前者がフランス古典悲劇の基本的な形である 5 幕で構成されているのに対し、後者が当時のイタリア・オペラの標準である 3 幕で書かれていることに加え、登場人物に変更が加えられていることにある**【表 3】**。

登場人物のうち、主要な 4 人はすべてに共通しており、その他のキャストにさまざまな変更がみられる。

ベルリン版とラシーヌの悲劇とを比べてみると、ラシーヌの悲劇から削除された人物はユリス、エリフィールおよびドリスの 3 人で、ユリスはカルカスの予言を伝え、最終場では事の次第を伝えるというストーリーテラーの役割を果たす人物である。エリフィールはイフィジェニーに嫉妬する存在だが、終盤に実はイフィジェニーという名前だったと明かされ、イフィジェニーの代わりに自死をする。エウリピデスの結末はイフィジェニーの代わりに雌鹿が横たわっていたことでイフィジェニーが死んでいないことを暗示するが、ラシーヌの悲劇ではエリフィールによる身代わりの結果としてイフィジェニーが助かるというところに特徴があり、イフィジェニーの救済は神による超自然的措置ではなく、現実的な方法で回避される。

一方で、ヴィッラーティの台本では、ラシーヌの悲劇には登場しないカルカンテとディアーナという 2 人の登場人物が追加されている。カルカンテは、ラシーヌの悲劇では予言をするという重要な役どころでありながら、他の登場人物によって語られるのみで登場人物としては現れないが、ヴィッラーティの台本ではすべての幕に登場する重要人物として目に見える形で描かれている。エウリピデスの悲劇においては、イピゲネイアの代わりに雌鹿が現れたということが結末で使者によって語られ、その中でアキレウスが呼びかけた言葉としてアルテミス［ディアーナ］に言及している。ラシーヌの悲劇においても結末はユリスによって語られ、事が終わった後で女神ディアーナの姿が拝めたという形で観客に知らされる。一方、ヴィッラーティの台本では狩りの神ディアーナは登場人物の 1 人で、アリアこそないものの、最終場で長いレチタティーヴォがある。ディアーナが舞台上に登場するというアイデアはブラウンシュヴァイク版ですでにみられる。

ブラウンシュヴァイク版での 2 組のカップルという形はベルリン版にはなく、人間関係の枠組みはエウリピデスおよびラシーヌを踏襲している。ラシーヌ以降、エウリピデスの悲劇ではコロスが担当していた台詞が、登場人物に割り振られるという傾向があるが、それをさらに進めたのがベルリン版であるといえよう。それはカルカスとディアーナを舞台上にあげたこと繋がっている。すなわち、ベルリンにおいてイタリア語のオペラを上演するということは、歌詞が完全には聞き取れない観客もいることを想定していると思われる。ベルリン版では、ブラウンシュヴァイク版のようなストーリーの拡大による登場人物の増加ではなく、実際に舞台上に人がいることによるわかりやすさを意図したキャストの追加が行われたものと考えられる。

ベルリン 1748 年版の音楽的特徴 [13)]

ヘンツェルによれば、グラウンの《イフィジェニーア》は 1748 年 12 月 13 日に初演されてから、翌年の 1 月 31 日にかけて 13 回上演されている (Henzel 1997, 50)。この上演回数は 1740 ～ 56 年にベルリンで上演されたどのオペラよりも多い。

ベルリンで 1748 年に上演された版はどのような音楽付けがなされたのか、ブラウンシュヴァイク版と比較しつつ考えてみたい。ベルリン版はベルリン州立図書館所蔵のスコアと、ドレスデン州立図書館に所蔵されているパート譜が現存しており、この 2 つのバージョンにほぼ差異はみられない。

まず、全体の構成をみていこう【表 4】。

ベルリン版では、エウリピデス、ラシーヌと受け継がれてきた設定の一部に変更がある。アキッレとイフィジェニーアは、彼女をアウリスに呼び寄せるために婚約させられるのではなく、2 人はすでに恋人同士であり、手紙が

13）1768 年の再演は台本が残っているが、1748 年と同内容である。1768 年のものとされる楽譜は残っていないため、おそらくほぼそのまま再演されたものと思われる。

表4　全体の構成

ブランシュヴァイク 1728 年版

幕	場	人物	歌詞内容
1	1	Aga, Nest	
		Aria:Nest	Das Agamemnons Soldaten
	2	Aga Reci	
		Aria:Aga	Himmel, hegst du für mich Armen
	3	Aga, Deid.	
		Aria:Aga	Spielet nur, spielet mit meinem geschicke!
	4	Achill, Deid	
		Aria:Achill	Mit seinem feinde herzhaft kämpffen
	5	Aria:Deid	Armes Herz, du bist verlohren
		Thers, Deid	
		Aria:4 Thers	Liebsten Kinder, trauet nicht,
		Aria2:Thers	Ruhrnet einer seine Treu
	6	Anaxi reci	
		Aria: Anaxi	Schönste Seele deine lippen
	7	Iphi, Anaxi	
		Aria: Iphi	Treuer Liebe reine Flammen
	8	Anax, Clyt, Iphi	
		Aria: Clyt	Was dass verhdngnitz ausersehn
		Iphi, Anaxi, Clyr	

ベルリン 1748 年版

幕	場	人物	歌詞内容
1	1	Reci:Arcade, Agamemnone	Signor, qual nuova cura,
		AcReci: Aga, Oracolo	Alta Diva
		Arietta: Aga	Qual'Oracol tremendo!
		Reci: Arc, Aga	Inorridisco anch'io
		Aria: Arc	Come Augel che l'aure fende
	2	Rec: Aga	Ch'io ti svena o mia prole
		Aria: Aga	Sforzerò l'averso mare
	3	Coro	Viva Achille il vincitore
		Calcante, Achille	Possibile o Signor che la vittoria
		Aria: Achille	Se parla l'onore già basta al valore
	4	Cal	Preveggo le tue smanie
		Aria: Cal	Par che si goda il cielo
	5	Aga, Euribate	Misera degli Regi è pur la forte
	6	Iphigenia, Ag	Il mio affetto o Signore
		Aria: Iphi	Come il cendro fra le piante
		Iphi, Aga	Tacito mi riguardi
		Aria: Aga	Di questo core soave amore
	7	Achi, Iphi	Principessa qual provo alto
		Duetto: Iphi, Achi	Sia propizia desir tuoi dell'amor

ブランシュヴァイク 1728 年版			
幕	場	人物	歌詞内容
1	9	Aria:Deid	Solte Treu im Lieben seyn?
		Thers, Deid	
		Aria: Thers	O ihr verliebtern Venus=Sieger
		Deid	
	10	Menl, Deid	
	11	Agam, Menel	
		Aria: Menel	Der Geist, den List und Klugheit treihet
	12	Nest, Agam	
	13	Menel, Agam,Nest	
2	1	Chor	Fruchzet num steudig, ihr Griechischen Schaaren
		Menl, Chor, Acill, Deid, Nest	
	2	Clyt, Iphig, Agam, Achill, Clyt, Did, Anax	
	3	Achill, Iphig, Deid	
	4	Anax, Iphig	
		Aria: Iphig	Kan ich dir das Leben geben
	5	Anaxi	
		Aria:Anax	Ach Iphigenia
	6	Achill, Anax	
		Aria: Anax	Mein entzündettes Verlangen
	7	Aria: Achil, Deid	Woll ich die mich ehret hassen?
		Achill, Thers, Deid	
		Aria: Deid	Treuloses Herz, verschrter Sinn

ベルリン 1748 年版			
幕	場	人物	歌詞内容
2	1	Iphi, Clite	Figlia convien partir
		Aria: Clite	L'idea dell'altero che fè
	2	Iphi, Achi	Ecco perchè sol d'armi
		Aria: Iphi	Temi protervo core
	3	Achi	Ifigenia mi fugge
		Aria: Achille	Non sa il mio Nume amato
	4	Aga, Calcante, (Arcade)	Felice chi contento in umil stato
		Aria: Calcante	Sei genitor è vero
	5	Clite, Iphi, Achi	Ben'a tempo giungesti
	6	Arcade, Clite, Iphi	Regina Ifigenia già s'attende
		Terzetto: Arc, Clite, Iphi	Ah tu signor riserba
	7	Aga, Clite, Iphi	Andiamo o figlia
		acc. Reci: Iphi	Ma se di miglior sorte
		Aga	Sorgi figlia innocente
		Aria: Iphi	Caro padre aspetto morte

ブランシュヴァイク 1728 年版				ベルリン 1748 年版			
幕	場	人物	歌詞内容	幕	場	人物	歌詞内容
2	8	Thers		2	8	(Aga,) Clite	Ah si vede che sei del sangue
		Aria: Thers	Schweten fugen triegen			acc. Reci: Clite	Ahi qual atroce sacrificio
						Aria: Clite	Padre spietato marito ingrato
	9	Aria: Iphig	Schönste Blumen, meine Wonne		9	Aga	Questi pianti io temea
		Clyt, Iphig				Aria: Aga	Se mi volesti o dei
	10	Deis Clyt, Iphig			10	Achi, Aga	Signor che intesi mai
						Duetto: Achi, Aga	Segui pur giovane audace
	11	Aria: Nest	Wo ungerechte Gotter thronen				
		Clyr, Nest,					
		Aria: Clyt	Stürmet noch einmahl, ihr Riesen, den Himmel				
	12	Achill, Nest, Clyt					
	13	Aria: Achill	Ein Geliebtes frey zu machen				
		Achill, Anax,					
	14	Aria; Anax	Augen, machet euch bereit				
	15	Anax,					
		Aria: Iphig	Verirrte Sinnen, gebt zurücke				
		iphig, Anax,					
3	1	Aria: Clyt	Unzählbar ist der Sternen Heer,	3	1	Aga, Euribate	Achille col tuo orgoglio
	2	Agam, Clyt, Nest			2	Aga, Cal, Clit, Iphi(Euri)	Vinto ha Regina
		Aria: Agam	Klage, die man von sich schicket			Aria: Clite	Gran re caro consorte
	3	Achill, Iphig, Clyt			3	Calcante	Udite o Greci invitti
		Aria: Achill	Geliebte Seele, meine nicht			Aria: Calcante	De' Dei lo spirito cotanto m'agita
	4	Clyt, Iphig			4	Iphi, (Egina)	Non m'arrestar Egina
		Aria: Iphig	Lebe wohl, ich muss dich lassen				

ブランシュヴァイク 1728 年版				ベルリン 1748 年版			
幕	場	人物	歌詞内容	幕	場	人物	歌詞内容
3	5	Deida, Therf		3	5	Achi, Iphi, (Egina)	Principessa mio bene
		Aria: Therf	Die magdgens sind recht wunderlich			Aira: Iphi	Se dopo morte almeno
		Aria2: Therf	Kommt ihnen aber nachmahls fur				
	6	Aria: Deida	Der Himmel will, ich soll verzagen		6	Clite, Achi, Egina	Egina Achille oh Dio
						Aria: Achille	O salverà la sposa
	7	Anax			7	Clite, (Egina)	Che abisso di sciagure
		Aria: Anax	Nach wilder Wellen braufen				
	8	Anax, Iphig, Menel, Nest, Chor			8	Egina	Povera Ifigenia io non ho core
						Aria: Egina	So che giusto è sempre il cielo
	9	Achill, Deid, Therf,Agam,			Ultima	Marcia	
						Coro	Mora Ifigenia
						Achi	Miei fedeli si salvi
						[Sinfonia]	
						acc, Reci: Diana	Fermati Achille
						Aria: Iphi	Bella dea de' mali miei
						Cal, Aga, Clite, Iphi, Achi	Abbracciate le prole
						Ultima Coro	Dolce Imeneo deh vieni
	10	Clyte, Agam, Menel, Therf					
	Letzte	Diana, Iphig, Deid, Anax, Clyt, Achill, Agam,					
		Chor	Es weiche, es flieche der Kummer der Seelen				

アリエッタ
アリア
重唱もしくは合唱

＊ AcReci ＝ accopagnato recitativo（器楽伴奏付レチタティーヴォ）

託される場面はない。第 1 幕はアガメンノーネとアルカーデの場面から始まり、第 1 場で神託が下る。グラウンはキャスト表にはないものの、神託に 1 人の歌手（バス）をあて、レチタティーヴォで語らせる。神託が伝聞ではなく直接歌われるのは他にはない手法である。

第 2 場の終わりにはアガメンノーネの技巧的なアリアが歌われ、第 3 場はアキッレを讃える合唱で始まる。第 6 場でイフィジェニーアが登場し、父アガメンノーネを讃える華麗なアリアを歌う。第 1 幕の終わりはイフィジェニーアとアキッレによる愛の二重唱で締めくくられる。

第 2 幕はイフィジェニーアと母クリテンネーストラが、実際には起こっていないアキッレの裏切りを知って怒り、絶望する激しいアリアから始まり、その後、それを知らないアキッレの優しい愛の歌が歌われ、対照的に描かれる。第 6 場でアルカーデの口からイフィジェニーアが生贄になることを知らされ、一同が凍り付く。アキッレはイフィジェニーアを救えなければ自分が犠牲になると言い、イフィジェニーアは自分が犠牲になると宣言して両親に感謝のアリアを捧げる。母は娘への愛を、父は苦しい胸の内と秘めたる娘への愛を歌う。

第 3 幕。アガメンノーネはイフィジェニーアを逃がそうとするが、イフィジェニーアは誰の言葉にも耳を貸さず、決心を変えない。その瞬間、女神ディアーナが現れてイフィジェニーアを救い、イフィジェニーアを讃える合唱で幕が下りる。

楽器編成は、基本的にはヴァイオリン 2 部、ヴィオラ、通奏低音の 4 部からなり、序曲はアレグローアンダンテ―アレグロの 3 つの部分からなっており、第 1・第 3 部分にホルン 2 本、第 2 部分にフルート 2 本が加わっている。序曲以降で管楽器が加えられているのは、第 1 幕第 3 場の合唱にホルン 2 本、第 3 幕第 3 場カルカンテのアリアにホルン 2 本、第 4 場イフィジェニーアのアリアにフルート 2 本、第 6 場アキッレのアリアにホルン 2 本、最終場の最後の合唱にホルン 2 本である。

このオペラには重唱や合唱などソロでない歌唱箇所がこの時期のイタリア・オペラにしては多い。重唱が配置されているのは、第 1 幕最後のイフィジェニーアとアキッレの二重唱、第 2 幕第 6 場のアルカーデ、クリテンネーストラ、イフィジェニーアの三重唱、第 2 幕最後のアガメンノーネとアキッレの二重唱の 3 か所で、1 幕と 2 幕の幕切れがいずれも二重唱になっている。合唱が配置されているのは、第 1 幕第 3 場のカルカンテ登場前、第 3 幕最終場の最初と最後である。

登場人物のアリアの配分をみてみたい【表 5】。

ベルリン 1748 年版では、主要人物 4 人はほぼ同等で、カルカンテがそれに次ぐ。臣下・友人は 1 曲ずつと役の重さとアリアの数はおおよそ一致している。それに対して、ブラウンシュヴァイク 1728 年版は、【表 4】では台本の配役表の順に記載したが、かなりばらつきがある。多いのは、アキレス、アナクシメネス、イフィゲニア、デイダミーア、テルシテスで、アガメムノンとクリテムネストラがそれに続くといったように、ベルリン 1748 年版とはアリアの重みの比重が異なっている。ブラウンシュヴァイク版には、重唱が 1 つしかなく、通常は重唱か合唱で終わるはずの幕切れが 1 幕・2 幕とも重唱でないどころかアリアですらなく、レチタティーヴォで終わるところが特徴的である。

2 つの版を比べてみると、登場人物の人数そのものは 1 人しか違わないが、アリアを歌う人数はベルリン版が 7 人なのに対し、ブラウンシュヴァイク版は 9 人とかなり多い。ブラウンシュヴァイク版は、登場人物を 6 人程度

表 5　アリアの配分

ブラウンシュヴァイク 1728 年版							ベルリン 1748 年版						
	1 幕	2 幕	3 幕	合計	重唱	総計		1 幕	2 幕	3 幕	合計	重唱	総計
Iphigenia	1	3	1	5	1	6	Ifigenia	1	2	1	4	2	6
Anaximenes	1	3	1	5		5	Achille	1	1	1	3	2	5
Thersites	2	1	2	5		5	Agamemnon *	2.5	1		3.5	1	4.5
Achilles	1	1	1	3	1	4	Clitennestra		2	1	3	1	4
Deidamia	3	1		4		4	Calcante	1	1	1	3		3
Agamemnon	2		1	3		3	Arcade	1			1	1	2
Clytemnestra	1	1	1	3		3	Egina			1	1		1
Nestor	1	1		2		2	Euribate				0		0
Menalaus	1			1		1	Diana				0		0
Diana													
				31	2	33					18.5	7	25.5

＊ Agamemnon の 0.5 はアリエッタ

に絞ったゼーノおよびメタスタージオの台本改革の影響を受けていないことが考えられる。また、第3幕第5場でテルシテスが1人で2つの別のアリアを続けて歌ったり、第2幕第6場と第7場ではアナクシメネスのソロ・アリアの次にアキレスとデイダミーアの二重唱が続いたりといった場面がみられるのも台本改革後のオペラにはみられない特徴である。

ベルリン版の歌手の声種はディアーナがアルト、カルカンテがテノールの他はすべてソプラノで書かれている[14]。イフィジェニーアとクリュテンネーストラ、エジーナは女性ソプラノ、アガメンノーネ、アキッレ、アルカーデはカストラートが歌ったものと思われる。配役表は残っていないが、1748年にはジョヴァンナ・アストゥルアというプリマドンナがベルリンにいたことがわかっており、おそらく彼女がイフィジェニーア役だったことは間違いないだろう（Henzel 1999, 40）。

アリアは非常に技巧的な一部のアリア（アガメンノーネ、イフィジェーニア）を除外すれば、速いテンポのものは通奏低音が同じ音を細かい音符で繰り返し奏する同音連打で鳴っていて、適度な跳躍を含む旋律を持つ典型的なイタリア・オペラのアリアが多い。緩やかなテンポのアリアは、いわゆる嘆きのアリアの他、3拍子でゆったりとしていて超絶技巧を伴わないフランス風のアリアもあり、こうしたアリアでは通奏低音のパートはずっと鳴っているわけではなく、音の薄い部分のある軽いテクスチャー、すなわち楽器の音が少ない状態になっている。ダ・カーポ・アリアでは、A部分とB部分とが調や音楽様式が対照的に書かれることが多いが、ベルリン版《イフィジェーニア》では、調こそ違えども、B部分の冒頭がA部分の冒頭と同じ旋律で書かれることが非常に多いのが特徴的である。

1748年にベルリン宮廷で雇われていた音楽家の全容はわかっていないが、アリアの難易度に差があることを考えると、宮廷所属のソロ歌手はキャスト全部をカバーするほどにはいなかったと思われる。しかしながら、宮廷にはフランス演劇団があり[15]、その中にはフランス風の簡単なアリアなら歌え

14）アリアは歌わないが、神託はバス。

15）Henzel 2000, pp. 190-193にフランス演劇団に支払われた記録がまとめられており、その文言をみると、喜劇役者への支払いであることがわかる。Henzel 1999の給料の項目にも喜劇役者の名前があり、常時雇われている役者がいたことがうかがわれる。

る歌手がいたであろうし、1752 年には 20 人ほどのオペラ合唱団がいたという記録もあり、1748 年に 20 人いたかどうかは不明だが、おそらくソロ歌手以外の歌手も雇われていたと考えられる（Henzel 1999, 34-35）。

序曲に関していえば、ブラウンシュヴァイク版は付点リズムを持ちゆったりとした部分にフーガ風のテーマが繰り返されるテンポの速い部分が続き、そして再び付点リズムを持つ荘重な部分で終わる、緩急緩のフランス風序曲だが、ベルリン版は 2 拍子で軽快なアレグロに、それよりは遅いけれども軽快さは失わないアンダンテが続き、急速な 3 拍子のアレグロで終わる、急緩急のイタリア風序曲である。アリアなど音楽全体をみると、ブラウンシュヴァイク版のアリアはすべてイタリア・アリアで書かれている一方、ベルリン版は技巧的なイタリア・アリアと緩やかなフランス風のアリアとが混在している。

ベルリン版には 3 つのバレエ場面が設定されている。1 幕の最後にギリシア戦士らとクリテンネーストラの侍女たちの踊り、2 幕の最後にサテュロスたち、妖精たち、田園の女たちの踊り、3 幕の最後に海の者たち、ネレイスたちの踊りがある。1748 年および 1768 年の台本にはこれら 3 つの場面が第 1 幕開始の前に明記されているのに加え、終幕の後にバレエについての追記がある。1748 年版では第 1 幕・第 2 幕・第 3 幕それぞれにパ・ド・ドゥが 1 〜 2 つ、男女それぞれ 5 〜 6 人ずつによる群舞が書かれているが、バレエの筋書きはない。1768 年版では、1 〜 3 幕に加え、第 1 幕の前のバレエが追加され、1 〜 3 幕の内容も変わっている。フリードリヒ 2 世時代のベルリンには多くのダンサーとともにバレエ・マスターも雇われていたことがわかっており [16)]、幕間のバレエは別の作曲家によって作られたと考えるべきだろう。

結び

グラウンの 2 つの《イフィゲニア》は 1728 年のブラウンシュヴァイク版と 1748 年のベルリン版とでかなり異なる様相を呈している。ブラウンシュ

16）Henzel 1997, 27-31。バレエ団の人材の多くはフランスから来ており、一部イタリアからも来ていた。

ヴァイク版はドイツ語であり、登場人物が増え、アリアの数も多い。一方、ベルリン版はラシーヌの『イフィジェニー』を元にしつつも、ラシーヌ独自の登場人物や筋の展開を採用せず、ギリシア悲劇の元の形をいかし、しかもタイトルロールのイフィジェニーアを中心とした人間模様が描かれ、彼女の人格を讃える物語になっている。

ベルリン版が上演された1748年はオーストリア継承戦争が終結した年であり、オーストリアと対立してフランス側で戦ったプロイセンが、ラシーヌ由来のオペラを上演したことには政治的な意図も感じられる。それは、1748年版の台本にはどの程度かは不明だが、フリードリヒ2世も関わったとされていることからも裏付けられよう。ヴィッラーティはフランスの悲劇を元にしているが、先述したようにラシーヌの悲劇とベルリン版とでは設定が異なっており、単なる翻案ものではなく、オリジナリティの高い台本となっている。

音楽においてはイタリア的要素とフランス的要素を混在させていること、台本においてはエウリピデスとラシーヌの原作をベースにしつつ、独自の要素を入れ込んでいることは、18世紀ドイツ諸都市にみられる混合様式そのものであるといえる[17)]。

17) ベルリンで上演したグラウンのオペラのうちで、フランスの起源を持つものは、1742年のコルネイユに基づくボッタレッリ台本の《クレオパトラとチェーザレ》に始まり、ラシーヌ作品はこの《イフィジェニーア》が初、1751年《ブリタンニコ》と続き、ヴィッラーティ亡き後はヴォルテール作品《セミラーミデ》《モンテズマ》で頂点を迎える。今後、他の作品も分析対象に加えることで、今回の結果が《イフィゲニア》特有のものなのか、ベルリンにおけるギリシア悲劇題材オペラ全般にみられるものなのか検討を進めたい。

第4章

18世紀ロシア宮廷におけるオペラ・セーリア上演の実態

ギリシア悲劇を原作とした作品に注目して

森本頼子

はじめに

ロシアで本格的なオペラ上演が行われるようになったのは、18世紀に入ってからであった。その始まりとなったのが、1736年、サンクト・ペテルブルグの宮廷におけるオペラ《愛と憎しみの力》の上演である[1)]。イタリアの作曲家、アライヤ（1709-75以降）によるイタリア語のオペラ・セーリア[2)]で、ロシアに招聘されたアライヤの主導のもとに、イタリア人歌手らによって上演された。ロシアではこれ以降、イタリア人音楽家を宮廷楽長として召し抱え、イタリア人歌手を雇ってオペラ・セーリアを宮廷劇場で上演するという慣習が生まれた。

世紀の後半には、オペラは宮廷劇場だけでなく公衆劇場、学校劇場、農奴劇場など、多様な劇場で上演されるようになり、演目のジャンルも多様化していった。こうしたオペラ文化の急速な発達を引き継ぐかたちで、19世紀にロシアはオペラの黄金時代を迎えることになる。ペテルブルグとモスクワに設置された帝室劇場（国立劇場）でロシア内外のオペラが上演されるとと

1）本稿では、日付の表記については、原則として18世紀ロシアで用いられていた旧暦（ユリウス暦）を使用する。旧暦の日付に対し、1700年2月19日から1800年2月17日までは11日を加えることで、新暦に換算できる。なお、エリザヴェータが亡くなったのは、旧暦の1761年12月25日であり、新暦では1762年1月5日にあたる。この点に関しては世界基準に合わせ、エリザヴェータの治世を1762年までとした。

2）本稿では、「オペラ・セーリア opera seria」という用語を、「英雄的あるいは悲劇的な題材に基づく、18世紀と19世紀のイタリア・オペラ」（McClymonds 2001, 485）という意味で用いる。

もに、グリンカやムソルグスキー、リムスキー＝コルサコフ、チャイコフスキーらが、ロシア語の傑作オペラを生み出していった。

このような歴史をたどるとわかるように、18 世紀はロシア・オペラの「前史時代」とみなされることが多い。しかし実際には、この時代のロシアでは、きわめて充実したオペラ上演が行われていた。特に宮廷では、西欧から招かれたガルッピ、トラエッタ、パイジェッロといった有名作曲家がオペラ・セーリアを創作し、西欧の諸宮廷に劣らぬ豪華なオペラ上演を行った。ところが、こうしたオペラ上演については、これまでロシア内外で十分な研究が行われておらず、その実態はあまりわかっていない[3)]。

ロシア宮廷で上演されたオペラにおいて創作上のインスピレーションの1つとなったのが、ギリシア悲劇であった。とりわけ 18 世紀半ばからは、《アリツェスタ（アルケスティス）》（ラウパッハ作曲、1758 初演）、《タウリデのイフィジェニーア（タウリケのイピゲネイア）》（ガルッピ作曲、1768 初演）、《アンティーゴナ（アンティゴネ）》（トラエッタ作曲、1772 初演）というギリシア悲劇に基づいたオペラが立て続けに上演されている。本稿ではこの事実に注目し、これらの作品がどのような背景のもとに創作・上演されたのかを考察し、当時のロシアのオペラ文化がどのような状況にあったかを、新たな切り口から明らかにしたい。まず 18 世紀ロシア宮廷におけるオペラ・セーリア上演の歴史を概観したうえで、これら 3 作品の創作・上演の状況について順にみていく。

1　18 世紀ロシアにおけるオペラ・セーリア上演

アンナ女帝時代（1730-40）

アンナ女帝は、ピョートル大帝の姪にあたる人物で、ドイツの小公国クールラントに嫁ぎ、20 年余り同地で過ごした後に皇帝に即位した。長年にわたる西欧での生活がアンナの文化政策にも影響を及ぼしたのであろう。アン

3）宮廷におけるオペラ・セーリア上演については、Mooser 1948-51 および Keldysh et al. 1984-85 といったロシア音楽史書に詳しい記述がある。また、18 世紀のペテルブルグの音楽文化に関する事典である Porfir'eva 1996-99 では、「オペラ・セーリア」「宮廷劇場」や歴代の皇帝の項目が立てられ、それぞれの文脈からオペラ・セーリア上演について説明がある。一方で、個々のオペラ・セーリアの内容や上演の実態について踏み込んだ研究はほとんど行われていない。

ナは即位するとすぐに、西欧諸国の宮廷にならって、劇の上演や音楽演奏を行うために、イタリア人一座を雇うことを計画したのである。こうして、1735年に、作曲家アライヤが歌手や踊り手、舞台装置家らを率いてペテルブルグにやって来た。ナポリに生まれたアライヤは、《クレオメネ》（1731、ローマ初演）などで成功を収めたばかりの気鋭の作曲家だった。

アライヤの一座は、女帝の誕生日の翌日の1736年1月29日に、ペテルブルグの冬の宮殿内に設けられた劇場で、ロシア初となるオペラ・セーリアの上演にのぞんだ。演目には、アライヤが1734年にミラノで初演した《愛と憎しみの力》が選ばれた。物語は、古代インドを舞台に、2組のカップルがさまざまな困難や危機を克服して結ばれるという、メタスタージオのオペラ・セーリアにみられるような内容だった。この上演を皮切りに、アンナの治世には2作のオペラ・セーリアが上演され**【表1】**[4]、ロシア宮廷にオペラ・セーリア上演の慣習が根づいていった。

表1　18世紀ロシアで上演されたオペラ・セーリア（エカテリーナ2世時代まで）

皇帝	ロシア初演	上演場所	作品	作曲	台本	備考
アンナ（1730-40）	1736/01/29	ペテルブルク	La forza dell'amore e dell'odio 愛と憎しみの力	アライヤ	プラータ	既成作品（1734/01、ミラノ初演）
	1737/01/29	ペテルブルク	Il finto Nino, overo La Semiramide riconosciuta 偽りのニーノ、または生きていたセミラーミデ	アライヤ	メタスタージオ	
	1738/01/29	ペテルブルク	Artaserse アルタセルセ	アライヤ	メタスタージオ	
エリザヴェータ（1741-62）	1742/05/29	モスクワ	La Clemenza di Tito 皇帝ティートの慈悲	ハッセ	メタスタージオ	既成作品（1735/09/24、ペーザロ初演）
	1744/04/26	モスクワ	Seleuco セレウコ	アライヤ	ボネッキ	

4）【表1】は、おもにKeldysh et al. 1984-85を参照して作成した。

皇帝	ロシア初演	上演場所	作品	作曲	台本	備考
	1745/08/24	ペテルブルク	Scipione シピオーネ	アライヤ	ボネッキ	
	1747/04/26	ペテルブルク	Mitridate ミトリダーテ	アライヤ	ボネッキ	
	1750/11/28	ペテルブルク	Bellerofonte ベッレロフォンテ	アライヤ	ボネッキ	
	1751/04/28	ペテルブルク	Eudossa incoronata, o sia Teodosio II 戴冠したエウドッサ、またはテオドージオ 2 世	アライヤ	ボネッキ	
	1755/02/27	ペテルブルク	**Tsefal i Prokris** **ツェファールとプロクリス** **［ロシア語オペラ］**	アライヤ	**スマローコフ**	
	1755/12/18	ペテルブルク	Alessandro nell'Indie インドのアレッサンドロ	アライヤ	メタスタージオ	
	1758/06/28	ペテルゴフ	**Al'tsesta** **アリツェスタ** **［ロシア語オペラ］**	**ラウパッハ**	**スマローコフ**	
	1760/12/13	ペテルブルク	Siroe シーロエ	ラウパッハ	メタスタージオ	
エカテリーナ2世（1762-96）	1762/11/24	モスクワ	L'Olimpiade オリンピーアデ	マンフレディーニ	メタスタージオ	
	1763/11/24	ペテルブルク	Carlo Magno カルロ・マーニョ	マンフレディーニ	ラッツァローニ	
	1766/02-03頃	ペテルブルク	Didone abbandonata 見捨てられたディドーネ	ガルッピ	メタスタージオ	既成作品（1740/12/26、モデナ初演）
	1768/04/21	ペテルブルク	Ifigenia in Tauride タウリデのイフィジェニーア	ガルッピ	コルテッリーニ	

皇帝	ロシア初演	上演場所	作品	作曲	台本	備考
	1769/04/21	ペテルブルク	L'Olimpiade オリンピーアデ	トラエッタ	メタスタージオ	既成作品（1758 秋、ヴェローナ初演）
	1770/09/22	ペテルブルク	Antigono アンティーゴノ	トラエッタ	メタスタージオ	既成作品（1764/06/16、パドヴァ初演）
	1772/11/11	ペテルブルク	Antigona アンティーゴナ	トラエッタ	コルテッリーニ	
	1773/09/29 または 30	ペテルブルク	Amore e Psiche アモーレとプシケ	トラエッタ	コルテッリーニ	
	1774/04/24	ペテルブルク	Armida アルミーダ	サリエリ	コルテッリーニ	既成作品（1771/06/02、ウィーン初演）
	1774/11/28	ペテルブルク	Lucio Vero ルーチョ・ヴェーロ	トラエッタ	ゼーノ	
	1777/01/17	ペテルブルク	Nitteti ニッテーティ	パイジェッロ	メタスタージオ	
	1777/10/24	ペテルブルク	Lucinda ed Armidoro ルチンダとアルミドーロ	パイジェッロ	コルテッリーニ	
	1778/01/26	ペテルブルク	Achille in Sciro シーロのアキッレ	パイジェッロ	メタスタージオ	
	1779/06/13 か 17	ツァールスコエ・セロー	Demetrio デメートリオ	パイジェッロ	メタスタージオ	1771、モデナ初演版から改訂?
	1780/11/25	ペテルブルク	Alcide al bivio 岐路に立つアルチーデ	パイジェッロ	メタスタージオ	
	1782/11/24	ペテルブルク	Orfeo ed Euridice オルフェーオとエウリディーチェ	グルック	カルツァビージ	既成作品（1762/10/05、ウィーン初演）
	1785/01	ペテルブルク	Idalide イダリデ	サルティ	モレッティ	既成作品（1783/01/08、ミラノ初演）
	1786/01/15	ペテルブルク	Armida e Rinaldo アルミーダとリナルド	サルティ	コルテッリーニ	

皇帝	ロシア初演	上演場所	作品	作曲	台本	備考
	1786/09/22か23	ペテルブルク	Castore e Polluce カストレとポッルーチェ	サルティ	モレッティ	
	1788/09/22?	ペテルブルク	La vergine del sole 太陽の乙女	チマローザ	モレッティ	
	1789/09/27	ペテルブルク	Cleopatra クレオパトラ	チマローザ	モレッティ	

(注)・この表では、各オペラのロシアにおける初演情報のみを示しており、再演の情報は記していない。
・ロシア初演の日付は、18世紀ロシアで用いられていた旧暦（ユリウス暦）による
・例外的に、本稿で扱うロシア語のオペラも表中に示した（太字で示したもの）。また、ギリシア悲劇に基づく作品をグレー地で示している。

エリザヴェータ女帝時代（1741-62）

エリザヴェータは、ピョートル大帝の実の娘であり、父の政治理念を引き継いでロシアの近代化を推し進めた。その治世は、ロシアが文化面でも著しい発展を遂げた時代としても知られる。彼女は文化事業に力を入れ、美術や建築、ファッションといった分野で積極的に西欧化を図った。エリザヴェータが宮廷生活で手本としたのはフランスであり、宮廷ではフランス語が話されるようになった。

宮廷劇場におけるオペラ・セーリア上演は、エリザヴェータが最も力を入れた事業の1つだった。エリザヴェータ時代には、少なくとも8つのイタリア語のオペラ・セーリアが上演された**【表1】**。これらのうち、ハッセの《皇帝ティートの慈悲》のみ既成作品であったが、そのほかの多くは、アライヤと宮廷詩人ボネッキ（1715-85以降）のコンビによって新たに創作された。ボネッキの詳しい出自は不明だが、フィレンツェ出身で、作家を志してヨーロッパ各地を遍歴していた折にアライヤと知り合い、1742年にロシアにやって来たとされている。こうしてエリザヴェータ時代に至って、ロシア宮廷専属の作曲家と詩人によって、独自のオペラ創作が行われるようになったのである。

8つのイタリア語のオペラ・セーリアの題材に目を向けてみると、そのほとんどが、歴史上の出来事や実在の人物を題材とした、いわゆる「歴史物」であったことがわかる。一方で、ギリシア神話に取材した「神話物」は、

1750 年に上演された《ベッレロフォンテ（ベレロポン）》のみである。「歴史物オペラ」が多く創作された背景には、さまざまな要因があると考えられるが、その作品内容も関係しているだろう。ロシアにおけるオペラ・セーリア上演は、当時の西欧の他の宮廷と同じように、「君主を寓意的に称賛する」という役割をもっていた。つまり、オペラのなかに、皇帝になぞらえた英雄や慈悲深き君主が登場することで、オペラ上演の主宰者たる現実の皇帝をほめたたえることが意図されていたのである。

たとえば、1751 年に初演された《戴冠したエウドッサ、またはテオドシオ 2 世》は、東ローマ帝国の皇帝テオドシウス 2 世と、その妻エウドキアの逸話をもとにした作品である。エウドキアは敬虔なギリシア正教徒としても高名な人物であり、ボネッキは、エウドッサというキャラクターの造形にあたって、その高徳な姿を強調した。エウドッサがエリザヴェータを暗示することは明白であり、ボネッキも台本の序文で以下のように述べている。

> エウドッサの名のもとに、私の敬意が隠れていることを認めます。私の詩は、何か最も高貴なものを表しているのです。私が不滅の名誉と、玉座を飾っている英雄的な徳をほめたたえるとき、エウドッサの台詞を通じて、心のなかにエリザヴェータ陛下を思い描いています（Bonecchi 1753, 70）。

こうして、エリザヴェータ時代に、オペラ・セーリア上演は、皇帝個人との結びつきを深め、いっそう重要視されるようになったのである。

一方で、この時代のロシア宮廷では、《ツェファールとプロクリス（ケパロスとプロクリス）》および《アリツェスタ》という 2 作のロシア語のオペラの創作・上演が行われた。後述するように、これらはイタリアのオペラ・セーリアの様式で書かれた最初のロシア語オペラとして、重要な意味をもった。

エカテリーナ 2 世時代（1762-96）

ロシアの歴史において、エカテリーナ 2 世は、ピョートル大帝以来の傑出した皇帝とみなされている。卓越した政治手腕によって、その治世にロシアは大きな発展を遂げ、ヨーロッパの主要国に比肩する大国へと成長した。

エカテリーナ2世は、啓蒙君主としてロシアの教育や文化の促進にも力を入れ、音楽や劇場にかかわる事業にも精を出した。彼女自身は音楽の才能がないことを自覚しており、「音楽は、私の耳にとっては、結局のところ、しばしばただの騒音以外の何物でもない」(Kryukov 1996, 322)と公言していたが、宮廷の音楽生活は重視した。また、自らロシア語のコミーチェスカヤ・オペラ[5)]の台本を作成するなどして、ロシアの劇場文化の発展に直接寄与している。さらに、エカテリーナ2世時代には、オペラ上演の場が宮廷劇場だけでなく、一般市民向けの公衆劇場や学校劇場、農奴劇場にまで広がり、多種多様なオペラがロシアのそこかしこで上演されるようになった。

エカテリーナ2世も、歴代の皇帝たちと同じように、オペラ・セーリア上演を重視した。それまでロシアでは、西欧ではあまり知られていない人物が宮廷楽長および宮廷詩人を務めていたが、エカテリーナ2世時代になると、ガルッピ、トラエッタ、パイジェッロ、サルティ、チマローザといった有名作曲家や、コルテッリーニやモレッティといった西欧で活躍する詩人が、次々と招聘されるようになった。文化的にも西欧の大国に匹敵するレベルを目指していた女帝にとって、宮廷の音楽・劇場生活の「顔」に著名人を据えるのは、当然のことだったのだろう。こうしてこの時代に、名実ともに優れた人材によって、いっそう充実したオペラ・セーリア上演が行われるようになったのだ。

エカテリーナ2世時代には、少なくとも21作のオペラ・セーリアが上演されたことがわかっている**【表1】**。このうち6つはロシア国外ですでに初演されていた既成作品で、残りはロシア宮廷のための書き下ろしの作品だった。作曲と台本の作成は、おもに宮廷楽長と宮廷詩人が担ったが、**【表1】**からは、きわめて多くの人がその創作にたずさわったことがわかる。オペラの題材も多様化している。エリザヴェータ時代までは、「歴史物」が中心を占めていたが、この時代になると、ギリシア神話やギリシア悲劇に取材したものも増えている。ギリシア悲劇をもとにしたオペラとしては、ガルッピの

---

5)コミーチェスカヤ・オペラ(komicheskaya opera)とは、もともとはフランス語のオペラ・コミックを翻案したものであり、地の台詞の交じるロシアの喜歌劇である。1770年代から創作が始まり、エカテリーナ2世も《フェヴェーイ》(パシケーヴィチ作曲、1786初演)などの台本を手がけた。

《タウリデのイフィジェニーア》とトラエッタの《アンティーゴナ》が挙げられ、後述するように、これらはオペラ改革とかかわりの深い作品としても注目される。

なお、エカテリーナ2世時代は、パイジェッロの《セビーリャの理髪師》（1782、ペテルブルグ初演）に代表されるように、ロシア宮廷でイタリア語のオペラ・ブッファがさかんに創作・上演されるようになった時代でもあった。元来、喜劇を好んだエカテリーナ2世は、長大なオペラ・セーリアよりも短めのオペラ・ブッファを好むようになり、治世の後半にはオペラ・ブッファの上演を推奨するようになった。したがって、エカテリーナ2世時代のオペラ・セーリア上演のピークは、1760年代から70年代にかけてだったとみなすことができる。

2　ロシアで上演されたギリシア悲劇主題のオペラ

ロシアでは1730～70年代を中心に宮廷でオペラ・セーリアがさかんに上演されたが、その後半にあたる時期に、ギリシア悲劇をもとにした3つのオペラが創作された。ここからは、それぞれの作品の創作・上演の状況をみていこう。

ラウパッハの《アリツェスタ》(1758)
史上2作目のロシア語オペラ

エリザヴェータの治世の末期に、ロシア・オペラ史上、注目される出来事が起こった。ロシア語のテキストによる初のオペラの創作である。1作目は《ツェファールとプロクリス》で、1755年にペテルブルグの宮廷劇場で初演された。台本は、オウィディウスの『変身物語』に基づき、スマローコフ（1717-77）によって作成され、アライヤが作曲した。そしてもう1つの作品が、エウリピデスの悲劇に基づく《アリツェスタ》である。このオペラは、1758年にペテルブルグ近郊のペテルゴフの宮殿で、宮廷に所属するロシア人歌手たちによって初演された。台本は前作に続いてスマローコフが作成し、宮廷音楽家のラウパッハ（1728-78）が作曲した。

スマローコフは、18世紀ロシアを代表する詩人・劇作家の1人で、特にロシア古典主義演劇の代表的作家とみなさている。ペテルブルグの貴族の家庭に生まれ、悲劇『ホレーフ』（1747）で注目を集め、生涯を通じて9編の悲劇、12編の喜劇のほか、膨大な数の詩を残した。悲劇はいずれもフランス古典主義の影響を受けたものであり、「三一致の法則」を守った構成、個人的な感情と国家への義務（理性）の相克がテーマとなっている。創作活動のかたわら、スマローコフは、エリザヴェータによって創設されたロシア初の常設公衆劇場「ロシア劇場」[6]（1756-59）の支配人に任命され、劇場運営に取り組んだほか、ロシア最初の文芸雑誌『働き蜂』（1759）を刊行するなど、ロシアの文芸の啓蒙促進にも寄与したことで知られる。

ラウパッハは、ドイツ生まれの音楽家である。1755年にロシア宮廷のチェンバロ奏者となり、エリザヴェータ時代末期の1759～62年に、アライヤの後任として宮廷楽長を務めた。さらに、エカテリーナ2世時代の1768年からは、宮廷楽団の副楽長とバレエ作曲家を務めている。このように、《アリツェスタ》は、エリザヴェータとかかわりの深い2人の芸術家が手を組んで生み出したオペラだった。

スマローコフは、エウリピデスの悲劇『アルケスティス』から主題をとり、台本を作成した。スマローコフがこの題材を選んだ理由は定かではないが、彼がフランス古典主義に傾倒していたことをふまえれば、ギリシア悲劇は彼にとって身近なものだったはずだ。また、『アルケスティス』は、オペラの歴史をみても、幾度となくオペラ化されてきた素材である。たとえば、リュリは詩人キノーと組んで《アルセスト、またはアルシードの勝利》（1674、パリ初演）というトラジェディ・リリックを作曲している。リュリのオペラがロシアで上演されたことはなかったが[7]、スマローコフがオペラ台本の作成にあたり、何らかの方法でこうした先例を参考にした可能性もあるだろう。また、この悲劇は、夫のために自らの命を捧げる誉れ高き女性、アルケスティスが主人公となっており、スマローコフがその姿をエリザヴェータに重ね合わせ、オペラの題材に選んだことも考えられる。

6）「ロシア劇場」の運営は、ロシア演劇史上注目すべき取り組みであったが、採算がとれず短命に終わった。1759年1月に劇場は宮廷に引き渡され、劇場に付随する一座も宮廷の一座に吸収された。

7）ロシアの宮廷劇場では、パーヴェル1世時代（1796-1801）に至るまで、フランスのトラジェディ・リリックは1作も上演されたことがなかった。

冥界シーンの追加、合唱の重視

オペラは3幕から構成される。台本[8]によれば、あらすじは以下のとおりである。

テッサリアのペライの王、アドメート（アドメトス）は瀕死の状態にある。アドメートの妻アリツェスタ（アルケスティス）は、夫の身代わりとなって命を捧げ、夫を死から救い出す（第1、2幕）。それを受けて、アドメートの友人ゲルクレス（ヘラクレス）が冥界に向かい、アリツェスタを救出する。一同でアリツェスタの生還を祝福し、悪の力に対する勝利を賛美する（第3幕）。

エウリピデスの悲劇とスマローコフの台本とを比較すると、第3幕に大きな改変がみられる。原作では、ヘラクレスによるアルケスティスの救出は、台詞のなかに言及があるだけだが、このオペラでは、ヘラクレスの冥界行きの場面が追加されているのである。この場面は、第3幕第5場から第6場にかけて置かれており、冥界の神プルトンやその妻プロセルピナのほか、フリアエ、パルカエといった冥界の住人たちが登場し、ヘラクレスが彼らからアルケスティスを救い出す様子が描かれる。ここでは、冥界の住人たちの合唱も入り、冥界のおぞましい光景が音楽でも表現される[9]。このシーンは、アリツェスタとアドメートのやり取りを中心とした、他の単調な場面と鮮やかな対照をみせ、オペラ終盤のクライマックスを築く。

冥界のシーンは、先述のリュリのトラジェディ・リリック《アルセスト》にも取り入れられている。一方で、グルックのイタリア語の改革オペラ《アルチェステ》（1767、ウィーン初演）には、こうした場面は登場しない。同作では、アルケスティスの救済はアポロによって成し遂げられ、ヘラクレスも冥界のシーンも現れないのである。しかし、グルックは、同じ題材でフランス語の改革オペラ《アルセスト》（1776、パリ初演）を作曲したときには、一転して冥界のシーンを挿入している。同作では、ヘラクレスが主要人物として造形され、終幕の第3幕に冥界の場面が置かれたのである[10]。こうして、

8）1787年に出版されたスマローコフの全集収録の台本（Sumarokov 1787）を参照した。

9）台本にはバレエの指示はないが、ロシア宮廷の充実したバレエ団の存在をふまえれば（後述）、実際の上演でバレエが挿入された可能性は十分にある。

10）フランス語版《アルセスト》は、1776年4月のパリ・オペラ座で初演されたが、このときの第3幕の大詰めは、オリジナルのイタリア語版に近いものだったようだ（Hayes 1992, 62）。それがかなり批判を受けたため、グルックと台本作者デュ・ルレは、イタリア語版にないヘラク

グルックのフランス語版の《アルセスト》もまた、《アリツェスタ》と同じように、大団円に向けて緊張が高まる構成へと改変されたといえる。もちろん、スマローコフが台本作成にあたって、リュリの《アルセスト》などの先例を参考にした可能性もあるが、グルックに先立って彼がこうした台本を作成したことは注目に値する。

その他の特徴としては、合唱が多く取り入れられていることが挙げられる。台本によれば、全体は独唱曲を中心に構成されているが、合唱曲も各幕の要所要所に置かれているのである。合唱曲は、第1幕第1場、第2幕第5場、第3幕第6場、最終場の4か所に置かれ、各場面で、アリツェスタとともに神に祈りを捧げる人々や、冥界の住人、アリツェスタの救出を祝福する人々などを表現する。

合唱の多用は、この時代のロシアで創作されたイタリア語のオペラ・セーリアに特有の傾向である。ロシアでは、ロシア正教会で器楽の演奏が禁じられていたことも関係して、合唱音楽の長い伝統があり、宮廷には中世から教会音楽を供給するための宮廷合唱団が組織されていた。こうした背景から、オペラにおいても合唱音楽が好まれたのである。特に、宮廷で上演されるオペラ・セーリアでは、終盤に皇帝を賛美するための合唱曲が置かれることが決まりとなった。エリザヴェータ時代からは、宮廷合唱団がオペラ上演にも参加するようになり、教会音楽で磨き上げた歌声が舞台を彩った[11)]。《アリツェスタ》もまた、最後は悪の力に対する勝利を賛美する合唱曲で幕を閉じる。この点で、このオペラは、当時のロシアで上演されていたイタリア語のオペラ・セーリアの構成を踏襲して創作されたといえるだろう。

このように、ロシアではまず、ギリシア悲劇は古典主義の劇作家スマローコフの手によってオペラの題材に採用され、ロシア独自のロシア語によるオ

レス（エルキュール）の場面を追加したという（同前）。フランス語版でヘラクレスが追加された理由については、「キノーとリュリの《アルセスト》の追憶から、フランス趣味への譲歩だった」（Newman 1976, 157）と、グルックらがリュリの《アルセスト》を意識したためだとする解釈もある。

11）宮廷合唱団は、エリザヴェータの治世の最初には33名から構成されたが、エリザヴェータによって増員が図られ、1762年には72名となった（Chudinova 1998, 458-459）。終盤に皇帝賛美の合唱が置かれたオペラ・セーリアとしては、《セレウコ》（アライヤ作曲、1744、モスクワ初演）、《ベッレロフォンテ》（アライヤ作曲、1750、ペテルブルグ初演）などがある。詳細は、拙論（森本2018b）を参照されたい。

ペラ・セーリアを生み出す源泉の 1 つとなった。

ガルッピの《タウリデのイフィジェニーア》(1768)

有名作曲家による初めてのオペラ・セーリア

《タウリデのイフィジェニーア》(以下、《イフィジェニーア》) は、エカテリーナ 2 世によって宮廷楽長として招聘されたガルッピ (1706-85) が作曲したオペラ・セーリアである。ガルッピは、1765 ～ 68 年の在任中に 2 作のオペラ・セーリア上演にかかわったが、1766 年にペテルブルグで初演された 1 作目《見捨てられたディドーネ》は既成作品であったため (1740、モデナ初演)、《イフィジェニーア》は、彼にとってロシア宮廷のために作曲した唯一の作品となった (前掲の**【表 1】**も参照)。ロシアにおけるオペラ・セーリア上演の歴史のなかでも、同作は重要な意味をもつ。先述したように、ガルッピはロシア宮廷に招聘された最初の有名作曲家であり、《イフィジェニーア》は、有名作曲家が初めて作曲したオペラ・セーリアとなったのである。

台本は、コルテッリーニ (1724-77) が作成したものが使用された。コルテッリーニは、1763 年頃からウィーンの宮廷に仕えたイタリアの詩人である。メタスタージオの崇拝者であり、アルガロッティやカルツァビージの影響を受けながら、ウィーン宮廷でオペラ台本の創作に取り組んだ。また、後述するように、1772 年からはロシアの宮廷詩人を務めた。

《イフィジェニーア》の台本は、もともとコルテッリーニがウィーン宮廷のために作成したものだった。この台本にはトラエッタが音楽づけし、オペラは 1763 年にシェーンブルン宮殿で初演された。グルックが、初のイタリア語の改革オペラ《オルフェーオとエウリディーチェ (オルペウスとエウリュディケ)》(以下、《オルフェーオ》) を 1762 年に初演してからわずか 1 年後というタイミングにあたり、同作からの影響も指摘されている。実際に、このオペラに対しては、「合唱、バレエ、舞台の複雑さ、多様なアンサンブルといったフランス的要素を、イタリア的な作劇法の枠組みに組み込んだ、最初の大規模なウィーンのオペラ」(McClymonds+Baldi 2001, 161) という評価も与えられている。

また、トラエッタ版の《イフィジェニーア》のバレエは、アンジョリーニ (1731-1803) が振り付けた。アンジョリーニはイタリアの振付師、舞踏家で、1758年頃からウィーンの宮廷でバレエマスターを務めた。ウィーンでは、グルックやカルツァビージらと手を組み、バレエ作品やオペラのバレエの振り付けを行った。グルックの《オルフェーオ》のバレエの振り付けも、アンジョリーニの手によるものである。なお、アンジョリーニも、1766年にロシア宮廷のバレエマスターに就任している。

そしてグルック自身も、トラエッタ版の《イフィジェニーア》を熟知していたと考えられる。1767年に、フィレンツェで同作が上演されたとき、グルックが指揮をしたのである[12)]。周知のとおり、グルックは、のちに同じ題材でフランス語の改革オペラ《トリドのイフィジェニー》(1779、パリ初演)を創作している。作曲にあたって、グルックがトラエッタのオペラから何らかの影響を受けた可能性も十分に考えられるだろう。

このように、トラエッタ版の《イフィジェニーア》は、ウィーンにおけるオペラ改革の潮流のなかで生み出された作品だったのである。ガルッピがロシアで新たなオペラを作曲するにあたり、コルテッリーニの台本を採用した経緯は明らかになっていない。ただ、ガルッピがもともとトラエッタのオペラの存在を知っていた可能性もあるだろうし、当時ロシア宮廷に仕えていたアンジョリーニが、ガルッピに助言をしたとも考えられる。

合唱、バレエの重視

コルテッリーニの台本は、エウリピデスの悲劇『タウリケのイピゲネイア』に基づいて3幕から構成されており、下記のあらすじをもつ。

オレステ(オレステス)は、友人ピーラデ(ピュラデス)とともにタウリケに到着し、トラキアの王トアンテ(トアス)に捕らえられる。オレステは生贄に捧げられることになるが、女司祭のイフィジェニーアは、儀式を延期させる(第1幕)。地下洞窟に幽閉されたオレステは、母クリテンネーストラ(クリュタイムネストラ)の亡霊に苦しめられる。イフィジェニーアの友人ドーリは、オレステとピーラデを憐れみ、彼らを逃がしてしまう。トアンテは、彼らによってパラスの像が盗まれたことを知り、怒りに襲われる(第2幕)。ドーリが生贄になることになるが、再び捕らえられたピーラデが身代わりに

---

12) 同地において、トスカーナ大公妃マリーア・ルイサの出産後の復帰を祝う行事で上演された(Einstein, 1972, 97-98, 207)。

なることが決まる。イフィジェニーアがピーラデを殺す直前にオレステが登場し、自らが犠牲になることを申し出る。ピーラデの言葉から、オレステがイフィジェニーアの弟であることが明らかになる。トアンテはオレステを殺そうとするが、イフィジェニーアによって刺し殺される。イフィジェニーアは、トアンテの死によって神の怒りが鎮まったことを人々に告げる（第 3 幕）。

原作との大きな違いとしては、イピゲネイアがオレステスの正体に気づくのが終盤になってからという点や、イピゲネイア自身が暴君のトアスを刺し殺すといった点が挙げられる。

次に、1768 年にペテルブルグで出版されたガルッピ版《イフィジェニーア》の台本（イタリア語版およびロシア語版。Coltellini 1768a; Coltellini 1768b）[13] をもとに、全体の構成をみていこう [14]。台本からは、全体は 65 曲の楽曲を想定した構成であることが読み取れる。楽曲の種類としては、アリア、レチタティーヴォ、重唱曲のほか、合唱曲、バレエ音楽が含まれている。このなかで特に目を引くのが、合唱曲である。合唱は、65 曲のうち 19 曲に含まれており、単純計算で、作品全体のおよそ 3 分の 1 に及ぶ数である。従来のオペラ・セーリアに比べると、かなり高い割合であるといえる。

数だけでなく、合唱の用法も注目される。合唱は、単に舞台を華やかにするためだけでなく、物語に関与するような役割を果たしているのである。たとえば、第 2 幕第 4 場では、地下洞窟で眠るオレステが、彼が殺した母クリテンネーストラの亡霊と復讐の女神たちに襲われ苦しむ様子が、合唱とバレエによって巧みに表現される。また、第 2 幕第 7 場では、神殿の前に集まった女司祭、司祭、兵士たちが合唱によって描かれるが、この場面では、合唱は 3 つのグループに分けられ、同時にそれぞれの心境を歌っていく。このように、合唱は物語の進行に欠くことのできない役割を与えられているのである。

上演では、例にもれず合唱は宮廷合唱団が担当した。宮廷合唱団について

13）イタリア語版には、フランス語の対訳がついている。

14）今回の調査では、ガルッピ版の《イフィジェニーア》の楽譜を参照することができなかった。一方、トラエッタ版の《イフィジェニーア》に関しては、台本および楽譜の双方を確認することができた。両者の台本を突き合わせたところ、大きな違いは認められなかったため、ガルッピは作曲にあたり、トラエッタ版の台本をほぼ改変することなく使用したと考えられる。そのため、ここではトラエッタ版の楽曲構成も参考にしつつ、全体を分析していく。

は、ガルッピもその力を高く評価していた。宮廷合唱団による典礼音楽の演奏を聴いて、「これほど華麗な合唱をイタリアでは決して聴いたことがない」（Porfir'eva 1996, 231）と述べたと伝わっているのである。もちろん、ガルッピのリップサービスであったとも考えられるが、オペラ、教会音楽の両方に豊富な経験をもっていた彼にここまで言わしめたとは、やはりロシアの宮廷合唱団はある程度の実力をそなえていたのだろう。そして実際に、ガルッピは宮廷楽長時代に、オペラや世俗音楽の作曲のかたわら、ロシア正教会の典礼音楽の作曲に精を出し、特に宗教合唱曲を多く生み出しているのである。宮廷合唱団に対するガルッピの評価をふまえると、彼がオペラ・セーリアにおいてもその歌声を活用することを目論み、合唱が活用されているコルテッリーニの台本を選んだ可能性も十分にあるだろう。

一方、このオペラでは、バレエも活用され、各幕にバレエのシーンが置かれている。台本の冒頭には、「4つのバレエ」として、バレエが女司祭、復讐の女神、水兵、スキタイ人の貴族を演じることが明記され、初演時に出演した35名の踊り手の名前が書かれている。ロシア宮廷には、エリザヴェータ時代から、外国人とロシア人から構成される宮廷バレエ団が組織されており、オペラ上演にも参加していた。このオペラが初演された当時、宮廷バレエ団には45名が所属していた（Dobrovol'skaya 1996, 91）。また、早くから西欧の有名な踊り手がバレエマスターとして雇われており、当時は、先述したようにアンジョリーニがその地位にあった。彼はもともとウィーンでトラエッタ版《イフィジェニーア》の振り付けをしたが、ガルッピ版の台本にも、「女帝陛下のバレエマスターのアンジョリーニ」が振り付けをしたことが明記されている。このとき彼がウィーンでの経験をもとに振り付けをしたことは間違いないだろう。

このように、ガルッピの《イフィジェニーア》は、西欧の有名作曲家がロシア宮廷のために初めてつくった作品であり、コルテッリーニの台本や、アンジョリーニの振り付けといった点で、オペラ改革の動きがロシアに伝わって生まれた一作だと位置づけられる。また、コルテッリーニの台本をガルッピが採用した背景には、ロシア宮廷に優れた合唱団やバレエ団が存在していたことも関係していたと推測できる。

トラエッタの《アンティーゴナ》[15]（1772）

オペラ改革の潮流のなかで

18世紀ロシア宮廷で上演された、ギリシア悲劇主題のもう1つのオペラが《アンティーゴナ》（1772、ペテルブルグ初演）である。ガルッピの後任として宮廷楽長となったトラエッタ（1727-79）が作曲した作品である。

トラエッタは、ナポリでポルポラとドゥランテに学んだ後、1758～65年にパルマの宮廷楽長を務めた。当時のパルマの宮廷は、公妃がルイ15世の娘だったこともあり、フランス趣味に覆われていた。トラエッタも、フランスのトラジェディ・リリックの台本を使ってイタリア・オペラを作曲するなど、フランスからの影響を受けてオペラ創作を行った[16]。さらに、他の宮廷のためにもオペラを作曲し、先述の《タウリデのイフィジェニーア》（1763、ウィーン初演）のほか、《アルミーダ》（1761年、ウィーン初演）や《ソフォニズバ（ソフォニスバ）》（1762、マンハイム初演）などで成功を収めた。これらは、まさにグルックがウィーン宮廷でオペラ改革にのぞんでいた時期に作曲された作品であり、コルテッリーニやアンジョリーニといったオペラ改革の主導者たちと協同して生み出された。つまり、トラエッタは、西欧の改革オペラ創作の最前線にいた作曲家だったのである。

その後、彼はヴェネツィアのオスペダレット音楽院の音楽監督を経て、1768～75年にロシアの宮廷楽長を務めた。トラエッタがロシアに招かれた経緯は不明だが、西欧各地の宮廷で名を馳せていたことをふまえると、エカテリーナ2世がその「ネームバリュー」にひかれた可能性は十分にあるだろう。そして、トラエッタのオペラ創作の豊かな経験は、ロシア宮廷でも生かされることになる。トラエッタは、宮廷楽長時代に5つのオペラ・セーリアを上演しているが、最初の2作品（《オリンピーアデ》および《アンティーゴノ（アンティゴノス）》。詳細は**【表1】**を参照）は既成作品だった。それに続く《アンティーゴナ》は、トラエッタがロシア宮廷のために初めて作曲したオペラ・セーリアだった。

15）本節の一部は、2019年に発表した拙論（森本2019b）に基づいている。《アンティーゴナ》についてのより詳しい考察は、同論を参照されたい。

16）たとえば、トラエッタの《イッポーリトとアリーチャ》（1759、パルマ初演）は、ラモーのトラジェディ・リリック《イポリートとアリシ》（1733、パリ初演）の台本をもとに作曲されたイタリア語オペラである。

台本は、コルテッリーニが作成した。コルテッリーニは、《アンティーゴナ》の上演に先立って、1772年にロシアの宮廷詩人に就任した。コルテッリーニが招聘された経緯も不明だが、1768年にガルッピが《イフィジェニーア》でコルテッリーニの台本を使用したことや、もともとトラエッタと関係が深かったことなどが、縁となった可能性もあるだろう。

こうして《アンティーゴナ》は、ウィーン宮廷のためにトラエッタとコルテッリーニが共作した《イフィジェニーア》(1763)以来、およそ10年ぶりに両者がタッグを組んで創作された。実際に、このオペラに対しては、「トラエッタとコルテッリーニの両者にとって、フランスとイタリアの統合を通じて、イタリア・オペラに新たな命を吹き込むという10年間の努力の集大成を示すこととなった」(McClymonds 1992, 146-147)という評価があるように、オペラ改革の1つの成果とみなされることがある。そして、ロシア・オペラの歴史においても、オペラ改革の渦中にいた2人の人物が、ロシア宮廷のために一から書き下ろした最初のオペラとして重要な意味をもった。

あらすじと全体の構成

コルテッリーニの台本は、ソポクレスの『アンティゴネ』に基づいている。オペラのあらすじは、以下のとおりである。

オイディプスの息子エテオークレ(エテオクレス)とポリニーチェ(ポリュネイケス)は、王位をめぐって争い、刺し違えて死ぬ。王位を継ぐことになったクレオンテ(クレオン)は、テーベに侵攻したポリニーチェの遺体を埋葬することを人々に禁じる(第1幕)。アンティーゴナは、禁止に背いて兄ポリニーチェの遺体を火葬し、彼女の婚約者エモーネ(ハイモン)は、骨壺を王家の墓に納めることを約束する。アンティーゴナの罪が明らかになり、洞窟での生き埋めの刑が言い渡される(第2幕)。クレオンテは、息子のエモーネが建物から飛び降りたことを知らされ、動揺する。エモーネは、アンティーゴナとともに死を覚悟するが、クレオンテがアンティーゴナを許し、2人は晴れて結婚する(第3幕)。

コルテッリーニは、原作の内容にほぼ忠実に従いつつも、結末に大きな変更を加えている。原作では、アンティゴネの死によって物語が終わるが、このオペラでは、アンティゴネの命が救われ、婚約者と結婚するというハッピーエンドになっている。この変更は、このオペラがエカテリーナ2世の聖名祝日に合わせた祝賀行事で上演されたことに関係していると考えられる。

全体は3幕から構成される。**【表2】**は、台本とスコア[17]をもとに、オペラの構成をまとめたものである。全体としては、アリア、レチタティーヴォ・セッコ、伴奏つきレチタティーヴォ、重唱曲、合唱曲、バレエ音楽と、きわめて多様な楽曲が全幕を通じてまんべんなく配置されている。

表2　トラエッタの《アンティーゴナ》の構成

場面		楽曲の種類	配役	歌詞冒頭
シンフォニア				
第1幕	第1場 テーベの街とアルゴス人の野営地	バレエと合唱	バレエ；合唱	Giusti Numi, ah voi rendete
		合唱	合唱	O trista, infausta scena
		レチ（S）	C; Ad	Popoli, amici, a' nostri voti il cielo
		合唱	合唱	Regna lunghi anni felici
		レチ（S）	C	Cedo al pubblico voto
		合唱	合唱	Così finiscano, così periscano
	第2場	レチ（A）	An; I; C	Fermatevi crudeli
		三重唱	An; I; C	Ah de' tuoi re, tiranno, almen le spoglie onora
	第3場	レチ（S）	An: I	Ah dì; rimane ancora all'ira degli Dei
		アリア	An	D'una misera famiglia
	第4場	レチ（S）	I	Rimproveri crudeli!
		アリア	I	Ah giunto invan credei il fin delle mie pene
	第5場	二重唱	E; I	Grazie a' pistosi Dei
		レチ（S）	E; I	Misero me, che ascolto!
		二重唱	E; I	No, ti fida; il pianto estremo
第2幕	第1場 むき出しの岩山のふもとにある田舎の荒れた地	バレエと合唱	合唱；An	Ascolta il nostro pianto
		レチ（A）とアリア	An	Ombra cara, amorosa
		アリア	An	Io resto sepmpre a piangere
		合唱	合唱	Oh, folle orgoglio umano!
	第2場 （レチタティーヴォの途中から）	レチ（A）	An; E	O reliquie funeste,
		アリアと二重唱	E; An	Ah, sì; da te dipende

17）手稿のスコア（Traetta 1772）のほか、印刷譜（Traetta 2003）を参考にした。

場面		楽曲の種類	配役	歌詞冒頭
第2幕	第3場	レチ（A）	Ad	Non v'è più dubbio, amici
		アリア	Ad	Chi può dir: sono innocente?
	第4場 ユピテルの神殿	バレエ	バレエ	
		合唱	合唱	Se più non s'accende
		合唱	I; C; 合唱	Se Tebe non vede
		短いアリア	I	Quante lacrime versò
		合唱	合唱(少女たち)	Quante strida al ciel mandò
		合唱	合唱	Mai più non s'accende
	第5場 (レチタティーヴォの途中から)	レチ（A）	C; Ad; I	Sommo, provvido Nume
	第6場	レチ（S）	C; Ad; E	Quell'urna…?
		アリア	C	Non lusingarti ingrato
		合唱	合唱 ; C	Ah, serba il figlio amato
	第7場	レチ（S）	An; I; E; C	La rea son io
		アリアと二重唱	C; I; E	Non è il rigor tiranno
	第8場	レチ（A）	An; I; E	All'ombre amate del genitor
		アリア	An	Finito è il mio tormento
		二重唱	I; E	Quando di duol d'affanno
第3幕	第1場 処刑が行われる洞窟が下にある、高い岩山近くの荒れた田舎の地	合唱	合唱	Piangi, o Tebe
		合唱	合唱(少女たち)	Ahi, come presto, o misera
		レチ（A）	An	O Tebe, o cittadini
	第2場（途中から）	合唱	合唱 ; An: Is	Da te ripete o misera
		レチ（S）	I; An; C	Signor, da te non vengo
		アリア	I	Ah, lasciami morir, misera!
		レチ（A）	An	Oh germana! Oh Tebani!
		アリア	An	Non piangete i casi miei
		合唱	合唱	Piangi, o Tebe
	第3場	レチ（S）	Ad; C	Ah, t'affretta signor
		レチ（A）	C	Ahimè! qual nera benda
		アリア	C	Ah no, non son gli Dei cagion di tanto affanno
		合唱	合唱	Ah! quando avrà mai fine
	第4場、第5場	レチ（S）	E; Ad	Adrasto! - Oh Dei, che miro!
		アリア	E; Ad	Ah, se lo vedi piangere

場面		楽曲の種類	配役	歌詞冒頭
第3幕	第6場 洞窟の内部	レチ（S）	An; E	Misera, ove m'inoltro?
	第7場	二重唱	An; E	E' quella del mio ben
		レチ（S）	An; E	Che dissi? Oh me infelice!
		二重唱	An; E	Ah sì, mio ben, si muora
	第8場（途中から）	レチ（A）	E; A; C	Ma qual colpi improvvisi scuotono la caverna?
	最終場	バレエ	バレエ	
		合唱	合唱	Sorgi di Venere
		二重唱	An; E	Oh come presto obliasi
		合唱	合唱	Vieni e restaura
		二重唱	I; C; Ad	Costan sospiri e lacrime le tue dolcezze
		合唱	合唱	Stendan sull'ali rosee
		シャコンヌ	バレエ	

（注）略語の意味は以下のとおりである。
・楽曲の種類　レチ（S）：レチタティーヴォ・セッコ／レチ（A）：レチタティーヴォ・アッコンパニャート（伴奏つきレチタティーヴォ）
・配役　An: Antigona ／ I: Ismene ／ C: Creonte ／ E: Emone ／ Ad: Adrasto

オペラ改革を反映した作品内容

このオペラにおいても、やはり合唱が多く取り入れられている。筆者の計算によれば、全66曲のうち合唱は19曲に含まれている[18]。先のガルッピの《イフィジェニーア》と同様に、高い割合を占めている。台本の配役表によれば、合唱は、アルゴス人、テーベ人、アンティーゴナに仕える少女たち、僧侶を演じ、やはり物語に強く関与するような役割を与えられている。さらに、バレエ・シーンも各幕に置かれるとともに、バレエそのものにも劇的な意味が与えられている。

---

18) トラエッタのオペラにおける合唱の重視は、パルマ宮廷のために作曲されたオペラにみられる特徴だった。たとえば、《イッポーリトとアリーチャ》（1759）には9曲、《ティンダーリディ（チュンダレオスの息子たち）》（1760）には14曲の合唱曲が含まれる（Loomis 1999, 305）。これらはいずれも、ラモーのトラジェディ・リリックを翻案した作品であったため（前者はラモーの《イポリートとアリシ》、後者はラモーの《カストルとポリュクス》に基づく）、合唱の重視は、フランス・オペラからの影響によるものだと捉えることができる。

譜例 1 《アンティーゴナ》第 1 幕第 1 場〈公正な神々よ、授けてください〉24 ～ 31 小節

譜例 1 [19] は、第 1 幕第 1 場の合唱曲〈公正な神々よ、授けてください Giusti Numi, ah voi rendete〉の一部である。この曲では、音楽を背景にバレエのパントマイムがポリニーチェとエテオークレの決闘の様子を表現する。さらに、合唱は、アルゴスの兵士とテーバイの市民の 2 つのグループに分けられ、二

19）譜例 1 は、手稿のスコア（Traetta 1772）をもとに、筆者が作成した。後掲の譜例 2 も同様である。

重合唱によって物語の進展を描写する。非常に凝った合唱の用法である。この曲は、オペラの冒頭に置かれているため、バレエと合唱がオペラの開幕を華やかに彩るという効果もあるが、両者がさっそく巧みに情景描写を行うことで、聴衆はオペラの世界観に一気に引き込まれることになる。物語に直接関与するこうした合唱とバレエの用法は、改革オペラに共通する特徴である。さらに、先述のとおり、この作品が上演された当時、ロシア宮廷には充実した合唱団とバレエ団がそなえられていたため、トラエッタとコルテッリーニ

による音楽的・劇的な要望に対しても、十分に応えられたと考えられる。

さらにこのオペラには、オーケストラの充実した用法もみられる。このオペラのオーケストラ編成は、フルート２本、オーボエ２本、クラリネット２本、ファゴット２本、ホルン３本、トランペット２本、弦４部、通奏低音からなる。古典派の標準的な２管編成だが、1772 年という初演年を考えれば、フルートとオーボエが持ち替えではなく定席を与えられている点や、クラリネットが２管使われている点で、最新の楽器編成だったとみなせる。トラエッタはこの充実した編成を活用して、オーケストラによる豊かな表現を生み出しているのである。

譜例2は、第1幕第3場のアンティーゴナのアリア〈ある不幸な家族の D'una misera famiglia〉の一部である。このアリアでは、家族に対するアン

譜例2 《アンティーゴナ》第1幕第3場〈ある不幸な家族の〉69～77小節

ティーゴナの思いが歌われる。ここでは、2本のクラリネットが、3度の音程による16分音符の軽やかなパッセージによって、声楽パートを装飾している。クラリネットの柔らかな音色によるアンサンブルは、亡くなった兄へのアンティーゴナのひたむきな愛情や、純真な少女の姿を表現しているかのようである。

このオペラにおける優れたオーケストレーションは、トラエッタのそれまでの経験を反映したものだったと考えられる。特に、トラエッタは、卓越した宮廷楽団をそなえていたマンハイムの宮廷ともかかわりをもち、1762年には同宮廷のために《ソフォニズバ》というオペラを作曲している。このオペラにも、豊かなオーケストラの用法がみられる。《アンティーゴナ》の作曲にあたっても、それまでに磨き上げたオーケストレーションの腕前が発揮されたのであろう。

一方で、ロシア宮廷にも、オペラ上演を行うための優れた宮廷楽団が組織されていた。当時の宮廷楽団は、オペラと室内楽を担当する第1楽団と、バレエ音楽担当の第2楽団に分かれており、そのメンバーは、イタリア人やドイツ人を中心とする外国人と、ロシア人とで構成されていた。《アンティーゴナ》の上演には、第1楽団が参加したことになる。残念ながら、1772年当時の第1楽団の構成は明らかになっていないものの、その前後に

表3　ロシア宮廷楽団の構成

	ロシア宮廷		パリ オペラ座	マンハイム 宮廷	ウィーン 宮廷
	1766年	1777年	1772年	1770年代	1782年
コンサート・マスター、鍵盤楽器	1	1	2	1	2
ヴァイオリン	16	14	23	20	12
ヴィオラ	4	4	4	4	4
チェロ	2	4	11	4	3
コントラバス	2	1	5	4	3
フルート	2	4	7	3	2
オーボエ	2	2		3	2
クラリネット	0	4	2	3	0
ファゴット	2	2	9	4	2
ホルン	2	6	2	4	2
トランペット	2	3	1	2	0
ティンパニ、他の打楽器	1	0	2	1	0
合計	36	45 （+見習い12名）	68	53	32

あたる1766年と1777年には、**【表3】**[20]の構成となっていた。これをみると、1777年には、1766年の時点から、多くの楽器で増員が図られているほか、見習いのポストも設けられている。特に、クラリネットに4名が確保されるなど、全体的に管楽器のパートが充実したことがうかがえる。《アンティーゴナ》が上演されたのはこのあいだの時期にあたるが、1766年の時点で、すでにクラリネットを除くすべての楽器の奏者がいたことから、ロシア宮廷のオーケストラは、《アンティーゴナ》のオーケストレーションにほぼ対応しうる組織だったと推測できる。こうした状況は、トラエッタにとっても心強かったに違いない。

20）【表3】は、以下の文献をもとに作成した。Pogozhev et al. 1892, 87; Porfir'eva 1998, 427-428; *Les Spectacles de Paris* 1772, 15-17; ウェストラップ 1993, 378.

そのほかに、独唱曲や重唱曲には、高度なテクニックが求められる楽曲が存在する。上演では、主要キャストはロシア宮廷のイタリア人一座の歌手が務めたが、そのなかには、西欧から招聘された有名歌手も含まれていた。タイトル・ロールは、ソプラノ歌手のカテリーナ・ガブリエッリ（1730-96）が務めた。彼女は、ヨンメッリやグルックのオペラのほか、トラエッタの《イッポーリトとアリーチャ》や《アルミーダ》でも歌ったことのある実力派歌手だった。ガブリエッリは、1772 〜 75 年にロシアの宮廷歌手を務めた。エモーネ役を務めたのは、マンゾレット（本名モナンニ、1740 頃 -96 以降）である。彼はイタリアのカストラートで、カストラートのマンズォーリの弟子だったことから、マンゾレットの愛称で呼ばれた人物である。彼も、1770 〜 74 年にロシア宮廷に仕えた。彼らはトラエッタの宮廷楽長時代にロシアにやって来ていることから、トラエッタが個人的に招聘した可能性もある。つまり、《アンティーゴナ》における難度の高い独唱曲や重唱曲は、ロシア宮廷に招集した優れた歌手陣を想定してトラエッタによって作曲されたと推測されるのである。そして、ロシア宮廷におけるオペラ上演では、彼らの高度な競演を楽しむことができたのである。

このように、《アンティーゴナ》は、台本、音楽ともに、ロシア宮廷のためにつくられた完全新作のオペラだった。同作は、コルテッリーニとトラエッタというオペラ改革の 2 人の旗手によって生み出されたことから、この作品をもって、ロシア宮廷にはオペラ改革の波がダイレクトに伝わったことになる。そして、彼らが《アンティーゴナ》でオペラ改革をさらに推し進められたのは、こうしたオペラを上演するのに適した、当時のロシア宮廷の充実した環境があったからだといえる。こうして、ロシア宮廷は、西欧の諸宮廷と並ぶオペラ創作・上演の重要な場の 1 つとなったのである[21)]。

21）トラエッタの辞職後、1776 年にパイジェッロが宮廷楽長に就任した（1784 年まで）。彼は、当初はオペラ・セーリアの創作・上演を行っていたものの、次第にオペラ・ブッファの創作に軸足を移し、1780 年を最後に、ロシアで自作のオペラ・セーリアを上演しなかった。しかし、ロシアでは、その後も改革オペラ上演は続き、1782 年にはグルックの《オルフェーオとエウリディーチェ》がペテルブルグの宮廷劇場で上演された。この上演が行われた背景について詳しいことはわかっていないが、本稿でみてきたように、ロシア宮廷に改革オペラ上演の実績があったことや、オペラ改革にたずさわった人材がロシアに流入していたことが、上演を後押しした可能性もあるだろう。オペラ改革にかかわった人材の、ロシアを含む各国間の往来とその影響関係に関しては、今後、国境横断的な視点から広く研究する必要がある。

おわりに

本稿では、18世紀ロシア宮廷で上演された、ギリシア悲劇主題による3つのオペラに注目し、当時のロシアにおけるオペラ・セーリア上演の実態を考察した。これらのオペラが上演された1750年代末から70年代前半に、ロシア宮廷のオペラ上演は、1つの転換期を迎えていたといえるかもしれない。

まず、ラウパッハの《アリツェスタ》は、ギリシア悲劇をもとにしたロシア語版オペラ・セーリアともいうべき作品であった。このオペラは、ロシアが単にイタリアのオペラ・セーリアを受容するだけでなく、オペラを「ロシア化」し、自国のものへと変容させていく初期の試みの1つとなった。その際には、スマローコフを通じて、ロシア演劇における古典主義の流れが、オペラの分野にも流れ込むことにより、ギリシア悲劇を題材とした新たなオペラ創作を促すことになった。

こうして、ギリシア悲劇主題のオペラを受け入れたロシアは、次に、ギリシア悲劇主題の「改革オペラ」の創作・上演の舞台となった。この時期に、ガルッピやトラエッタといった経験豊かなオペラ作曲家が招かれ、オペラ・セーリアの創作が行われた。さらに、アンジョリーニやコルテッリーニ、改革オペラの歌唱経験のあった歌手など、オペラ改革の渦中にあった人材が、吸い寄せられるようにロシア宮廷に集まり、そのオペラ上演にかかわった。一方のロシアには、それまでのオペラ・セーリア上演の蓄積があり、優れた宮廷合唱団、バレエ団、オーケストラが組織されていたため、改革オペラの上演にも対応することができた。こうして、この時代にロシアは、ヨーロッパ全体のなかでも、改革オペラの創作・上演の重要な拠点となったのである。

本稿の最初で述べたように、当初ロシアでは、オペラ・セーリアの題材として歴史上の出来事や実在の人物が選ばれることが多かった。宮廷のオペラ・セーリア上演が「皇帝の権威づけ」を第一の目的としていたからである。一方で、世紀半ばから行われた、ギリシア悲劇を主題としたオペラの上演は、そうした状況を脱し、ロシアにおけるオペラ上演がより高度な次元へと達したことを示している。これらの作品には、イタリア、フランス、オーストリアといった各国からの影響がそれぞれに反映しており、ロシアではそれを複合的に受容することで、より多彩なオペラ上演を生み出していったのである。このように、ギリシア悲劇主題のオペラ上演からは、18 世紀ロシアにおけるオペラ文化の成熟の 1 つのプロセスを読み取ることができるのだ。

第5章

ヘンデルのギリシア悲劇に基づくオペラ《オレステ》の上演をめぐって

吉江秀和

はじめに

ヘンデルはギリシア神話を題材とする作品——たとえば本稿の中心となる1730年代半ばでは、クレタ王ミノスの娘アリアドネと彼女の助けによりミノタウロスを倒したテーセウスとの恋と嫉妬を描いたイタリア・オペラ《クレタのアリアンナ（アリアドネ）》（1734年1月26日ロンドン、キングズ劇場初演）——を数多く手掛けている。しかし、ことギリシア悲劇となると数は限られる[1)]。今回は、イピゲネイアと関連する題材を扱ったイタリア・オペラ《オレステ（オレステス）》（1734年12月18日ロンドン、コヴェント・ガーデン劇場初演）を取り上げる。この作品は、「寄せ集め」を意味するパスティッチョ・オペラであること、そして、上演回数も3回ということで、このシーズンのレパートリーを埋めるだけに作られた可能性のある作品（Strohm 1985, 68）、あるいはこのシーズンの後半に上演される新作を作曲する時間稼ぎのための作品（Voss 2009, 419）などと低く評価されることがある。しかし、「貴族オペラ」と熾烈な競合を繰り広げる最中で手掛けられたこの作品や同時期に上演されたほかのパスティッチョ作品に対するヘンデルの取り組みに注目することで、これらの作品が付け焼刃的な発想で生み出されたわけでは

1）エウリピデスのギリシア悲劇に登場するアルケスティスやヘラクレスと関連するものに《アドメート（アドメトス）》や《ヘルクレス（ヘラクレス）》があり、また旧約聖書「士師記」を基にした《イェフタ（エフタ）》の登場人物イフィスの名前はイピゲネイアから採られたといわれている（Landgraf+Vickers 2009, 217）。

ないことがわかる。そこで本稿では、この時期にヘンデルが手掛けたパスティッチョの在り方を改めて確認し、この《オレステ》の上演に見られるヘンデルの戦略を考察する。

1　パスティッチョとは

パスティッチョとは「寄せ集め」を意味し、17世紀後半からは混成的な音楽劇の上演でも使用され始める用語である（Strohm 2021, 45)。『ニューグローヴ世界音楽大事典（第2版)』では、パスティッチョは4つに分類されている。1つ目はオペラの再演時に複数の作曲家が歌手に合わせて入れ替えたアリアを含む作品、2つ目は既存の台本に歌手の持ち歌である「スーツケース・アリア」を取り込んで完成させた作品や、複数の作曲家によるさまざまなアリアを新しい筋に合うように仕立てた作品、3つ目は作曲家が自分の既存作品に自身の新旧のアリアを組み入れた作品、4つ目は作曲家が新しい筋のオペラを作る際に自身のアリアを使った作品（セルフ・パスティッチョ）である（Price 2001)。

ロンドンではイタリア・オペラが18世紀初頭から本格的に上演され始めるが、最初の頃はパスティッチョ作品が支配的で、その際、イタリア人歌手はイタリア語で、イギリス人歌手は英語でアリアを歌うことも少なからずあった。それらの作品が再演される際に、既存の英語のアリアが新しく持ち込まれたイタリア語のアリアに入れ替えられたり、また、人気のアリアがほかの作品の中で歌詞を変えて歌われたりすることも見られた。1718年以前には、少なくとも24作品で複数の作曲家によって曲がつけられており、6つか7つほど――主にヘンデルのもの――しか単独の作曲家による作品はなかった（Strohm 2021, 56)。そしてペティの調査から、複数の作曲家によるアリアを含むこの形態のオペラは18世紀後半に至っても上演されていたことがわかる（Petty 1980)。

ヘンデル

このように、18世紀においてパスティッチョは決して珍しいものではなく、作曲家がオペラ作品を手掛ける際に、ほかの作曲家のアリアを取り込むことも行っていた。また、観客もその作品が1人の作曲家によるものか、あるいは複数の作曲家によるものかを特段、意識していなかったようである。統一性と独創性に重きを置く現代人からすると、既存のアリアをかき集めて構成したパスティッチョは価値の低いものに思えるかもしれない。しかし、当時の劇場関係者はこのパスティッチョに大きなメリットを見出していたのである。それは、新作の完成までの時間稼ぎや何かあった際の穴埋めであったり、初登場の歌手によく知られたアリアを歌わせることで技量を披露させたり、人気を獲得しやすくさせたりすることである。

では、ヘンデルはどのような意図でパスティッチョを手掛けていたのであろうか。ここからは、まず彼のイタリア・オペラ活動を簡単に追い、1730年代半ばの「貴族オペラ」との競合期の状況を、彼のパスティッチョ作品への取り組みを中心に据えて確認していく。

2　1730年代半ばのヘンデルを取り巻くイタリア・オペラ上演状況

ヘンデルとイタリア・オペラ

ヘンデルの代表作として、オラトリオ《メサイア》が挙げられることが多い。ただし、この作品を含め、宗教的題材を扱ったオラトリオを軸とするのは1740年代以降で、それまでの彼の活動の中心はイタリア・オペラであった。

ヘンデルはハンブルクで自身最初のオペラ《アルミーラ》（1705年1月8日ゲンゼマルクト劇場初演）を上演し、1706年にはイタリアへ赴き、《アグリッピーナ》（1709年12月26日ヴェネツィア、サン・ジョヴァンニ・グリゾストモ劇場初演）などを舞台にかけた。1710年にハノーファー選帝侯国——選帝侯ゲオルクは1714年からイギリス国王ジョージ1世となる人物——の宮廷楽長に就任し、その年の終わりに渡英して、翌年2月に彼のロンドンでの最初のオペラ作品となる《リナルド》（1711年2月24日ロンドン、クイーンズ劇場[2]初演）で大旋風を巻き起こした。その後、1719年に設立された「ロ

2）ジョージ1世が即位する1714年まではアン女王の治世であったため、劇場の名称がキングズ劇場ではなくクイーンズ劇場となっていた。

イヤル・アカデミー・オブ・ミュージック（以下、「アカデミー」）」に参加する。この団体は財政面での問題などを抱えて1728年に一旦活動を終えるが、ヘンデル自身は芸術面で大成功を収めるのであった。

しかし1730年代、ヘンデルのイタリア・オペラ活動は順調ではなかった。1729年12月に始まる5シーズンにわたる第2期「アカデミー」では、第1期「アカデミー」での財政面の失敗を教訓に、金額を抑えて歌手を賄うという計画が立てられた。当初、取締役会は主役を張る男性歌手のプリモ・ウオーモとして当時最高のカストラートと称されていたファリネッリ、女性の主役歌手のプリマ・ドンナとして第1期時代にも活躍したクッツォーニとの契約を目指したが、それは実現しなかった[3)]。最終的に「アカデミー」は、カストラート歌手に1710年代にロンドンでも活動したベルナッキと、ソプラノ歌手ではストラーダと契約した。しかし、ベルナッキは第1期のプリモ・ウオーモであるセネジーノの人気には及ばず、翌シーズンにはセネジーノをイタリアから呼び戻すなどしたことで支出が増大した。さらに第2期の最終シーズンとなる1733-34年シーズンには、「アカデミー」のメンバーの中でヘンデルのやり方を快く思わない貴族たちが、ヘンデルとの対立が鮮明となったセネジーノ——その対立の一因として、《オルランド》（1733年1月27日ロンドン、キングズ劇場初演）におけるオルランド役の狂気に見られるような新機軸のアリアや、英語作品を歌わされたことが挙げられる——を擁して、一般に「貴族オペラ」と呼ばれる団体を立ち上げた。この団体は、ヘンデルと興行主のハイデッガーからオペラの主導権を取り戻すこと、さらに、大陸の主要都市に匹敵するオペラ活動をロンドンでも行うことを意図して結成された（Landgraf+Vickers 2009, 453）。そこで「貴族オペラ」は、その当時の最先端のオペラを手掛けるナポリ派の作曲家の1人ポルポラを招聘し、ストラーダを除き、セネジーノとともにモンタニャーナら前のシーズンまでヘンデルとともに活動していた歌手を集め、さらにはシーズン開始には間に合わなかったものの、クッツォーニも加えた陣容を整えたのであった。

この「貴族オペラ」の設立についてはマクギアリーの著書に詳しい（McGeary 2013）。それによると、国王ジョージ2世と不仲にあるフレデリック

3）台本作家ロッリによると、ヘンデルがクッツォーニとの契約に前向きでなかったようである。

皇太子の対立との関連がしばしば指摘されるが、現在では必ずしもその見解は有力ではない。同時代の記述では、ヘンデルのライバル劇団のリーダーとして皇太子ではなくセネジーノの名前が記されることが一般的であった。確かに国王と皇太子の対立はあったものの、よくいわれる皇太子のヘンデルへの敵意——国王とヘンデルの強固な関係に対する不満から——があったと考えるのは難しい。なぜなら「貴族オペラ」発足の初年度となる1733-34年シーズンに皇太子は、「貴族オペラ」と同額の資金250ポンドをヘンデルにも与え、「貴族オペラ」より多くヘンデルのオペラを聴きに劇場へ足を運んでいる[4)]。さらに、「貴族オペラ」の中心メンバーには父ジョージ2世の腹心も含まれていた[5)]。したがってこの団体は、政治的な意図というより、反ヘンデルの歌手や運営者たちが集結し、ナポリ派の作曲家のものを軸として、より幅広い作品を上演するという方針により設立されたと考えるのが妥当であろう。

1733-34年シーズン

ここでは、ヘンデルと「貴族オペラ」が競い合う最初のシーズンであるだけでなく、本稿で注目するパスティッチョの上演作品数がこれまでと比べて増加する1733-34年シーズンの上演日と演目を**【表1】**で確認する。表では、左側から日付と曜日、ヘンデルと「貴族オペラ」の上演作品を記した。

この表から、ヘンデルが10月30日にシーズンを開幕したのに対して、「貴族オペラ」が2か月ほど遅れて12月末に活動を開始したことがわかる。ヘンデルにとってこの開幕日程は特別早いものではなかったが[6)]、「貴族オペラ」の活動が軌道に乗る前に、聴衆を確保しておく必要性を感じての戦略と考えられる。さらに、両陣営とも基本的に火曜日と土曜日に公演を行うことが多かったことも読み取れる。これは、ロンドンでは両日（土曜日は火曜日より格上とされていた）をイタリア・オペラの上演日とする伝統があったためである。ただし、四旬節の期間、水曜日と金曜日にはオペラの上演が禁止されており、オペラの上演曜日が普段よりも限定されていた。

4）「貴族オペラ」には6回であったが、ヘンデル側には12回、臨席した（McGeary 2013, 162）。

5）たとえば、7代デラウェア男爵ウェストと2代クーパー伯爵が挙げられる（McGeary 2013, 160）。

6）第2期「アカデミー」の5シーズンの開幕日は以下のとおりである。1729年12月2日、1730年11月3日、1731年11月13日、1732年11月4日、そしてこのシーズンの1733年10月30日。

表 1　1733-1734 年シーズンの上演状況

日付	曜日	へ	貴	日付	曜日	へ	貴	日付	曜日	へ	貴	日付	曜日	へ	貴
10月30日	火	①		2月2日	土	⑤	①	4月2日	火	⑦	⑤	6月4日	火	⑩	①
11月3日	土	①		2月5日	火	⑤	②	4月3日	水		④	6月8日	土	⑩	①
11月6日	火	①		2月9日	土	⑤	②	4月6日	土	⑦	③	6月11日	火	⑩	①
11月10日	土	①		2月12日	火	⑤	②	4月8日	月		④	6月15日	土	⑩	⑥
11月13日	火	②		2月16日	土	⑤	②	4月9日	火	⑦		6月18日	火	⑩	
11月17日	土	②		2月19日	火	⑤	①	4月10日	水		④	6月22日	土	⑩	
11月20日	火	②		2月23日	土	⑤	①	4月16日	火	⑤	③	6月25日	火	⑩	
11月24日	土	②		2月26日	火	⑤	③	4月20日	土	⑤	①	6月29日	土	⑩	
12月4日	火	③		2月28日	木		②	4月23日	火		①	7月2日	火	⑩	
12月8日	土	③		3月2日	土	⑤	③	4月25日	木		①	7月3日	水	⑩	
12月15日	火	③		3月5日	火	⑤	③	4月27日	土	⑧	①	7月6日	土	⑩	
12月22日	土	③		3月9日	土	⑤	③	4月30日	火	⑧	①				
12月29日	土		①	3月12日	火	⑤	④	5月4日	土	⑧	①				
1月1日	火		①	3月13日	水	⑥		5月7日	火	⑨	①				
1月5日	土	④	①	3月16日	土	⑥	④	5月11日	土		⑥				
1月8日	火	④	①	3月19日	火	⑥		5月14日	火		⑥				
1月12日	土	④	①	3月20日	水		④	5月18日	土	⑩	⑥				
1月15日	火	④	①	3月23日	土	⑥	⑤	5月21日	火	⑩	⑥				
1月19日	土	④	①	3月26日	火	④	⑤ ?*	5月25日	土	⑩	⑥				
1月22日	火	④	① ?*	3月27日	水		④	5月28日	火	⑩	⑥				
1月26日	土	⑤	①	3月28日	木	④		5月31日	金		①				
1月29日	火	⑤	①	3月30日	土	④	⑤								

Burrows et al. 2015, 689-691. および Dumigan 2014, 32. より作成。

ヘンデル：キングズ劇場

①《セミラーミデ》（P）②《オットーネ》（R）③《カイオ・ファッブリーチョ》（P）④《アルバーチェ》（P）⑤《クレタのアリアンナ》（N）⑥《パルナッソ山の祭礼》（S）⑦《デボラ》（O）⑧《ソザルメ》（R）⑨《エイシスとガラテア》（M）⑩《忠実な羊飼い》（R）

貴族オペラ：リンカーンズ・イン・フィールズ劇場

①《ナクソスのアリアンナ》（ポルポラ）（N）②《フェルナンド》（アッリゴーニ）（N）③《アスタルト》（ボノンチーニ）（R）④《ダヴィドとベルサベア》（ポルポラ）（O）⑤《ベルミーラ》（ポルポラ / ガレアッツィ）（P）⑥《ラツィオのエネーア》（ポルポラ）（N）

M：マスク、N：新作オペラ、O：オラトリオ、P：パスティッチョ、R：再演および改作オペラ、S：セレナータ
網掛けの日付・曜日は、ヘンデルと貴族オペラの両方の上演が行われた重複日を示す。
＊バロウズは 1 月 22 日と 3 月 26 日の両日の貴族オペラの上演が実際に行われたのか不明としている。

パスティッチョ・オペラ上演

「貴族オペラ」より一足先にシーズンを開始したヘンデルは開幕当初、パスティッチョ作品を軸に公演を行っている。したがって、ここではまずパスティッチョ作品を中心に、このシーズン前半のヘンデルの活動を確認していく。

10月30日の開幕演目はヴィンチが1729年にローマで初演した作品を基にしたパスティッチョ[7]《セミラーミデ（セミラミス）》であった。そして、11月13日から《オットーネ（オットー）》（1723年1月12日、キングズ劇場初演）の再演を4回挟んで、12月に入ると、パスティッチョ《カイオ・ファッブリーチョ（ガイウス・ファブリキウス）》が上演される。ヘンデルは当初、《セミラーミデ》ではなく、こちらの作品での開幕を考えていたようである（Landgraf+Vickers 2009, 114）。《カイオ・ファッブリーチョ》は、ハッセが1732年1月12日にローマで初演した作品を基としており、のちに《メサイア》の台本を手掛けるジェネンズが所有する手稿譜から編まれた。ハッセ版ではタイトル・ロールのファッブリーチョをカストラートが演じたが、ヘンデル版ではドイツ系イギリス人のバス歌手ヴァルツが歌っていたり、ハッセのアリアが大幅に削られ、代わりにヴィンチらほかの作曲家のものに差し替えられていたりと、さまざまな手が加えられている。なぜヘンデルは《カイオ・ファッブリーチョ》のほぼ完全な楽譜を持っていながらアリアの変更を行い、さらには《セミラーミデ》との上演順を入れ替えたのであろうか。

まずアリアの変更理由として挙げられるのは、歌手の特性に合わせるためにハッセ版のアリアを削除する必要があった点である。ヘンデルは最初、ジェネンズから入手した楽譜にあるアリアの大部分を活用しようと考えていた。しかし、歌手の声域や技量の問題、さらには「スーツケース・アリア」の使用を求める歌手の要望に応えるため、ハッセ版の28曲のアリアから13曲のみを使用することとなった（Landgraf+Vickers 2009, 114）。続いて、《セミラーミデ》との上演の入れ替えについては、ヴァルツがこのシーズンに英語の音楽劇を上演するドルリー・レーン劇場にも並行して出演していたことが指摘されている（Landgraf+Vickers 2009, 580）。ヴァルツは前年のシーズンに引き続き、この劇場で11月7日から上演が始まる《オペラの中のオペラ》に

7）このシーズンに上演された3つのパスティッチョ・オペラは『ニューグローヴ世界音楽大事典（第2版）』の分類の2つ目にあたる。

参加していた。そこでヘンデルは、《カイオ・ファッブリーチョ》ではヴァルツの歌うタイトル・ロールは必須であるため[8]、ヴァルツを外した《セミラーミデ》を10月末から上演することにした。

前年のシーズンの歌手たちをほぼ全員失ったため、新たなメンバーを短期間に揃え、その歌手たちのために音楽を準備するのに苦慮したことは想像に難くない。ヘンデルは、《カイオ・ファッブリーチョ》では配役の入れ替えを行ったり、《セミラーミデ》ではヴィンチ版でテノールが歌った役をこのシーズンの新たなプリモ・ウオーモとして呼ばれたカストラートのカレスティィーニに割り当てたりした。またその際に、彼のアリアにはすべて彼の持ち歌が使われていたり、さらにはヴィンチの初演時にもミルテーオ役で舞台に立ったスカルツィの声域がロンドンに来た時には下がっていたことにより、移調しなければならなくなったりと（Landgraf+Vickers 2009, 580-581）、この大変な状況下でヘンデルが何とかやりくりしていたことが読み取れる[9]。

ヘンデルはさらに1月5日から3作目のパスティッチョ《アルバーチェ（アルバケス）》を上演した。1730年2月4日にローマで初演され、アルバーチェ役でカレスティーニも舞台に立ったヴィンチの《アルタセルセ（アルタクセルクセス）》が基となっており、《カイオ・ファッブリーチョ》と同様にジェネンズの手稿譜からヘンデルはパスティッチョ版を手掛けた。この作品でもヴァルツは出演していないが、ヘンデルが1733年10月から作成し始めたと思われる上演用の楽譜から、当初はヴァルツも出演する予定であったことがわかる。しかし出演できなくなり、彼にあてがわれていたアルタバーノ役を、イタリア時代に出会い、第1期「アカデミー」の最初の数シーズンを支え、このシーズン、久々にロンドン復帰を果たしたメゾ・ソプラノのドゥラスタンティへと変更するなど、この作品でも上演前に手を加える必要があった（Strohm 1985, 184-185）。

ここで大きな疑問が生まれる。それは、なぜヘンデルはこれほどまで骨の

8）ヴァルツのアリアが1つしかない理由は、このシーズンのプリモ・ウオーモであるカストラートのカレスティーニをメインにするだけでなく、十分な準備ができないであろうヴァルツの負担を減らすためであったのかもしれない。また、《オレステ》においてもヴァルツのアリア数が元の作品の6つから2つへと削減されている。

9）シュトロームも、パスティッチョ・オペラを扱う際に、歌手たちよりもヘンデルや興行主の役割が徐々に大きくなっていたと述べている（Strohm 2021, 48）。

折れるパスティッチョ・オペラを3つも上演したのか、という点である。確かにヘンデルは、第2期「アカデミー」のほかのシーズンでも、ナポリ派の作曲家ヴィンチやハッセらの作品に基づいたパスティッチョ・オペラを上演（いずれもキングズ劇場初演）している。それらは1729-30年シーズンの《オルミズダ（ホルミスダス）》（1730年4月4日初演。14回上演。翌シーズンにも5回上演）、1730-31年シーズンの《ヴェンチェズラーオ（ヴァーツラフ）》（1731年1月12日初演。4回上演）、1731-32年シーズンの《独裁官ルーチョ・パピーリオ》（1732年5月23日初演。4回上演）、1732-33年シーズンの《カトーネ（カトー）》（1732年11月4日初演。5回上演）である。これらは《オルミズダ》が翌シーズンにも再演されたことを除けば、1シーズンに1作の割合で上演されている。とりわけ第2期の初年度は、歌手の手配を含めて新劇団の音楽面一切を任されて多忙であったため、前記のパスティッチョ作品だけでなく自身の旧作オペラの再演——《ジューリオ・チェーザレ（ユリウス・カエサル）》（1724年2月20日初演）や《トロメーオ（プトレマイオス）》（1728年4月30日初演）——に頼らざるを得なかったのかもしれない（McGeary 2013, 126）。しかしこの1733-34年シーズンは、再演の《オットーネ》を途中に挟むものの、開幕から立て続けに3作のパスティッチョが上演されているため、何か意図があったと想像できよう。その意図とは、「貴族オペラ」がナポリ派の代表的な作曲家の1人であるポルポラを招聘したため、同じナポリ派のポルポラのライバルとなるハッセやヴィンチなどの作品を多く詰め込んだパスティッチョ・オペラをこれまで以上に自分の劇団でも取り上げ——それも相手が開幕するより前に——、「貴族オペラ」へ聴衆が流れるのを防ぐというものである（Dumigan 2014, 55）。ただし、ヘンデルのオペラに通う聴衆は最新のナポリ派の音楽を求めておらず、ヘンデルの目論見は必ずしも成功せず、聴衆を十分に集められなかったようである（Dumigan 2014, 34-35）。

パスティッチョ以外の上演作品

以上のように、ヘンデルはこのシーズンの前半でパスティッチョ作品を軸に上演を行った。その期間に置かれたパスティッチョではない作品が《オットーネ》である。《オットーネ》は第1期「アカデミー」で幾度となく舞台にかけられたヘンデルの人気作品である。1729年に始まった第2期「アカデミー」ではここまで再演されておらず、この最後となる第5シーズンに初めて再演された理由は不明である[10]。ただし、大英図書館所蔵の1733年の再演用の販売台本（Handel 1733）には、前のシーズンにヘンデルのもとで歌った歌手――セネジーノを筆頭に「貴族オペラ」へと移った歌手を含む――の配役と、このシーズンの歌手の配役の両方が別々に印刷されて綴じられており、1732-33年シーズン中から上演を意図していた可能性が高い[11]（Dean+Knapp 1987, 440）。

ヘンデルのこのシーズン唯一の新作オペラ《クレタのアリアンナ》は10月5日には草稿譜が完成していたものの（Burrows et al. 2015, 691）、ようやく1月26日に初演された。第2期「アカデミー」の間、ヘンデルは新作の上演を年明けに行うことが多かった。《アルバーチェ》の上演状況から、1月下旬まではヴァルツが参加できなかったようで、「貴族オペラ」が同じアリアドネを題材としたポルポラの《ナクソスのアリアンナ（アリアドネ）》（1733年12月29日初演）――ヘンデルの《クレタのアリアンナ》の上演予定を嗅ぎつけ、対抗すべくこの作品を上演したともいわれている（Landgraf+Vickers 2009, 55）――で開幕を迎えても、ヘンデルはこの新作で即座に対応できなかったと考えられる。

その後、ヘンデルはこのオペラを1か月半ほど連続して上演したのちに、オレンジ公ウィリアム王子（オラニエ公ウィレム）とアン王女――自身の音楽教師であるヘンデルを支援してきた――の結婚式（3月14日）の前日にセレナータ《パルナッソ（パルナッソス）山の祭礼》を舞台にかけている。11月に予定されていた結婚式が王子の病気のため3月に延期されたことを受けて、このタイミングで上演されたのであった[12]。その後は、1月以来の《アルバーチェ》を3回再演し、オラトリオ《デボラ》を聖金曜日（1734年は4月12日）の前の週から前年に引き続き上演し、復活祭後は《クレタのアリ

10）ダミガンは、《セミラーミデ》の上演が成功しなかったため、《オットーネ》が上演されたと推測している（Dumigan 2014, 34）。

11）また、シュトロームはクラウゼンの調査を参考に、1733年3月に上演が計画されていたと述べている（Strohm 1985, 184）。

12）この結婚式に際して、本来は、王室礼拝堂の作曲家であるグリーンの作品が演奏されるはずであったが、ヘンデルのアンセム《今日この日こそ》が歌われた。

アンナ》が2回再演（シーズン合計16回上演）され、かつて人気を博した旧作オペラの《ソザルメ》（1732年2月15日初演）、マスク（仮面劇）の《エイシスとガラテア（アキスとガラテイア）》の上演が続いた。そして、このシーズン最後の作品として《忠実な羊飼い》を5月18日から上演する。この作品は1712年11月22日にクイーンズ劇場で初演されたオペラに《パルナッソ山の祭礼》の合唱を取り入れた改訂版で、シーズン終了まで15回連続で上演された[13]。

一方の「貴族オペラ」は、ポルポラの《ナクソスのアリアンナ》を軸としつつ、アッリゴーニの《フェルナンド》（1734年2月5日初演）やポルポラの《ラツィオのエネーア（エネアス）》（1734年5月11日初演）で全53回公演中36回を占めているように、新作で聴衆を惹きつける傾向が強かった。ただし旧作の中でも、興味深い作品としてボノンチーニの《アスタルト》（このシーズンに6回上演）が挙げられる。この作品は、第1期「アカデミー」でのセネジーノのロンドン・デビュー作（1720年11月19日キングズ劇場初演）で、そのシーズン中に24回の上演を数えた。第1期でのヘンデルのライバルであったボノンチーニと、さらにはヘンデルと対立する歌手のセネジーノと縁のある作品を取り上げている点でも、両陣営が激しい火花を散らしていたことが想像できよう（Dumigan 2014, 39）。この正面からのぶつかり合いは日程からも読み取れる。先の**【表1】**を確認すると、四旬節の時期には少し日程が変わっているものの、実に40回[14]も両団体が同じ日[15]に公演を行っていることがわかる（表の日付と曜日で網掛けになっている部分）。その結果、お互いが潰し合うこととなり、このシーズンの両団体は赤字で、ヘンデルの損失がより大きかったといわれている（Dean 2006, 135）。

13）このシーズンは7月まで上演が続いたが、これはアン王女が結婚後初めて帰国した際にヘンデルのオペラの観劇を望んでいたものの、帰国が遅れたため延長されたことによる（Burrows et al. 2015, 789）。

14）表にもあるように、3月26日の「貴族オペラ」の上演が行われたのかがはっきりしないため、ダミガンは39回としている（Dumigan 2014, 33）。

15）ただし、四旬節（2月27日から）とその最後の時期にあたる聖週間（4月7日から13日）に、「貴族オペラ」は上演日程を微妙に変更している。四旬節の一例では、3月12日からオラトリオの《ダヴィドとベルサベア》を上演しているが、3月後半からはオラトリオを水曜日（聖週間の4月10日にも）に上演し、火曜日と土曜日にオペラを上演している。こうすることでヘンデルの《デボラ》とのオラトリオ同士の競合を避けることができた、とダミガンは指摘している（Dumigan 2014, 40）。

1734-35 年シーズン

このシーズンを取り巻く状況

《オレステ》が上演された1734-35年シーズンは、ヘンデルにとって前のシーズン以上に厳しい状況となった。まず、第2期「アカデミー」終了に伴い、これまで長年使用してきたキングズ劇場を「貴族オペラ」に譲り渡さざるを得なくなったのである。そこでヘンデルは、1732年にリッチが建設したコヴェント・ガーデン劇場を新たな拠点に選んだ。リッチはパントマイムのハーレクインを当たり役として人気を博した役者であるとともに、1728年にバラッド・オペラの《乞食オペラ》をリンカーンズ・イン・フィールズ劇場で上演した人物でもある。この作品の大成功によって得た資金で、彼はコヴェント・ガーデン劇場を建設して英語の作品を上演していた。この劇場は最新の機械装置やセットを設えており、さらにはサレを筆頭とするバレエ団と小規模の合唱団もあったため、ヘンデルはこれらを生かした演出を行っていくのである（三澤 2007, 98）。

そして、何よりもヘンデルを苦境に立たせたのは、かつてヘンデルが招聘を試みたものの失敗したカストラート歌手ファリネッリを、「貴族オペラ」が劇団に呼び寄せたことである。今回、招聘に成功したのは、彼をかつて指導したポルポラが「貴族オペラ」に参加していたからであろう。ロンドンにおけるイタリア・オペラ公演の成否を左右するのはスター歌手の存在であり、「貴族オペラ」は第1期「アカデミー」のように当時最高の歌手たちを集めたのであった。

一方ヘンデルは、この1734-35年シーズンも「貴族オペラ」に対抗できるような実績と名声を兼ね備えた歌手を集めることはできなかった。昨シーズンに久々に戻ってきたドゥラスタンティはロンドンを離れ、カレスティーニとストラーダ、ヴァルツは残ったものの、もう1人のカストラートであるスカルツィはこのシーズンにロンドンで歌うことはなく[16]、新たなテノール歌手はまだ10代後半のイギリス人ビアードであった。彼は王室礼拝

---

16) バロウズによると（Burrow et al. 2019, 15-16）、ヘンデルは《アリオダンテ》の作曲を開始した8月12日の段階では、スカルツィがこのシーズンも参加する見込みを立てていたようである（ルルカーニオ役は当初、ソプラノ記号で作曲されており、9月9日に完成した第2幕もこの書き方になっている。その後、第3幕の部分ではこの役がテノール用へと変更された）。

堂の少年聖歌隊に所属していた1732年にはヘンデルの英語によるオラトリオ《エステル》を歌っている。変声後はヘンデルのオペラに出演し、その後のオラトリオ上演でも不可欠の歌手となっていく人物である。ヘンデルはほかにもイギリス人歌手を登用しており、ソプラノのヤングやのちにバス歌手としてヘンデルの作品を数多く歌うサヴェイジをボーイ・ソプラノで起用している。ヤングは、師事していたイタリア人作曲家ジェミニアーニのもとで1730年にデビューし、ランプやのちに夫となるアーンの英語のオペラで頭角を現し、ヘンデルの目に留まりこのシーズンに抜擢された。

続いて**【表2】**を前年シーズンの**【表1】**と比較すると、この2シーズンの上演日程において2つの大きな違いが見えてくる。1つ目は、「貴族オペラ」が前のシーズンより2か月ほど早い10月29日に、ヘンデルに先駆けてシーズンを開幕していることである。ヘンデル側のシーズン開始が前年より少し遅い11月9日となっているのは、オペラ上演用の劇場を確保するのに時間がかかったことが原因の1つと考えられる[17]。反対に「貴族オペラ」の動きが早いのは、2シーズン目で準備が順調に進んだこともあるかもしれないが、ファリネッリの登場を引っ張る必要はなく、できる限り早くロンドンの聴衆に披露する意図があったと推測できる。2つ目の違いは、昨シーズンでは「貴族オペラ」とヘンデルがこれまでの伝統を踏襲し火曜日と土曜日にオペラを上演することが多かった結果、両者の上演日がかなり重複していたものの、このシーズンではヘンデル側が火曜日の上演を減らし、水曜日に日程を変えている点である。コヴェント・ガーデン劇場では英語作品の上演も並行して行われていたため劇場を使用できる曜日に制限があったのかもしれないが、これは、ヘンデルが「貴族オペラ」との競合を避けたため――特に2月と3月は1日も重複していない――と考えられる。

1734-35年シーズンの演目

「貴族オペラ」はこのシーズン、パスティッチョの《アルタセルセ》で開

17）交渉自体は1734年の7月から行われていたようであるが、ヘンデルは《アリオダンテ》の第2幕を9月9日に完成させた時点ではバレエの作曲に着手していないことから（最終稿では第1幕と第2幕の終わりに置かれた）、この時点ではコヴェント・ガーデン劇場を確保できていなかった可能性が指摘されている（Burrow et al. 2019, 15-16および三澤 2007, 99）。

表２　1734-1735 年シーズンの上演状況

日付	曜日	へ	貴	日付	曜日	へ	貴	日付	曜日	へ	貴	日付	曜日	へ	貴
10月29日	火		①	1月4日	土		①	3月3日	月	④		5月3日	土	⑧	⑥
11月2日	土		①	1月7日	火		①	3月4日	火		③	5月6日	火		⑥
11月5日	火		①	1月8日	水	④		3月5日	水	⑤		5月7日	水	⑧	
11月9日	土	①	①	1月11日	土	④	①	3月7日	金	⑤		5月10日	土	⑧	⑥
11月12日	火		①	1月14日	火		①	3月8日	土		③	5月13日	火		⑥
11月13日	水	①		1月15日	水	④		3月11日	火		③	5月14日	水	⑧	
11月16日	土	①	①	1月18日	土	④	①	3月12日	水	⑤		5月17日	土	⑧	①
11月19日	火		①	1月21日	火		①	3月14日	金	⑤		5月20日	火		⑥
11月20日	水	①		1月22日	水	④		3月15日	土		①	5月21日	水	⑧	
11月23日	土	①	①	1月25日	土		①	3月18日	火		①	5月23日	金		①
11月26日	火		①	1月28日	火		①	3月19日	水	⑤		5月27日	火		①
11月27日	水	②		1月29日	水	④		3月21日	金	⑤		5月28日	水	⑧	
11月30日	土	②	①	2月1日	土		③	3月22日	土		①	5月31日	土		①
12月3日	火		①	2月4日	火		③	3月25日	火		③	6月3日	火		①
12月4日	水	②		2月5日	水	④		3月26日	水	⑥		6月4日	水	⑧	
12月7日	土	②	①	2月8日	土		③	3月28日	金	⑥		6月7日	土		③
12月10日	火		②	2月11日	火		③	3月29日	土		③	6月12日	木	⑧	
12月11日	水	②		2月12日	水	④		3月31日	月	⑥		6月18日	水	⑧	
12月14日	土		②	2月15日	土		③	4月1日	火	⑦	④	6月25日	水	⑧	
12月17日	火		②	2月18日	火		③	4月2日	水	⑦		6月28日	土	⑧	
12月18日	水	③		2月20日	木	④		4月3日	木	⑦	④	7月2日	水	⑧	
12月21日	土	③	②	2月22日	土		③	4月8日	火		⑤				
12月23日	月		②	2月24日	月	④		4月9日	水	⑦					
12月28日	土	③	①	2月25日	火		③	4月12日	土	⑦	⑤				
12月31日	火		①	2月28日	金		④	4月15日	火		⑤				
								4月16日	水	⑧					
								4月19日	土	⑧	⑤				
								4月22日	火		①				
								4月23日	水	⑧					
								4月26日	土	⑧	①				
								4月29日	火		①				
								4月30日	水	⑧					

Burrows et al. 2019, 3-5. および Dumigan 2014, 45.より作成。

ヘンデル:コヴェント・ガーデン劇場

①《テルプシーコレ》/《忠実な羊飼い》(R) ②《クレタのアリアンナ》(R) ③《オレステ》(P) ④《アリオダンテ》(N) ⑤《エステル》(O) ⑥《デボラ》(O) ⑦《アタリア》(O) ⑧《アルチーナ》(N)

貴族オペラ:キングズ劇場

①《アルタセルセ》(ハッセ/ポルポラ/R.ブロスキ)(P) ②《オットーネ》(ヘンデル)(R) ③《ポリフェーモ》(ポルポラ)(N) ④《ダヴィドとベルサベア》(ポルポラ)(O) ⑤《イッシーピレ》(サンドーニ)(N) ⑥《アウリデのイフィジェニーア》(ポルポラ)(N)

M:マスク、N:新作オペラ、O:オラトリオ、P:パスティッチョ、R:再演および改作オペラ
網掛けの日付・曜日は、ヘンデルと貴族オペラの両方の上演が行われた重複日を示す。

幕している。前のシーズンでもパスティッチョの《ベルミーラ》(1734年3月23日初演。4回上演)を取り上げたものの、前記のように新作が主要演目として置かれていた。しかしこのシーズンでは、《アルタセルセ》が全64公演中約半数の33回を占めており、この作品がシーズンの中心となっていた。前のシーズンにヘンデルがパスティッチョとして上演した《アルバーチェ》はヴィンチの《アルタセルセ》から作られたが、「貴族オペラ」の《アルタセルセ》はヴィンチの初演の1週間後、1730年2月11日にヴェネツィアで初演されたハッセの作品を基にしている。ロンドン上演に際して、ファリネッリの兄リッカルド・ブロスキのアリアが加えられており、その中には高度な技巧が要求される〈私は揺り動かされる船のようだ Son qual nave〉も含まれている。出版業者ウォルシュ(父)は、このオペラから8曲のアリアを選んで出版しており(Hasse 1734)、その選集にはこのアリアを含めて7曲、アルバーチェ役のファリネッリのアリア——残りの1曲は前のシーズンまで不動のスターであったセネジーノのアリア——が含まれていることから、ファリネッリへの関心の高さを容易に想像できよう。そして、この作品は上演回数が示すように高い人気を誇り、翌シーズンにも再演された。

ファリネッリ

また、「貴族オペラ」が12月10日から5公演連続でヘンデルの《オットーネ》を上演していることも注目に値する。その際にセネジーノやクッツォーニは初演時と同じ役、モンタニャーナは1733年春に上演予定だったと考

セネジーノ

えられる版と同様にエミレーノ役があてがわれており、ファリネッリが歌うアデルベルト役は登場場面が増やされている（Dean+Knapp 1987, 441）。「貴族オペラ」がこの作品を取り上げたのは、これまでのこの作品の人気もさることながら、ヘンデルへの挑戦状といった意味合いもあったのかもしれない。

では、ヘンデルはこのシーズンにどのような手を打ったのか。前述したように、彼は新たな戦いの場に選んだコヴェント・ガーデン劇場の利点を最大限活用している。それはヘンデルにとって新機軸となるバレエの挿入である。前のシーズンの5月からシーズン終了までの約1か月半、15回連続で上演した《忠実な羊飼い》をさらに改訂して、このオペラのプロローグとしてサレのバレエを目玉とする《テルプシーコレ》（ギリシア神話のゼウスの娘の9人のムーサの1人で舞踏と合唱の女神）を付け加えた形で5回、再演した。その後は、こちらも前のシーズンに上演された《クレタのアリアンナ》にバレエの場面を加えて11月27日から再演を5回続け、この新しい試みをアピールした。

その後は、12月18日に《オレステ》を初演し、年明けの1月8日から新作オペラの《アリオダンテ》を3月3日まで11回連続して公演し、四旬節の期間（2月19日から4月5日）にあたる3月5日から復活祭（4月6日）後1週間までは水曜日と土曜日を中心に一般にオラトリオに分類される旧作の《エステル》、《デボラ》、《アタリア（アタルヤ）》を上演した。そして、4月16日からシーズン終了の7月2日までは、2月から作曲を始めた《アルチーナ》を舞台にかけた。

3　ヘンデルの《オレステ》

《オレステ》の基本情報

ここからはヘンデルが1734-35年のシーズンに置かれていた状況を踏まえ

て、このシーズンに取り上げられた唯一のパスティッチョ・オペラ《オレステ》がどのような意図をもって上演されたのかを読み解いていく。

この作品は1734年12月18日に初演されたパスティッチョ・オペラで、エウリピデスの悲劇『タウリケのイピゲネイア』からバルロッチが台本を手掛け、ミケーリが作曲した《オレステ》(1722年12月28日[18] ローマ、カプラーニカ劇場初演) を基にしたものである。ヘンデル版の登場人物はミケーリ版とすべて同じで、部分的な場面の削除、レチタティーヴォでの短縮や単語や表現の違い、アリアの歌詞の変更はあるものの、話の展開はバルロッチの台本を踏襲している。レチタティーヴォの短縮については、ロンドンの聴衆の多くがイタリア語を十分に理解できないため、これまでのヘンデルの作品でも同様に行われていた。そして、アリアの歌詞の変更については、この作品がパスティッチョであることも大きな要因となっている。

バルロッチの台本を再構成した人物については、《リナルド》などヘンデルのオペラにも台本を提供したロッシや、「貴族オペラ」の作品の台本を手掛けたコーリの名前が挙げられることがある (Landgraf+Vickers 2009, 466)。ただし、同じシーズンに上演された《アリオダンテ》や《アルチーナ》の台本作者と同様に特定には至っていない。また、ヘンデルのミケーリ版《オレステ》の台本の入手方法も明確ではない。ミケーリ版がローマで上演された際、このオペラはルスポリ夫人に献呈された。この人物は、若きヘンデルのローマ滞在中、彼の最も重要なパトロンの1人であったルスポリ卿の妻である。そこで1729年にヘンデルが歌手を探しにイタリアへ赴いた際に、ルスポリ卿からこの台本を受け取った可能性が指摘されている。また、ヘンデル版の《オレステ》のタイトル・ロールを歌ったカレスティーニがミケーリ版に出演しており、彼から台本を入手し、彼の影響で上演された可能性も示されているものの (Strohm 1985, 68 および Landgraf+Vickers 2009, 465)、どれも決定打とはなっていない。

次に、オペラ《オレステ》の内容を確認する。配役は**【表3】**に示し、あらすじは以下のとおりである。

---

18) Oxford Music Online では1723年1月上演となっているが、ここではより詳細な情報が掲載されている Corago のものを採用。http://corago.unibo.it/opera/0000351917 (最終閲覧 2023年4月28日)

表3 《オレステ》の配役

役名	役柄	歌手	声域
オレステ（オレステス）Oreste		カレスティーニ	アルトカストラート
エルミオーネ（ヘルミオネ）Ermione	オレステの妻	ストラーダ	ソプラノ
イフィジェニーア（イピゲネイア）Ifigenia	オレステの姉でディアナの神官	ヤング	ソプラノ
ピーラデ（ピュラデス）Pilade	オレステの親友	ビアード	テノール
トアンテ（トアス）Toante	タウリケの国王	ヴァルツ	バス
フィロテーテ（ピロクテテス）Filotete	トアンテの将軍	ネーグリ	コントラルト

第1幕：イフィジェニーア（イピゲネイア）はディアーナ（アルテミス）の神殿の森で弟とは気づかずに眠るオレステ（オレステス）を見つけ、目を覚ました彼に異国の人は生贄にされることを伝える。エルミオーネ（ヘルミオネ）は夫を探してタウリケの港にたどり着きピーラデ（ピュラデス）と再会するも、共にフィロテーテ（ピロクテテス）に捕まる。トアンテ（トアス）はエルミオーネを目にして恋に落ち、自分のものにしようとするがエルミオーネに拒絶される。

第2幕：神殿にいたオレステは、連行されるピーラデを目にして驚く。トアンテが神殿に到着しオレステを見つけると、彼を処刑するように命じる。オレステが剣を抜きトアンテに挑もうとした際に、イフィジェニーアが止める。牢に入れられたオレステは、イフィジェニーアの導きで海に逃れタウリケを去ろうとする時に、エルミオーネと再会。その状況を目にしたトアンテは憤慨し、両者を捕らえる。

第3幕：トアンテはエルミオーネに自分のものになれば夫を助けると言うが、エルミオーネは拒否する。トアンテは誰がオレステかわからないものの、その人物を生贄にするようイフィジェニーアに命じる。そこで、ピーラデは自分がオレステであると偽り、またオレステも自分こそがオレステであるとトアンテに主張する。トアンテが両者を生贄にしようとした際に、イフィジェニーアが自分はオレステの姉であることを明かし、トアンテを脅す。トアンテに対してフィロテーテは軍を率いてイフィジェニーアに加担する。ピーラデがトアンテの死を告げ、オレステはタウリケの人々が自由を取り戻したことを宣言し、エルミオーネと再び一緒になれたことと姉弟の再会を喜ぶ。

このオペラ版はエウリピデス版との違いがいくつか見られる。まず、登場人物では、オペラ版にはエウリピデス版にはいないエルミオーネ（オレステの妻）とフィロテーテ（トアンテの将軍）が登場する。また、オペラ版ではオレステがタイトル・ロールで主人公となっており、さらに、タウリケに住むタウロイ人の国王トアンテは、エウリピデス版では異国人の生贄の儀式の進捗状況を確認する場面とオレステらを追撃する場面のみで登場する一方、オペラ版では暴君として描かれ、反乱が起こり殺害される点も違いとして挙げられる。そして、エウリピデス版は、オレステが狂気から解放されるためにタウリケに赴き、ディアーナの像をアテネに持ち帰ろうとし、トアンテからの追撃を受けるも、女神アテナの力で持ち帰ることに成功するという内容であるが、このオペラ版では最終的にディアーナの像を入手したか否かについての言及はなく、女神アテナも登場していない。すなわち、暴君を倒し、妻や姉との再会を祝するハッピーエンドの終結となっている。

ヘンデルはこの物語をなぜオペラとして上演しようとしたのか。前記のようにミケーリ版の台本を誰かしらから入手したことが一番の理由と考えられるが、上演までこぎつけるにはもう少し強い動機が必要となるであろう。先に述べたように、このシーズンの一連のオペラ作品に関しては、台本作者が不明であるだけでなく、上演作品の選定についてもわかっていない。しかし、17、18 世紀のオペラ台本について、「ヘンデルに限らず、歴史の抽出はすべて、その当時のことと何かしらの意味関係を持っている」（三ヶ尻 2018, 50）という指摘がなされていることもあり、この《オレステ》の上演も何らかの意図があったのかもしれない。

ヘンデルのオペラの場合、政治的側面から考えれば、現王朝であるハノーヴァー朝側に立つと考えられるオペラを手掛けるだけでなく、18 世紀前半にイギリスの抱える問題の 1 つである王位継承――名誉革命で亡命したジェイムズ 2 世の子孫の王位復帰を目論むジャコバイト――と結びついた内容を扱うことも多い。後者の立場に沿っていくと、この《オレステ》は以下の裏の筋書きを持つことになる。それは、タウリケにやってきた王子オレステが亡命中の老僭王ジェイムズ・フランシス・エドワード・ステュアート（ジェイムズ2世の子）であり、夫を探すエルミオーネが真の王を求めるイギリス国民、暴君トアンテがジョージ2世という読み替えである。オレステがトアンテを倒すことでイギリス国民を解放し、ジェイムズの血筋が再びイギリス国民を取り戻すという筋書きが見えてくるかもしれない。その一方、少し時代は遡るが、ハノーヴァー朝のジョージ1世がドイツからやってきて、ステュアート朝の中に巣食う悪党を退治してイギリスを救ったという逆の見方もできよう。さらに、ヘンデルの個人的状況を照らし合わせると、暴君トアンテ（ロンドンのオペラを牛耳っていると思われているヘンデル自身）が、オレステ（イタリアから渡英し、最新のナポリ派のオペラを提供するポルポラ、あるいは、ファリネッリ[19]）や彼の周りにいる登場人物（「貴族オペラ」の歌手たち）に打ち負かされる――ずいぶんと自虐的ではあるが――という筋書きを思い浮かべることもできるかもしれない。

ヘンデル版《オレステ》の原曲

続いて《オレステ》で用いられたアリアに注目していく。ヘンデルはこのパスティッチョ・オペラを上演するにあたり、自身がこれまでに手掛けたオペラのアリアなどを使って全体をまとめている。これは、前述の『ニューグローヴ世界音楽大事典（第2版）』の定義でいうと、4つ目のセルフ・パスティッチョにあたる。そこで、どの既存の作品からアリア等を採ったのかを確認することで、この作品を上演したヘンデルの意図が読み取れるかもしれない。【表4】は表の左半分に《オレステ》で歌った役や歌手名とアリア及びデュエットの出だしの歌詞（インチピット）を記し、表の右半分にその出所となる原曲の情報を載せている。この表でインチピットの部分が太字になっているものが、《オレステ》と元のアリアで歌詞の出だしが同じものである。また、元のアリアを歌った歌手と役名も併記してある。右側の歌手名で網掛け太字のものは、このシーズンに「貴族オペラ」に参加していた歌手――カストラートのセネジーノ、ソプラノのクッツォーニ、コントラルトのベルトッリ――である。そして、ヘンデルの劇団に引き続き参加したストラーダは

19）ファリネッリはジャコバイトとのつながりの文脈で語られることもある（Corp 2011）。

表4　《オレステ》のアリア、デュエットと原曲の対照

役	歌手	インチピット	役	歌手	インチピット	原曲
Act I						
オレステ	カレスティーニ(C)	**Pensieri, voi mi tormentate**	アグリッピーナ	ドゥラスタンティ(S)	**Pensieri, voi mi tormentate**	アグリッピーナ
イフィジェニーア	ヤング(S)	Bella calma			Siete rose ruggiadose	カンタータ HWV.162
オレステ	カレスティーニ(C)	**Agitato da fiere tempeste**	リッカルド1世	**セネジーノ(C)**	**Agitato da fiere tempeste**	リッカルド1世
イフィジェニーア	ヤング(S)	Dirti vorrei	テオファーネ	**クッツォーニ(S)**	S'io dir potessi al mio crudel	オットーネ
フィロテーテ	ネーグリ(CA)	**Orgogliostetto va l'augelletto**	マティルデ	メリーギ(CA)	**Orgogliosetto va l'augelleto**	ロターリオ
エルミオーネ	*ストラーダ(S)*	Io sperai di veder il tuo volto	パルテノペ	*ストラーダ(S)*	Io ti levo l'impero	パルテノペ
ピーラデ	ピアード(T)	Vado intrepido alla morte	アリアーテ	ピナッチ(T)	Se discordia ci disciolse	ソザルメ
トアンテ	ヴァルツ(B)	Pensa ch'io sono un rege amante	オロンテ	ボスキ(B)	Finchè lo strale non giunge	フロリダンテ
エルミオーネ	*ストラーダ(S)*	**Dite pace e fulminate**	エルミーラ	*ストラーダ(S)*	**Dite pace e fulminate**	ソザルメ
Act II						
オレステ	カレスティーニ(C)	Empio, se mi dai vita	ラダミスト	**セネジーノ(C)**	Vile! se mi dai vita	ラダミスト
イフィジェニーア	ヤング(S)	**Se'l caro figlio**	ラオディーチェ	**クッツォーニ(S)**	**Se'l caro figlio**	シーロエ
ピーラデ	ピアード(T)	Caro amico, a morte io vo	バヤゼット	ボロシーニ(T)	Figlia mia	タメルラーノ
オレステ	カレスティーニ(C)	Un' interrotto affetto	オットーネ	**セネジーノ(C)**	Un disprezzato affetto	オットーネ
フィロテーテ	ネーグリ(CA)	Qualor tu paga sei	アルミンド	**ベルトッリ(CA)**	Non chiedo, oh luci vaghe	パルテノペ
イフィジェニーア	ヤング(S)	Sento nell'alma	エヴァンコ	アッツォリーニ(S)	Lucide stelle	ロドリーゴ
オレステ	カレスティーニ(C)	**Dopo l'orrore**	オットーネ	**セネジーノ(C)**	**Dopo l'orrore**	オットーネ
エルミオーネ	*ストラーダ(S)*	**Vola l'augello**	エルミーラ	*ストラーダ(S)*	**Vola l'augello**	ソザルメ
オレステ／エルミオーネ	カレスティーニ(C)／*ストラーダ(S)*	**Ah mia cara**	フロリダンテ／エルミーラ	**セネジーノ(C)**／ロビンソン(CA)	**Ah mia cara**	フロリダンテ
Act III						
トアンテ	ヴァルツ(B)	**Tu di pietà mi spogli**	コスロー	ボスキ(B)	Tu di pietà mi spogli	シーロエ
エルミオーネ	*ストラーダ(S)*	Piango dolente il sposo	コンスタンツァ	**クッツォーニ(S)**	Bacia per me la mano	リッカルド1世
フィロテーテ	ネーグリ(CA)	**Mostratevi serene**	アルチェステ*	バニョレージ(CA)	**Mostratevi serene**	アドメート(1731年再演)
イフィジェニーア	ヤング(S)	**Mi langnerò, tacendo**	ラオディーチェ	**クッツォーニ(S)**	**Mi langnerò, tacendo**	シーロエ
エルミオーネ	*ストラーダ(S)*	**Non sempre invendicato**	アデラーイデ	*ストラーダ(S)*	**Non sempre invendicato**	ロターリオ
ピーラデ	ピアード(T)	Del fasto di quell'alma	エミーリオ	ファブリ(T)	La gloria in nobil alma	パルテノペ
オレステ	カレスティーニ(C)	**In mille dolci modi**	ソザルメ	**セネジーノ(C)**	**In mille dolci modi**	ソザルメ

Händel 1991, 150-151. より作成。

B：バス、C：カストラート、CA：コントラルト、T：テノール、S：ソプラノ
* Händel 1877, 128. ではオリンドのアリアとなっているが、1731 年の再演ではオリンドは登場せず、アルチェステが歌っている。

クッツォーニ

イタリックとなっている。

この表の歌手に関する注目すべき点は以下のとおりである。《オレステ》のストラーダのアリアの5曲のうち、バルロッチの歌詞に基づいた〈私の夫のために悲しみの涙を流し Piango dolente il sposo〉(クッツォーニが《リッカルド(リチャード)1世》で歌ったアリア〈私の代わりに手に口づけを Bacia per me la mano〉が原曲)を除く4曲が、ストラーダ自身が歌ってきたアリアである。このアリアの原曲は、リッカルド1世の許嫁であるコンスタンツァが、リッカルド1世と対立するキプロスの暴君イザーチョに捕らえられ、言い寄られるもそれを拒絶し、リッカルド1世への愛や会えない悲しみ、そして自身の死の覚悟を歌う内容である。一方、《オレステ》では、エルミオーネがトアンテにオレステが殺されると思い、その悲しみと苦しみを歌うものとなっている。エルミオーネが自身の死に言及することはないものの、夫(コンスタンツァの場合は婚約者)と離ればなれの状況や苦しみに耐える状況など両者に類似点が見られるところから、このアリアの音楽がふさわしいとされた可能性がある。また、ストラーダの持ち歌から採られた4つのアリアのうち、1つのみ歌詞が原曲と異なっており、それは《パルテノペ》のアリア〈私はあなたから指揮権を取り上げる Io ti levo l' impero〉である。原曲は、女王パルテノペが自分に戦いを挑むエミーリオとの戦闘の指揮権を婚約者のアルサーチェに与えようとしたことに異を唱える面々に対して、女王として私情を挟まず皆を公平に扱う旨を歌う内容であるが、《オレステ》ではオレステを探しにタウリケの港についたエルミオーネが、夫との再会を望む気持ちを歌うもので、こちらでは共通点があまり見られない。

また、原曲の歌手について目を向けると興味深い点が浮かび上がる。それは、かつてセネジーノやクッツォーニが歌っていたアリアが数多く《オレステ》で使用されているということである。セネジーノは「貴族オペラ」に鞍替えするまで長年、ヘンデル作品を歌ってきた花形カストラート歌手であり、彼のためのアリアがヘンデルの手掛けたカストラートのアリアの中心となる。したがって、ヘンデル作品のレパートリーをほとんど持たないカレスティーニは、セネジーノのアリアを歌うしかないことは想像に難くない。しかし、クッツォーニのアリアはどうであろうか。ヘンデルの第1期「アカデミー」は、彼女だけでなくファウスティーナという一級のソプラノ歌手も擁していた。しかし今回、ファウスティーナのアリアは1つも歌われていない。これは何を意味するのであろうか。

ファウスティーナ

そこで、クッツォーニが歌ったアリアがどのように《オレステ》で用いられたのかを細かく確認していく。クッツォーニが過去に歌ったアリアが《オレステ》の中に4つある。1つは前述したようにストラーダが第3幕で歌った《リッカルド1世》のアリアであり、これはストラーダが《オレステ》で歌った、ほかの歌手から採られた唯一のものである。残り3曲はもう1人のソプラノ歌手ヤング（表左側の網掛け）のアリアとなっている。ヤングにとって、この《オレステ》は初のイタリア・オペラである。彼女はイフィジェニーアの役で5つのアリアを歌っており、その中の3曲がクッツォーニのアリアとなっている。そして、その3曲のアリアの中で、1つだけ歌詞が替えられたものがある。それは《オットーネ》のアリア〈もし伝えることができるのであれば S'io dir potessi〉から替えられた〈貴方に言いたい Dirti vorrei〉である。この元となる《オットーネ》のアリアは少々込み入った状況となっている。なぜなら、先に述べたように《オットーネ》は第1期「アカデミー」でも再演が繰り返され、歌手に合わせて手直しが行われていた。そしてさらには、作曲から初演までの間にもアリアの変更は細かく行われていたのである（Dean+Knapp 1987, 418-459）。たとえば、《オットーネ》の選集として発売された楽譜（Handel 1723）にはこのアリアが収録されている一方、初演台本には見当たらず、〈苦しみをお与えになっても S'or mi dai pene〉（第2幕第8場）に差し替えられている[20)]、といった次第である。

それではこの《オットーネ》のアリアは《オレステ》ではどのように使われているのか。アルテミスの祭司となったイフィジェニーアが、国内に足を踏み入れた異国の人間を生贄にする役割を担わされている状況で、たとえ知らないうちであっても弟のオレステがその生贄にならないかと不安に駆られている。そこで彼女に好意を寄せるフィロテーテは、そのような事態を避けるよう自分が何とかする旨を彼女に伝える。その後、イフィジェニーアがフィロテーテの気持ちにそのうち応えると胸の内を歌うのがこのアリアである。ちなみに、元となる《オットーネ》のアリアは、クッツォーニ演じる東ローマ帝国の皇女テオファーネが、絵姿でしか知らない婚約相手である神聖ローマ帝国皇帝オットーネとローマに赴いて初めて会う前に、オットーネが従妹のマティルダを慰めている場面を目にし、2人が恋仲であると勘違いし、オットーネと対面した際に険悪な状況となった後に歌われるものであった。原曲のアリア〈もし伝えることができるのであれば〉では、自分は苦しんでいるがオットーネに対して忠実であり、オットーネは自分の苦痛に対して憐れみを示してくれるだろうと歌っている[21)]。なお、クッツォーニのアリアを原曲とするほかの2つのアリアは共に《シーロエ（カワード）》から採られており、こちらは歌詞が原曲のままとなっている。

ヘンデルの意図とは

ここまでかつてクッツォーニが歌ったアリアがどのように《オレステ》の中で使用されたかを確認してきたが、ヘンデルはなぜ彼女のアリアを多用したのか。歌詞内容の類似という点もあるが、ほかにも理由はあるのではないか。1つ考えられるのは、このシーズンもクッツォーニがプリマ・ドンナと

20）ただし、1726年の再演では第2幕第8場が削除され（Dean+Knapp 1987, 438）、前述の1733年の再演版台本（Handel 1733）でもこの場面は含まれておらず、どちらのアリアも掲載されていない。

21）差し替えられた〈苦しみをお与えになっても〉も同様の内容であるが、愛の神に憐れみと慰めを求める気持ちを歌っている。

して「貴族オペラ」に参加している点である。ただし、クッツォーニの存在を強く意識して彼女が過去に歌ったアリアを選択したとすれば、1つ疑問が浮かぶ。たとえば《オットーネ》から採るのであれば、本来は彼女ではなくドゥラスタンティ用に書かれたものといわれるものの、喝采を浴びた〈偽りの姿絵よ Falsa immagine〉、さらには沈痛な思いが心に響く〈喘ぐ思いよ Affani del pensier〉を用いれば、さらに効果的であったと考えられる。実のところ、ヤングは前記の2つのアリアを1734年7月10日にトップハムのための慈善演奏会で歌っている[22]。しかし、ヘンデルはこれらを取り上げていない。それどころか、ヘンデルは変化球的なアリアの使い方をしている。それは、イフィジェニーア役のヤングが歌う最初のアリア〈心地よい平穏を Bella calma〉である。これは、渡英後まもなくの1711年から12年の間に作曲されたと考えられているアルトのためのイタリア語カンタータ《おまえたちは露滴る薔薇》の冒頭に置かれたアリアから歌詞を変更し、さらに移調して使用したものである。このアリアはおそらく一般には知られていないものではあったが[23]、《オレステ》でこのアリアを耳にした聴衆は、あるアリアを思い浮かべたことであろう。オブリガート的な役割を果たすチェロを含む通奏低音のみの編成の上で、甘美な旋律を清らかに歌うこのコンティヌオ・アリアは、ロンドン・デビュー作品である《オットーネ》でクッツォーニの大成功を引き起こした〈偽りの姿絵よ〉と類似したものである。これはクッツォーニの成功を彷彿させつつ、そのもののアリアを使わないことでクッツォーニ色を過度に強調しないヘンデルの作戦であったのかもしれない。また、《シーロエ》のアリアは当時の出版譜には収録されているものの（Handel 1728)、第1期「アカデミー」の最後の年に初演され、その後に再演されることがなかったものである。歌詞の変更を必要としなかったこともあるが、クッツォーニが歌ったものであっても、聴衆の脳裏に色濃く残されているアリアではないことが重要であったのではなかろうか。すなわち、ヘンデルは新たに加わったヤングにクッツォーニ――明るく美しい声を持ち、得意のト

22）2つのアリアを歌ったことについては1734年6月29日の『ロンドン・イヴニング・ポスト *The London Evening-Post*』に掲載された（Burrows et al. 2015, 787）。

23）1724年にキングズ劇場で初演された《タメルラーノ（ティムール）》の中に、このアリアと特に冒頭が酷似したアリア〈美しいアステリアよ Bella Asteria〉がある。

リルを駆使する高音ソプラノ歌手（水谷 1998, 181-183）——の役割を見出していたのであろう。実際に、ヤングのためのアリアを歌った現代のソプラノ歌手カークビーは、ヤングのための楽曲には卓越したトリルの技巧が要求される点を指摘しており、高い音域が多く含まれている点——こちらは彼女の特徴ではないとカークビーは述べているものの（カークビー 1993, 2）——でもクッツォーニの特徴と類似しているといえる。またクッツォーニの特性は 6/8 拍子系のフラットによる短調のゆったりとした情感豊かなアリアで最大に発揮され、役柄としては過酷な運命に泣きながら耐え忍ぶ「悲劇のヒロイン像」を最も得意とした（三澤 2007, 63-64）ともいわれており、先の《オットーネ》から採られたアリアも 3/8 拍子のト短調（フラット 2 つ）のラルゴとなっており[24)]——第 3 幕に置かれた《シーロエ》から採られたアリア〈私は沈黙を保って Mi langnerò, tacendo〉もラルゲットの速度の 12/8 拍子のニ短調（フラット 1 つ）——、イフィジェニーアの苦悩を歌うのに非常にふさわしいアリアが選ばれている。したがって、第 1 期「アカデミー」時代の彼女のライバルであったコロラトゥーラを得意とするファウスティーナのアリアは、《オレステ》では 1 つも歌われていない。ヘンデルは、「貴族オペラ」にいるクッツォーニに対抗する歌手として、しかし、自身のオペラの聴衆にクッツォーニを過度に意識させることなく、クッツォーニと類似するヤングの特徴を生かすことを第一に考えて、これらのアリアを選曲したのではなかろうか。

おわりに

以上から、《オレステ》の公演数が少ないことは冒頭に示したような単なる埋め合わせの結果ではなく、何かしらの意図があったと考えられよう。すなわち、このシーズンに新たに参加したヤング——英語オペラでは名が知られていたが、イタリア・オペラにおいては未知数——の最初の舞台で彼女の声質を重視したアリアを歌わせることで、クッツォーニに引けを取らない歌手であることをアピールするために《オレステ》を準備・上演した。そし

24）元の《オットーネ》で新たに置かれた〈苦しみをお与えになっても〉もハ短調（フラット 3 つ）であるものの、4/4 拍子のテンポ・ジュストでラルゴより速い速度となっている。

て、彼女の実力を示した上で、年明けからは例年のように新作オペラで「貴族オペラ」に対抗するという非常に周到な計画を練っていた。そうであれば、この作品がその後上演されなかったのは、ヤングの顔見世は十分に果たしたので改めて上演する必要性がなかったため、と考えられるのではなかろうか。すなわち、この《オレステ》は、ヘンデルがよく行う歌手の技量を示すためのパスティッチョ作品(Strohm 2021, 58)であったということである。

「貴族オペラ」は《オレステ》が初演される1週間ほど前に、《オットーネ》を上演することでヘンデルに揺さぶりをかけたり[25)]、このシーズンの終盤の1735年5月3日から、ポルポラによる同じイピゲネイア――前のシーズンにアリアドネを両者が扱ったように――が登場する《アウリデのイフィジェニーア》――イフィジェニーア役はクッツォーニ――を上演したりしている。もし、《オレステ》の影響で《アウリデのイフィジェニーア》の上演を決めたのであれば、「貴族オペラ」がキングズ劇場を確保し、ファリネッリを擁するという絶対的有利な立場にいるにもかかわらず、演目においてはヘンデルの繰り出す戦略を前にして強くプレッシャーを受けていたのでは、と勘繰りたくなる。

＊本稿を執筆するにあたり、日本ヘンデル協会の創設者渡部恵一郎氏が手掛けた《オレステ》の台本の日本語訳(未刊行)をお借りし、参考にさせていただきました。ここに感謝の意を表します。

---

25) この公演は大盛況となり、クリスマス直前の12月23日にも上演された(Dumigan, 2014, 50)。ヘンデルが《オレステ》をいつ完成させたのかは不明であるが、1734年の8月から10月にかけて手掛けられた《アリオダンテ》と同様に、合唱やバレエの部分を後から楽譜に付け加えているので、《オレステ》も《アリオダンテ》と同時期に手掛けられた可能性がある。したがって、「貴族オペラ」による《オットーネ》の再演によって《オレステ》の上演を決めたとは考えにくい。

第6章

グルック《オリドのイフィジェニー》と《トリドのイフィジェニー》

新たなトラジェディ・リリックの誕生

森　佳子

はじめに

《オリドのイフィジェニー》と《トリドのイフィジェニー》は、クリストフ・ヴィリバルト・グルックによって作曲されたオペラで、それぞれ1774年と1779年に、パリ・オペラ座において初演された。ドイツ（ボヘミア）生まれのグルックは、オペラ改革を成し遂げた作曲家として知られ、パリ滞在中にエウリピデスの借用であるこれら2作を世に送り出した。そして外国人ながら、「真のフランス・オペラの作曲家」として名声を築いたのである。

グルックの2つの「イフィジェニー」は、物語として続きものになっているが、後者は前者よりも5年も後に創作されており、作風は全く異なる。まず、《オリドのイフィジェニー》はラシーヌの原作、デュ・ルレの台本による、ギリシア連合軍がトロイア遠征する直前の物語である。アガメムノン王の娘イフィジェニー（イピゲネイア）はアシル（アキレウス）との愛を諦め、狩猟の神ディアーヌ（アルテミス）の怒りを鎮めるため生贄となる決心をするが、最後は救われる。その続きである《トリドのイフィジェニー》は、トロイア戦争後のトリドを舞台に、女祭司長となったイフィジェニーが、生贄として捕らえられた2人の若者、オレスト（オレステス、実は彼女の弟）とピラド（ピュラデス）を救う話である。オペラの原作は、1752年にコメディ・フランセーズで上演されたド・ラ・トゥッシュの悲劇であり、ギヤールがグルックのために台本を書いている[1)]。どちらかと言えば、《オリドのイフィジェニー》の方が伝統的なフランス・オペラに近く、《トリドのイフィジェニー》はよりイタリア的かつ、オーケストレーションも近代的である[2)]。

かつて、ヴァーグナーなどから関心を持たれたこともあって、グルックのオペラに関する研究は現在、かなり充実している。しかしながら、その当時の上演における視覚的要素、身体表現などに関する研究については、近年ようやく始まったところであり、たとえばウィーバーやハワードの著書が出版されている[3)]。また、18 世紀特有の美学である「模倣論」との関係については、それほど明らかになっていない。グルックは自らを「画家であり詩人」（Betzwieser 2000, 17）[4)] と称しているが、その「画家」としての側面を、当時の美学的文脈の中で捉えることが、初演の本質を知る 1 つの手がかりになるのではないか。そこで本稿では、2 つの「イフィジェニー」をこうした視点から比較し、フランス・オペラにおける位置付けについて再考していきたい。

1　フランス・オペラの理念——その誕生からグルックまで

本題に入る前に、17 世紀後半から 18 世紀後半に至る、グルック以前のフランス・オペラの理念について概観しておこう。

17 世紀初めにイタリアで創造されたオペラは、ヨーロッパ各地に広まっていったが、フランスではそのまま導入されることはなかった。フランス人にとって、長大なアリアとレチタティーヴォの繰り返しであるイタリア・オペラは、決して「演劇的」に思えなかったのである。そこでリュリは、フランス人の趣味に合うオリジナル・オペラを創始した。1673 年の《カドミュスとエルミオーヌ》に始まる彼の 13 作のオペラは、トラジェディ・リリック（トラジェディ・アン・ミュジーク）と呼ばれ、古典悲劇のデクラマシオン（朗

1）《トリドのイフィジェニー》に関して言えば、すでに 1704 年にデマレ（Desmarets）とカンプラ（Campra）のオペラが初演され、1711、1719、1734、1762 年に再演も果たしていた（Gevaert 1900, 1）。

2）ウィーンとの関係が深いグルックの作品においては、イタリア音楽の影響はウィーンを介して受けているものと考えられる。

3）Jacqueline Waeber, ed. *Musique of Geste en France de Lully à la Révolution*. Peter Lang, 2009 または、Patricia Howard, ed. *Gluck: The Late Eighteenth-Century Composers*. Ashgate, 2015 など。

4）Howard 2015 では p.317。

唱）を参考に作られている。その特徴としては、神話や騎士物語を題材にした5幕構成で、メルヴェイユー（驚異・非現実）を不可欠とし、各幕に1つ以上のディヴェルティスマン（踊りを主体とした視覚的な気晴らしの部分）が挿入される点が挙げられる。演劇理論における三一致の法則については、時と場所の一致は破ってもよいが、筋の一致は守ることになっていた。リュリのトラジェディ・リリックは、ラモーが引き継いでいくことになる。

18世紀中頃になってもリュリの再演は続き、ラモーも活躍していた。しかし時代の変化とともに、王侯貴族のための古めかしいトラジェディ・リリックは飽きられつつあった。そうした折、1752年にイタリアの一座がパリに招かれ、インテルメッゾ（幕間劇）である《奥様女中》（ペルゴレージ作曲、1733年ナポリ初演）を上演し、オペラ座の観客に衝撃を与えた。そしてこのことは、イタリア派とフランス派によるオペラ論争、すなわちブフォン論争へと発展した[5)]。

その後さらに議論は加熱していき、1753年11月にルソーが『フランス音楽への手紙』を出版して、論争は頂点に達した。すなわちそれは、「人間は自然に、すなわち最も偉大な単純性に帰らねばならない」という独自の理論に基づいて展開され、音楽がドラマにおいて果たすべき役割についても言及している。そしてちょうどこの頃、音楽における「真実らしさ――ヴレサンブランス（Vraisemblance）」の問題、すなわち「音楽模倣論」に火がついたのである。

18世紀後半の音楽模倣論と言えば、バトゥーの論がまず思い浮かぶ。彼は「“芸術”の音はその範を“自然”の内に持っており、それこそが表現の発端になるべき」と述べ、音楽は情念、魂の状態を模倣するものと考えた（バトゥー 1984, 203-206）。そして、ルソーをはじめ多くの思想家の考えもこれに近く、それぞれのやり方で「真実らしさ」を解釈していたと言える。

別の角度から見ると、ブフォン論争のテーマは、リュリからラモーに至る

5）厳密に言えば、ブフォン論争そのものは、例の《奥様女中》のパリ上演後に始まったのではなく、すでにその徴候はブフォン一座がやって来る数か月前に起こっていた。議論が盛り上がったのは《奥様女中》上演から3か月後のことであり、1752年11月のドルバック（d'Holbach）男爵による風刺的な手紙 がその皮切りになった。そして1753年1月になって、グリムは『ボーミッシュブローダの小予言者』を出版し、ディドロは1753年1月から3月までの間にそれに対する返事を含む3冊のパンフレットを出版した。

フランスの伝統的トラジェディ・リリックが良いか、イタリアのオペラ・ブッファが良いかということであった。そして議論の末、イタリア派を支持する百科全書派のルソーやグリム、ダランベールなどの考えが、フランス・オペラにおいても取り入れられた。すなわち、劇的に統一された合唱やバレエ、柔軟なドラマ的描写に、イタリアの音楽的手法が加わるのである（Rushton 1972-73, 283）[6)]。

ブフォン論争から20年あまり過ぎた頃、再びグルック・ピッチンニ論争（1777-1779）が起こる。当時もまだ、「本質」や「真実」、そして「真実らしさ」に関する言及は続いていた。たとえばピッチンニの台本作者で、イタリア派でもあるマルモンテルは、「直接的な真実」と「思慮深い真実」のうち、前者は「我々自身の中で起きる内的な経験」であり、一方後者は「いろいろなやり方によって矯正されること」で感じる「人間の本質」であると述べる（Marmontel 1968, 279）。「本質（Nature）」はすなわち「自然」のことでもあるが、「矯正」によって「本質」を感じるという考え方は、ますます根付いていった。そしてこれらの論争を通して、音楽の問題と「真実らしさ」を結び付けようとする傾向は、さまざまな形で発展していくことになる。

たとえば、ディドロは自著『ラモーの甥』において、「デクラマシオンの模倣」がメロディを生み出す「本物の叙情詩」（すなわち悲劇オペラ）が生まれることを期待した。しかし実際は、ドゥーニやフィリドールなど、オペラ・コミックの作曲家が先にその道を開いてきたと付け加える（Heartz 1978, 243）。すなわちディドロは、当時の重要な課題であった「真実の描写」において、音楽面に関しては、オペラ・コミック（台詞による対話と歌からなる喜劇的なオペラ）の方が悲劇に先んじると捉えていたのである[7)]。後述するが、同時代のオペラ・コミックの作曲家として知られるグレトリは、「音楽美」こそが「真実の描写」において最も重要であり、それは歌詞とメロディラインが一致した時に得られると述べた。ただし彼は、オーケストラの伴奏を「自然」に近いものと見なしていない（d'Indy 1950, 80-82）。

6）Howard 2015ではp.255.

7）オペラ・コミックの作曲家フィリドール（Philidor）は、あえてトラジェディ・リリックの《エルヌランド *Ernelinde*》（ポワンシネ Poinsinet 台本）を書くことに挑戦し、1767年にオペラ座の舞台にかけた。この作品はイタリアの音楽的手法を悲劇に活かした最初の例として、ディドロをはじめ多くの人々に熱狂的に迎えられた（森 2005, 50-64）。

グルックに話を戻すと、彼は1774年から1779年までパリに滞在し、5つの作品を上演した。まずフランス・オペラの新作としては、《オリドのイフィジェニー》（1774）を皮切りに、《アルミード》（1777）、その次に《トリドのイフィジェニー》（1779）を発表している。そしてもともとイタリア語であった《オルフェとユリディース（オルフェーオとエウリディーチェ）》（1774）、《アルセスト（アルチェステ）》（1776）をフランス語に翻訳して上演している。くだんのグルック・ピッチンニ論争のきっかけは、《オリドのイフィジェニー》初演にあったわけで、《アルセスト》において議論は本格的となり、《アルミード》の際に最高潮に達した。

2　18世紀末のオペラ論と作劇法

以上のように18世紀後半のフランスでは、音楽における「本質」や「真実らしさ」の問題が、常に議論されてきた。そこで以下、こうした点を念頭に置きつつ、グルック・ピッチンニ論争に見られる2つの「イフィジェニー」について考察していく。

グルック・ピッチンニ論争との関係

まず、《オリドのイフィジェニー》初演は、ラシーヌの古典悲劇をできるだけ忠実に再現した、真の「フランス・オペラ」と見なしうるもの、と好意的に評価された。グルックの音楽に関しては、「単純で、自然な歌は、常に最も真実で繊細な表現、最も人を喜ばせるメロディによって導かれている。［中略］フランス人の耳に奇妙に感じられるものは何もない、天才の仕事である」と記されている（Lesure 1984, 5-6）[8]。他にも、グルックの音楽は、常に「筋」や「展開」に沿ったものであり、イタリア・オペラのように観客の関心を逸らすことがないと主張する批評も見られた。それによると、イタリア・オペラは技巧的かつ「お決まり」の曲からなり、「関心」、「性格」、「真実らしさ」には欠ける、というのである（Lesure 1984, 29）[9]。よく知られるように、イタリア・オペラの定番であるダ・カーポ・アリア（3部形式のア

8）1772年10月付『メルキュール・ド・フランス *Mercure de France*』からの抜粋。
9）『ガゼット・ド・リテラチュール *Gazette de littérature*』からの抜粋。

リアの一種で、繰り返しにおいて自由かつ技巧的な装飾が挿入される）は差し替えが可能であり、必ずしも音楽的内容と筋が合っているわけではない。おそらく、そうした点を指しているのだろう。

しかしその一方で、このオペラに数多く挿入されているフランス風のダンスについては批判された。すなわちダンスの音楽が弱く、ドラマとの関係性が見られない、という主張である。それを受けてグルックは、ウィーンのダンスの素晴らしさをフランス人に示す必要に駆られたという（Rushton 1972-73, 290）[10]。そしてそのことは、《オルフェとユリディース》パリ初演における、初めてのパントマイムの導入に繋がっていく（Law 2009, 56）。18 世紀の舞踊家で、改革者としても名高いノヴェールは、1760 年に『舞踊とバレエについての手紙』を刊行しており、その後ウィーンで活躍していた時期もあった。ここでノヴェールは、ダンスにおける「真実らしさ」を説いているわけだが（ノヴェール 2022, 69-99）、むろんグルックのダンスもそうした方向に沿っていたと思われる[11]。

ところでこの論争において、直接グルックに対抗していたのは、イタリア人のニッコロ・ピッチンニであった。彼はわざわざナポリから呼び出され、パリに滞在して作曲活動を行った。もともとピッチンニはオペラ・ブッファ専門の作曲家で、有名な《チェッキーナ、あるいは、良い娘》（1760）は、1771 年にパリでも初演され、知られていた。しかしながら、1776 年にパリ入りしたピッチンニは、あえて得意とする喜劇を取り上げず、フランス語を習得した上で、トラジェディ・リリックに挑戦することになった。ピッチンニは台本を担当したマルモンテルとともに、リュリのオペラの改作を行い、《ロラン（オルランド）》（1778）と《アティス（アッティス）》（1780）の上演を果たした。実は《ロラン》は、グルックが先にオペラ化を考えていたのだが、ピッチンニに先を越されて諦めたという[12]。

ピッチンニの《ロラン》の次の年に初演された、グルックの《トリドのイフィジェニー》に対する評価も概ね好意的だったが、オーケストラの表現に

10）Howard 2015 では p.262。

11）1761 年にウィーンのブルク劇場で、グルックはアンジョリーニ（Angiolini）との共作で《ドン・ジュアン》（バレ・パントマイム）を初演し、大当たりを取った。1767 年に同じくブルク劇場で、グルックは《アルチェステ》も初演したが、この時のバレエはノヴェールが担当している。

12）マルモンテルとピッチンニの活動については、森 2006, 51-60 を参照のこと。

関する記述がかなり見られる。たとえばある批評には、「画家であり詩人」であるグルックが、序の部分で「より情熱的で真実のあるタブロー[13]を与えるために」音楽を先行させた、という記述に続けて、以下のような文言が見られる。「ハーモニーやメロディの優しさ、それは“自然”の静けさをとかしつつ、我々の心の奥にもたらす。シンバルの一撃がこのタブローを破壊し、状況をすっかり変える。オーケストラは混乱し、わずかに震える。嵐がすでに来ているが、まだ遠くからでしかない。それが近づいてきて次第に大きくなる。最初ホルンとトランペットはそれぞれかすかにしか聞こえないが、嵐の接近と荒々しさを告げるかのように、騒々しく恐怖に満ちたオーケストラを背景にそれらは1つになる。雷が光る」(Lesure 1984, 432-433)。ここでイフィジェニーと女祈禱師たちの合唱が始まるのだが、まさにこうした描写は時代を先取りして、ロマン主義的でもある。そして、おそらくこのようなオーケストレーションは、当時の観客に驚きをもって受け入れられたのではないか[14]。

このグルック・ピッチンニ論争全体を概観すると、ブフォン論争と同様に、演劇的なフランス派（グルック）と音楽重視のイタリア派（ピッチンニ）の対立が現れている。しかしだからと言って、決してイタリア派が演劇に無関心だったわけではなく、彼らもまたそうした点を改良しようとしていた（森 2006, 57)。たとえばピッチンニは、《ロラン》と《アティス》を改作した時、観客の演劇的な関心を逸らすことなく、イタリア式エール（ダ・カーポ・アリア）を導入するよう注意を払った。具体的に言えば、「退場アリア」のように筋を止めてしまう方法を避け、自然に次の場面に移行できるように工夫をしている。

すなわち、フランス派やイタリア派に限らず、18世紀末のオペラにおける「音楽の模倣」とは、「観客の演劇的な関心を逸らさない」ために、音楽の力を利用するということだったと解釈できる。そして、特に《トリドのイ

13）ここでの「タブロー（Tableau）」は、スペクタクルと音楽、特にオーケストラによる、「造形的かつ絵画的な効果」のことと考えられる。

14）その2年後の1781年に、ピッチンニも《トリドのイフィジェニー》（デュブルイユ Dubreuil 台本）の上演を果たしている。物語はグルックとほとんど同じであるものの、一部変更され、トリドの王トアスがイフィジェニーを愛している、という設定になっている。しかしこの作品は、グルックに比べ成功しなかった。

フィジェニー》においては、イタリア派に倣って音楽的手法を充実させることで、それが実現していったと考えられる。

音楽と演劇的な関心――グレトリ

18世紀末、オペラにおける音楽についてわかりやすく記した作曲家がいる。ここでは、グルックの後輩にあたるグレトリの著作について触れておきたい。グレトリは現在のベルギーのリエージュに生まれ、1767年よりパリに定住して、主にオペラ・コミックの作曲家として活躍した。彼は、18世紀後半の啓蒙思想家たちがオペラ論争で築いてきた理論を、実際の作品に反映させようと試みた人物と言ってよいかもしれない。音楽に関する貴重な著作も残しており、たとえば『音楽に関する論文、エッセイ』（Grétry 1829）が知られている。この著作によると、グレトリの主張は以下の3つに集約される（d'Indy 1950, 80-82）。

①ドラマにおいて、筋（アクション）に関係する部分は、単純にデクラマシオン（朗唱）でなければならない。
②イメージあるいは感情は、歌われなければならない。歌においては表現的な抑揚と強弱、アクセントを守るべきである。
③歌でもデクラマシオンでも表現できない感情は、オーケストラによって表現されなければならない。

①は、17、18世紀までのオペラにおいて一般的なものである。通常、筋の進行は、オペラであればレシタティフ（レチタティーヴォ）、オペラ・コミックなら生の台詞によって担われていく。ただしフランスのレシタティフは、イタリアの「レチタティーヴォ・セッコ」よりは「歌」（アリア）に近く、それゆえになおさら、台詞が聴こえるように注意深く「朗唱」する必要がある。遡って1765年、グリムは百科全書の「ポエム・リリック」において、レシタティフは「歌う」べきではなく、（デクラマシオンとして）韻律的、装飾的に表現されるべきと述べ、速めのテンポで朗唱することを推奨している

(Schneider 2000, 248)[15]。

②について具体的に言えば、グレトリは、強拍を言葉の強勢音節に合わせる（＝音楽的フレーズにおける「良い音」を支えられるべき音節に当てはめる）必要があり、それは「言葉の本当のアクセントをコピーする」方法でもあると述べている。このグレトリの理想によれば、「基本的な歌のフレーズにこそ、大変繊細な感情の響きがある」のであり、それは「歌詞と音のトータルな一致」を得るためでもある。おそらくこの考え方は、「真実の模倣」では器楽よりも声楽を重視すると同時に、ダ・カーポ・アリアのような有節歌曲をドラマに必要な要素として正当化する、大きな理由になったと思われる。実際に彼は、かつてはドラマの進行を妨げると考えられた歌のフレーズの繰り返しについて、真実の模倣に不可欠なものと評価している。

そして③は、当時としてはかなり進んだ考え方だと思われる。ここでは、語ることのできない感情をオーケストラ音楽で描くべきと述べており、それはまさに19世紀のヴァーグナー的な発想でもある[16]。ちなみにグレトリは、雷雨や雷の「音」などをそのまま模倣することに反対していた。グリムは、オペラの舞台上で嵐などの自然現象を表す場合においても、ステージ技術を使うことなく身振りや音楽で描くことを勧めているが、それに倣ったものと考えられる。

一体、グレトリは「模倣」をどのように捉えていたのか。『音楽に関する論文』の「模倣（Imitation）」の項目には、作曲方法が具体的に記されている。彼は「作曲家の仕事は和声とメロディを結合させることである」とした上で、それを行うためには、①模倣的な音楽、②漠然とした観念的な音楽、③デクラマシオンを純粋な歌に結合させること、の3つが必要であると主張する。

さらに詳しく言うと、①は、台詞のデクラマシオン、あるいは鳥の声、物音などをそのまま模倣することを指す。②に関しては、彼は「歌唱的だが、何も模倣しない」と述べており、器楽音楽を含めて、美を扱う抽象的な音楽全般を指すと考えられる。③はおそらくグレトリが繰り返し主張する、「歌詞と音のトータルな一致」に関係しているが、彼自身は①と②を結合させた

15) Howard 2015ではp.276。

16) グレトリは、「劇場論」の項目で「オーケストラを隠して、観客に見えないようにする」ことを主張し、ヴァーグナーのバイロイト祝祭劇場を予見もしていた。

ものであるとも述べている。すなわち、音楽の真実らしさにおいては、「美しくさせる」ことが最も重要で、それによって何かが模倣できると考えたのである。そしてその「美」は、前述した通り、歌詞がメロディラインに美しく合致した時に得られるということなのだろう。

一方、オーケストラに関してはどうなのか。グレトリは、「自然」とは人間のうちにあるものだが、オーケストラなどの伴奏は「自然」ではなく、「表現を強めるために観客に語りかける」と説明している。そして「本当の自然」が人間の「声」にあるとすれば、器楽は「想像力」（＝まがいもの、または想像上の「自然」）に働きかけ、「自然」を弱く模倣することしか出来ないという（d'Indy 1950, 177）。

すなわちグレトリ（と同時代の多くの作曲家）は、オーケストラの効果を認めながらも、「真実らしさ」にとってそれは二義的なものでしかないと捉えていたのである。そのためか、グレトリの作品においては、厚みのあるオーケストレーションや転調などの音楽的テクニックの多用が控えられ、その「単純性」が「貧弱」と評価される場合もある。彼にとっては、後輩の作曲家たち[17]の作品はあまりにもうるさすぎるので、「単純性の方へ後退」すべきだとも主張していた（Mongrédien 1992, 27）。しかしそうした考え方は次第に支持されなくなり、後になるとオーケストラはどんどん発展、拡大する方向へ進んでいったのは周知の通りである。

ただしグレトリは、自身の考えに絶対的な自信があったわけではなかったように思える。たとえば、理論とは「芸術の秘密を発見すること」に等しいと述べた上で、メロディとリズムに内在する意味について「我々はおそらく、知っていると思わないもののそばにいる」と表現し、音楽には言葉にない効果があることも示唆している（Mongrédien 1992, 23）。

それはともかく、グレトリの考え方は、同時代のグルックとも共通点があるのではないか。作風は大いに異なるものの、2人の作曲家にとって、理想の音楽が「真実の模倣」にあったことは確かである（Mongrédien 1992, 20）。しかしそれは、具体的にどのような点に表れているのか。

17）カテル（Catel）、メユル（Méhul）、ルシュール（Le Sueur）、ベルトン（Berton）、ケルビーニ（Cherubini）の名が挙げられている。

3　2つの「イフィジェニー」の比較

本稿のテーマであるグルックの2作品に戻ろう。《オリドのイフィジェニー》の初演において、タイトルロール（ソプラノ）はアルヌー、《トリドのイフィジェニー》ではルヴァスールが演じた。ルグロ（テノール）はアシル、ピラド役として両方に出演した。

以下では、冒頭で述べたように当時の「上演」という観点から、視覚的要素、特に身体表現が充実した場面を中心に分析を行う。その際、音楽模倣論との関係も明らかにしていく。

スコアについて[18)]

まず、スコア全体を概観すると、最初に作曲された《オリドのイフィジェニー》と後の《トリドのイフィジェニー》では、かなり違いが見られる。以下では、当時のオーケストラ編成について確認した後、具体的にスコアを比較してみよう。

一般に、17世紀後半から18世紀前半までのオペラのオーケストラは、通奏低音付きのバロックスタイルが維持されている。そしてグルックの時代になっても、通奏低音は完全に消滅することはなかった。また、フランスのバロックオーケストラに見られる特徴として、プティ・クールとグラン・クールという2つの集団に分かれている点が挙げられる。前者は、管楽器やテオルボなどを含む10名の奏者で構成され、主に独唱などの伴奏（通奏低音等）を担当した（Anthony 1982, 127-128）。後者はより人数の多い演奏集団で、弦楽器が5パートに分かれているのが特徴だが、3つの内声部に使われたヴィオラに近い楽器については謎が多い。オーケストラのピッチは低めで、柔らかい音色を保っている上、プティ・クールがレシタティフをしっかり支えており、歌う演劇であるフランス・オペラの伴奏として相応しい音響だったと考えられる。おそらく、初期の頃は緊密な響きが理想とされ、イタリア

18）以下のフルスコアを参照した。*Iphigénie en Aulide*. Paris: Chez Boieldieu, n.d.（ca.1811）/*Iphigénie en Tauride*. Paris: Des Lauriers, n.d.（1780）

音楽のような声部の明瞭さは避けられたのであろう（Bran-Ricci 1993, 17）[19)]。そして、スコアは基本的にグラン・クールの5声で書かれ、それぞれの楽器はこれに重ねる形で演奏されるが、必要に応じて5声以上になることもあった。ただし当時の演奏習慣から、スコアには記載されない情報も多い。特に管楽器に関しては、必ずしもはっきりと記されているわけではない。その後1750年になってやっと、3つの内声部は1あるいは2声部のヴィオラパートにまとめられた（Anthony 1982, 128-129）。

18世紀後半にグルックがパリ入りした後のオペラ座のオーケストラは、60名ほどで成り立っていた。この頃になると、新しい楽器であるクラリネットやホルンなども加わり、近代的なオーケストラへと変貌しつつあったが、まだプティ・クールとグラン・クールは維持されていた。チェンバロ1名とチェロの4名が「バス」（通奏低音）を形成し、プティ・クールにおいてレシタティフの伴奏を担当した。グラン・クールは24名のヴァイオリン（最初は第1、第2の区別なし）にヴィオラ、チェロ、コントラバス、ソロを演奏するフルートとバスーンで構成された。それに加えて、管楽器としてフルート、オーボエ合わせて6本、クラリネット2本、バスーン4本、トランペット、ホルン2本ずつが使われた。トロンボーンやシンバル、タムタムが加わることもあった（Terrier 2003, 73）。

そしてグルックは、さらなるオーケストラ改革を行い、1777年の《アルミード》においてチェンバロと通奏低音を取り払っている。一般のコンサートにおいても、チェンバロは少しずつピアノにとって代わられ、時代遅れとなりつつあった。オペラのオーケストラからもチェンバロが姿を消すことで、伝統的なプティ・クールとグラン・クールの区別は、時代を経て消滅することになる（Terrier 2003, 74）。その代わり、ヴィオラ、チェロ、コントラバスといった低音の弦楽器が強化されていく（Terrier 2003, 107）。2つの「イフィジェニー」に関して言えば、通奏低音は入っているものの、すでに2管編成になっており、伝統的なオーケストラから近代的なそれへの「過渡期」にあると言える。

さて、《オリドのイフィジェニー》のスコアにおいて目立つのは、伝統的

19）王の24人のヴァイオリンの編成と音響に関しては、Bran-Ricci 1993を参照のこと。

なトラジェディ・リリックに従って、ディヴェルティスマン（気晴らしの部分）が各幕に挿入されている点である。また、ヴァイオリンは2パートに分かれているが、楽器の指定の記載がない部分も多い。管楽器はフルート、クラリネット、オーボエ、バスーン、ホルン、トランペットが指定されており、ティンパニと通奏低音が加わる。

《トリドのイフィジェニー》の場合、ディヴェルティスマンは第1幕の1箇所しかない。また、スコアには各器楽パートの指定がきちんと記載されている。そして、《オリドのイフィジェニー》と同じ編成に加えて、トロンボーン3、シンバル、トライアングル、タンブール（ドラム）が入る。シンバルとタンブールは、ディヴェルティスマン（スキタイ人の踊り）において野蛮で迫力のある音響効果を出すのに使用される。また独唱部分には、エール（アリア）だけでなく「アリオーゾ」が挿入されている。このアリオーゾという歌唱形式は、アリアとレシタティフの中間の歌、あるいは「短い、繋ぎ風のエール」であり、一般にオペラの歌唱部分（たとえばダ・カーポ・アリア）において特徴的な、繰り返しを伴うシンメトリックな構成を持たない。その他、レシタティフ・アコンパニェ（伴奏付きレシタティフ）が比較的多い点が、前作と異なる[20]。

《オリドのイフィジェニー》（全3幕）

以下、(1) 視覚的な見せ場（ディヴェルティスマンとその前後）、(2) その他の音楽的な特徴、に分類して、全体の構成・特徴について詳しく見ていきたい[21]。

(1) 視覚的な見せ場

第1幕

冒頭は、トロイア遠征のために港に待機するギリシア軍の総大将、アガメムノン（バリトン）のエールで始まる（ト短調 4/4 Andante）。このエールは、

20）当時におけるレシタティフ・アコンパニェの多用は、おそらく《トリドのイフィジェニー》に限らないと考えられる。ただしより「フランス・バロック」的な《オリドのイフィジェニー》においては、歌詞の聞き取りやすさが重視されたため、レシタティフ・サンプルが中心なのではないか。

21）1774年初演版に基づく。1775年再演版においては多くの変更が行われ、特に第1幕のダンスの大部分が削除されている（初演時に、ダンスについての批判があったためと思われる）。

譜例 1　序曲冒頭[22]

序曲のモティーフを用いている【譜例 1】。アガメムノンは、女神ディアーヌの怒りを鎮めるために、娘イフィジェニー（ソプラノ）を生贄にしなければならないと悟る。祭司長カルカスも現れる。

第 4 場に入ると、メヌエットによる合唱が幕裏で歌われる（ハ長調 3/4 Andante grazioso）。この合唱は、恐怖を増幅させる効果がある。

第 5 場で、事情を知らない妻クリテムメストル（クリュタイムネストラ）、イフィジェニー、ギリシア人、オリドの人々が入って来る。ディヴェルティスマンが始まる。ここは、no.1 踊りと合唱（ニ長調 3/8 Gracieux,sans lenteur）→ no.2（ニ短調 3/4 Lento con espressione）→（途中からイフィジェニーのエール）→ no.3 パスピエ（ニ長調 3/8 Allegretto）で構成される。続く第 6 場はリズム感のある導入（4/4）からレシタティフ、クリテムメストルのエール（へ長調 4/4 Allegro maestoso）となる。第 8 場でアシルが現れ、イフィジェニーの誤解（アシルの心変わりを懸念している）を解き、二重唱で締めくくられる（後述する）。

第 2 幕

イフィジェニーの幸せな婚礼を祝う女声合唱で始まる（ハ長調 4/4 Allegretto grazioso）。第 3 場の後、マーチが始まり、テッサリア人の軍隊が奴隷とともに入場する（ト長調 4/4 Maestoso）。合唱となり、祝祭のディヴェルティスマンを形成する。ここは、no.1 陽気なエール[23]（ト長調 4/4 Mouvement de Marche）→ 合唱（ハ長調 Andante con moto）→ no.2 続き（ハ長調 4/4 Moderato）→ no.3 競技者のエール（イ短調 3/4 Gravement）→ no.4 シャコンヌ（ハ長調 3/4 Lentement）→ no.5 レスボス島の奴隷のアントレ（イ短調 2/4 Grazioso）→ レスボス島の奴隷の合唱（4/4）→ no.6 奴隷のエール（へ長調 2/4 Allegro moderato）で構成される。その後カルカスによって、「婚礼ではな

22）以下、譜例はヴォーカルスコア（巻末の参考文献を参照）より引用した。
23）ディヴェルティスマンにおけるエール（Air）は器楽曲の意味。

く女神への生贄の儀式が待っている」ことが明かされ、騒然となる。

第3幕

イフィジェニーは生贄になる決意をするが、女神の慈悲によって救われる。ラストを飾るフィナーレでディヴェルティスマンとなり、筋から独立して展開される。ここは、no.1（ハ長調 3/4 Moderato amabile）→ no.2（ト長調 2/4 Allegretto moderato）→ no.3 ガヴォット（ト長調 4/4）→ no.4 優雅なエール（ハ長調 3/4 Moderato）→ no.5 メヌエット（ト長調 3/4）→ no.6 アンダンテ（ト長調 3/4）→ no.7 パッサカリア（ニ長調 3/4 Allegretto）→ no.8 ガヴォット（イ長調 4/4 Grazioso）→ no.9 パッサカリア（ニ長調 3/4）といった構成になっており、バロックダンスが次々と展開される。

（2）その他の音楽的な特徴

レシタティフは全体に、前時代的な「レシタティフ・サンプル」（プサルモディ＝単調な朗唱）が中心で、この場合、伴奏は単にコードを支える役割を果たす。また、1つの場にレシタティフ、エール、二重唱など複数の種類を組み合わせた複雑な構造が目立つ。しかもその場合、同じ場に登場している人物が、必ずしもエールなどを歌わずにレシタティフに加わるだけのこともある。

たとえば第1幕第8場は、アシルがイフィジェニーの誤解を解く、複雑かつ長い場面である。まず、2人の再会の喜びのレシタティフで始まり、続いてすれ違う心が二重唱で表現される（ロ短調 4/4 Andante molto）。出だしは対話のようになっており、2人は重なり合わない。再びレシタティフとなり感情の高まりが表現され、そのままイフィジェニーの疑いのエールに入る（イ長調 4/4 Moderato）。それにアシルがレシタティフで応え、続けてエールを歌い、彼女の誤解を解こうとする（イ短調 4/4 Andante un poco animato）。イフィジェニーはレシタティフでそれに応え、ニ長調に転調、しかしテンポは変えずに、長い二重唱となる。最初2人は対話のように歌い繋ぐが、和解が深まるとともに重なり合ってハーモニーを形成していく。

合唱はコロス的に使われ、筋に直接関与せずに独立して進行していく。例として、ギリシア人による合唱、第3幕第7場「犠牲の合唱」（変ホ長調 4/4 Lento）を挙げておこう。舞台は海辺で、祭壇が置かれている。その前で、生

譜例2　第3幕第7場「犠牲の合唱」冒頭

贄となるはずのイフィジェニーはひざまずく。後ろでは大司祭が両手を天に向かって上げ、その手にはナイフがある。ギリシア人たちは舞台の両側に立ち、力強いフォルティッシモでホモフォニックな合唱となる**【譜例2】**。ここで始まる「踊りと合唱 chœur dansé」は、フランス・オペラでは伝統的な

方法で、合唱すべてに身振り（パントマイム）が伴われる（Betzwieser 2000, 24）[24)]。この場合、バックステージで歌っていた合唱団が次第に表に現れ、音楽もポリフォニックに変化する。そして彼らは、（おそらく）ダンサーとともに宗教的な雰囲気を形成するが、筋とは直接的な関係を持たない。群衆としての彼らの役割は「動き」を作り出すことであり、それこそがドラマを進めていく原動力となる[25)]。

《トリドのイフィジェニー》（全4幕）

前作と異なり、この作品にはディヴェルティスマンが1箇所（第1幕第4場）しかない。しかし、第1幕と第2幕において、視覚面を重視した「見せ場」が形成される部分が見られる。

グルックは「夢」という状況を用いて、今まで誰もが考えつかなかったような、音楽的な効果のある2つの場面（見せ場）を挿入している。まず冒頭の「嵐」の場面で、これは「夢のレシタティフ」へと続く。もう1つは、第2幕のオレストの「眠りの場面」である。おそらく初演時において、これらは非常に衝撃的だったと思われ、『メルキュール・ド・フランス』に「これほど強い印象のオペラは今までなかった」と書かれている（Gevaert 1900, 2）。

また歌唱部分に関しては、すでに触れた「アリオーゾ」の他、前作と同様、1つの場に複数の歌を挿入している例が見られる。ここでも同じように、(1)と(2)に分類して、全体の構成・特徴について考察したい。

(1) 視覚的な見せ場

第1幕

トロイア戦争から5年後の話である。舞台の奥にディアーヌの神殿の入り口があり、手前に聖なる森が広がる。序曲は静かに始まるが（ニ長調 3/8 Andantino）、雷の音が聞こえてきて、弦楽器による16分音符のパッセージが鳴り響き、テンポも速くなる（4/4 Allegro）**【譜例3】**。

夜が明けるが、まだ雲がかかっていて、舞台にはわずかな光しか見えない。オーケストラはフォルティッシモで激しく、雨や雹が降ってくる様子を表

24）Howard 2015 では p.324。
25）合唱とダンサーが別に演じられているかどうかは不明。

譜例３　序曲より（Allegro から）

Allegro ♩ = 116

f *p*

fz *p*

譜例４　シャン・ディアロゲ冒頭（イフィジェニー）

Iphigénie

Grands

Dieux, So - yez - nous se - cou -

sf *p* *sf*

現し、女司祭長となったイフィジェニー（ソプラノ）のシャン・ディアロゲ（レシタティフではなく、歌による対話という意味）が始まる（ロ短調）**【譜例 4】**。彼女は祈禱師たちを引き連れ、朗唱風の対話を続ける。

オーケストラの間奏が入り、イフィジェニーは神の啓示を聞く。弦楽器による 16 分音符のトレモロと音階が天候の激しさを表す。故郷の暗い未来を知り、女祈禱師たちと嘆き合うが、ここはイフィジェニーと女声合唱の対話の形式で進んでいく。オーケストラがピアニッシモになるところで嵐は止み、「夢のレシタティフ」に入る。イフィジェニーは自分が見た、父親（アガメムノン）が殺される夢を語る（レシタティフ・アコンパニェ）。レシタティフにオーケストラ伴奏が複雑に絡み合い、感情の変化が表現される。女祈禱師たちの合唱は、「なんと恐ろしい夢」と応える（ホ短調 4/4 Lento）。そのうち 1 人は、イフィジェニーを鎮めようとするが拒否される。

続いてイフィジェニーのエールに入り、女神ディアーヌへの嘆願が続く（イ長調 4/4 Moderato con espressione）。それに応えて合唱が繰り返され、第 1 場が終わる。その後、トリドの王トアスは、生贄を捧げて荒れ狂う海を鎮めるようイフィジェニーに命じる。そこで、海岸に流れ着いた 2 人の若者、オレスト（テノール）とピラド（バリトン）が捕らえられる。続く第 3 場～ 4 場は、生き生きとしたリズムによる、スキタイ人たちの合唱とダンスの場面で、唯一のディヴェルティスマンでもある（ロ短調 → ニ長調）。

第 2 幕

2 人の若者の絶望で始まる。そしてオレストを残して、ピラドが先に連れて行かれてしまう。続く第 4 場～ 6 場は、オレストの「眠りの場面」である。ここで、夢を見ているオレストの前にエウメニデス（復讐の神々）が現れ、母親殺しを糾弾する合唱が始まる。先に「踊りと合唱」について触れたが、このエウメニデスの合唱もそれに該当している。以下、詳しく見ていきたい[26)]。

第 4 場は、オーケストラのクレッシェンド（ニ長調 4/4 Allegro maestoso）で始まり、恐怖感が表現される。演奏が続く間、エウメニデスがバックステー

26）ここでは、フルスコア（巻末の参考文献を参照）のト書きを参照した。

ジから出てきてオレストを囲む。ある者はバレエ・パントマイムを行い、他は彼に話しかける。オレストはこの場面の間（眠っていて）全く気づかない。

3本のトロンボーン（霊界を表現する）が入る。エウメニデスのホモフォニックな合唱（混声）が始まり、オレストの母殺しを責める（ニ短調 4/4 Animé）。オレストは苦しみ、これに反応する。合唱が歌われる間も、3本のトロンボーンがスフォルツァンド、4分音符でハーモニーを鳴らし続け、他の楽器もそれに従う。

クリテムメストルの影が数人のダンサーが演じるエウメニデス（フリアイ）の中心に現れ、すぐに沈む。ここはオーケストラ伴奏によって、パントマイムで表現される。「慈悲を！」と叫びながらオレストは眠りから覚める。しかしエウメニデスの合唱は彼を責め続ける。

第5場に入って現実に戻り、イフィジェニーと女祈禱師たちが現れる。その後、音楽は力強さを保ったまま、リタルダンドしていく。エウメニデスは気づかれないうちに消える。ト書きによると「白いものは黒くなり」、オレストはイフィジェニーに気づいて、恐怖で後ずさりする。そして、エウメニデスの合唱は「消えながら」歌い続ける。

これらの場面は、「夢」という状況を利用することで、ドラマの筋と視覚的要素、オーケストラ効果がうまく融合された例である[27]。また、先に触れた《オリドのイフィジェニー》第3幕第7場と同様、「踊りと合唱」が挿入されているが、その使い方は多少異なっている。すなわち、エウメニデスの合唱の方がより深く筋に関与しており、彼らの行動はオレストを刺激し、彼に深い後悔を与えている。ちなみにここは、グルックが、アンジョリーニのダンスを参照した部分にあたると言われる（Betzwieser 2000, 19）[28]。

この後、長い沈黙があり、イフィジェニーのレシタティフからオレストとの会話に入る。女祈禱師たちの合唱が聞こえ、また沈黙がやって来る。ここで、2人の女祈禱師がオレストを連れて行く。続いて第6場に入り「絶望感とともに」、レシタティフと合唱を伴うエールに入っていく（ト長調 4/4 Un poco più mosso）。

27）フランス・オペラにおいて「夢」という状況は、ディヴェルティスマンをうまく取り入れるためにリュリの時代から使われていた。

28）Howard 2015 では p.319。

(2) その他の音楽的な特徴

第2幕

前述したオレストの「眠りの場面」に入る手前（第3場）で、アリオーゾが挿入される（イ長調 2/4 Andante）。非常にシンプルなメロディが使用されるが、ナポリの2度（和声の専門用語で、根音が半音下がる2度の和音を指す）を繰り返すため、調性が曖昧に聞こえる。オレストが眠りにつく様子を表現する。

第3幕

冒頭はイフィジェニーのレシタティフとエールで始まる。彼女は、オレストが弟に似ていると思い、助けたいと切望する。そして第4場は、オレストとピラドの2人のうち、どちらかが先に犠牲になるという瀬戸際で、お互いの友情を確かめ合う1つのクライマックス的な場面である。以下、詳しく記述しておく。

全体は、①レシタティフ → ②オレストとピラドの二重唱 → ③レシタティフ → ④ピラドのエール、という順番に構成される。

①ピラドがレシタティフで「なんという幸せ、私の死が君を救えるなら」と歌うが、オレストは拒否する。

②「堂々と、生き生きと」の指示で二重唱が始まる（ハ短調 4/4 Fièrement et animé）。最初2人は重ならず対話のように歌い、短い間奏を経て、ハーモニーを形成する。

③再びレシタティフに入るが、前に比べ、オーケストラ伴奏が激しくなって、感情の昂りが表現される。オレストは「母親殺しの返り血がいまだ臭気を放つ我が身から、唯一の安息である死を奪いとるのか！」と叫ぶ。

④オレストの台詞「ピラドは私からそれを奪う！」を合図に（Andante）、速いテンポでピラドのエールに入り（変ロ長調 2/4 Allegro espressivo）「ああ！友よ！　私は君への慈悲を懇願する。オレスト、ああ！」と、彼は友を心配する。この間、動揺するピラドの気持ちを表すように、度々リテヌート（音を保つように演奏）することで、テンポの揺れが感じられる。そしてそのまま、次の場に続いていく。

第5場に入ると、再びアリオーゾが挿入される（ヘ長調 4/4 Lento-Vivace）。

ここでオレストは、ピラドの代わりに犠牲になるとイフィジェニーに訴え、別れを告げる。この短いアリオーゾは、第7場の、ピラドが友を救い出す決意を固めるエールに繋がる。

第4幕

舞台はディアーヌの神殿の内部である。第1場は短い前奏から（イ長調 4/4 Allegro）、イフィジェニーのレシタティフとエールに続く。そして第2場は、女祈禱師たちのホモフォニックな合唱で始まる（イ短調 4/4 Andante sostenuto）。続く最初のアリオーゾ（ニ長調 4/4 Larghetto）は短いが印象的で、生贄になるために連れてこられたオレストが、「犯した罪の責め苦からやっと解放される」と歌う。再び女祈禱師たちの合唱となり、オレストを取り囲む（ト長調 4/4 Andante）。そして、イフィジェニーとオレストがお互いに姉弟だとわかり（レシタティフ）、彼女の驚きがアリオーゾで表現されるが（ハ長調 4/4 Andante con moto）、止まることなく第3場へと移行していく。

すでに触れたようにこの作品においては、アリオーゾという歌唱形式が大きな特徴の1つである。これは演劇的に見ると、孤立してしまいがちなエールをアリオーゾに置き換えることで、流れがスムーズになる。すなわち、それぞれのアリオーゾは、ドラマの時間的流れを速めていくために挿入されている。

また、第3幕第4場について言えば、19世紀のイタリア・オペラの定型である、「ソリタ・フォルマ」と似ていなくもない。「ソリタ・フォルマ」とは、1つの場面に、叙情的なカヴァティーナと軽快なカバレッタという、全く性格の異なる歌を繋ぐことで、劇的な流れを作る方法のことを指す。この繋ぎ目には、レチタティーヴォなどの語りの部分が挿入される[29)]。すなわちここは、二重唱とエールという2つの歌唱部分があって、それをレシタティフが繋ぐ構成になっているのである。最初の二重唱は短調で、切迫した感じがある。続くレシタティフはまさにテンポ・ディ・メッゾのように、登場人物の感情の昂りを表現し、最後のエール（長調）は少し軽快に、場面全

29）ソリタ・フォルマの構成は以下のようになる。シェーナ（レチタティーヴォ）→カヴァティーナ（叙情的な歌）→テンポ・ディ・メッゾ（レチタティーヴォ）→カバレッタ（テンポが速め、締めの歌）

体の締めの役割を果たしている。

ただし《オリドのイフィジェニー》においても、同じ場に異なる性格の歌唱部分を2つ以上入れて、変化をつけている箇所はある。たとえば、第1幕第7場におけるイフィジェニーのエールは、前半はアンダンテ、後半はアレグロとなっている。また続く第8場では、イフィジェニーとアシルそれぞれのエールと二重唱が挿入され、物語が展開していく。そして第3幕第3場では、イフィジェニーが2回エールを歌った後、それを引き継いでアシルがエールを歌う。しかし、「ソリタ・フォルマ」のような「型」にはまったものとは言えない。

4　考察

すでに、18世紀末のオペラにおける「真実の模倣」においては、「演劇的関心を逸らさない」ということがテーマになっていたと述べた。この点につ

表1　2つの「イフィジェニー」に見られる演劇的要素

	オリドのイフィジェニー	トリドのイフィジェニー
①物語の一貫性	ギリシア神話。ラシーヌの演劇に基づく。	ギリシア神話。ド・ラ・トゥッシュの演劇に基づく。筋が4人の登場人物に集中している。
②ダンスなどの視覚的な要素と筋の関係	各幕にディヴェルティスマンが挿入される。祝祭的な場面で、必ずしも筋に組み込まれているとは言い難い。「描写的」ではない、バロックダンスが多い。	第1幕のみディヴェルティスマンが挿入される。他にも視覚的要素を重視した部分はあり（冒頭「嵐」、第2幕「オレストの夢」）、パントマイムによって筋に組み込まれている。
③合唱の扱い方	踊りと合唱（踊りや身振りを伴う合唱）。合唱はコロス的で、筋に直接関与しない。	踊りと合唱。 第2幕「オレストの夢」では、踊りと合唱が筋に関与することがある。
④エールなどの独唱・歌唱部分の扱い方	同一の場に性格の異なる2つ以上の歌唱部分が、筋の進行に合わせて入ることがある。ただし、型は定まっていない。	同一の場に性格の異なる2つ以上の歌唱部分が、「ソリタ・フォルマ」に近い方法で入ることがある。 アリオーゾを使用し、物語にスムーズな流れを作る。
⑤レシタティフの扱い方	基本的にレシタティフ・サンプル（単純な伴奏）が多い。	伴奏に厚みのある、レシタティフ・アコンパニェが多い。
⑥オーケストラ	バロックオーケストラの伝統が比較的維持されており、スコアに楽器の指定がない部分もある。	トロンボーンが3本、打楽器が頻繁に挿入される。 自然の脅威、恐ろしい夢が詳細に描写され、ロマン派的な音響に近づいている。

いて、①物語の一貫性、②ダンスなどの視覚的な要素と筋の関係、③合唱の扱い方、④エールなどの独唱・歌唱部分の扱い方、⑤レシタティフの扱い方、⑥オーケストラ、の6つのポイントに分類し、2つの「イフィジェニー」に当てはめてみたい。

《オリドのイフィジェニー》の場合、ディヴェルティスマンにおいてバロックダンスが挿入されている。ただし、これらの部分はあくまで装飾的であり、筋の内容に関わらないと考えられる。一方《トリドのイフィジェニー》には、そのような部分はほとんどない。その代わりに、冒頭の「嵐」や第2幕「オレストの眠り」のように、パントマイムとオーケストラが視覚的な状況を詳細に伝える場面がある。

また、どちらも「踊りと合唱」が採用されているが、《トリドのイフィジェニー》の場合はパントマイムによって、ドラマに直接的に関わっている。また歌唱部分に関して、どちらもドラマの流れを考慮して作られてはいるが、《トリドのイフィジェニー》の方がより19世紀のイタリア・オペラの定型に近いと考えられる。

5　結論

2つの「イフィジェニー」を比べると、「観客の演劇的関心を逸らさない」ために、かなり異なるアプローチの方法をとっていることがわかる。

すでに述べたようにグレトリは、「音楽の真実らしさ」とは、ただ対象を模倣するだけでなく、歌詞がメロディラインに美しく合致することで得られるとし、オーケストラは二義的なものと捉えた。すなわち「真実らしさ」においては、まず美しい歌が求められ、それで描ききれない部分は器楽で表現が可能であるということだろう。しかしグルックの《トリドのイフィジェニー》では、必ずしもオーケストラは「二義的」ではなく、かなり大きな役割が与えられている。歌唱部分に関して言えば、リュリ以来の伝統を引き継ぐデクラマシオンを脱した、厚みのあるオーケストラに伴われた力強いレシタティフ、そして、シンメトリックではないアリオーゾが採用されている。また前作も含めて、同一場面に複数の異なる歌唱部分を挿入する方法を取っているが、後者の方が形式として定まっていく感じはある。

視覚的な要素、身体表現においても、《トリドのイフィジェニー》の方が「革新的」である。前述したように、たとえばグリムは、身体表現がさまざまな状況的描写を行いうることを示唆した。そして、筋に合わせてダンスを挿入するためには、「模倣的なダンスかパントマイム」が必要であると説いている（Schneider 2000, 17）[30]。特に《トリドのイフィジェニー》においては、その考えが引き継がれ、単にシンメトリックで美しいダンスではなく、エウメニデスの場面のように、筋に深く組み入れられたパントマイムが挿入されている。そしてこの場合、いわゆる「模倣」は、舞台上の動きがオーケストラの力で支えられることで現れる。言い換えれば、「演劇的関心を逸らさない」ように、身体表現に合った音楽を付けるためには、グルックによるオーケストラ表現の改革は必要だったのではないか。

グルックはエウリピデスの物語を使って、全く異なる連続した2つのオペラを作り、一連のオペラ論争への答えを探し続けたのかもしれない。そして、彼がフランス・オペラで試したさまざまな方法は、19世紀後半のヴァーグナーやヴェルディなどにも影響を与え、オペラの作劇法の確立に大きく貢献した可能性がある。

30）Howard 2015ではp.317。

参考文献

文献（洋）

Algarotti 1989: Algarotti, Francesco. *Saggio sopra l'opera in musica. Le edizioni del 1755 e del 1763*. Annalisa Bini, ed. Pisa: Libreria Musicale Italiana Editrice, 1989.

Alighieri 1960: Alighieri, Dante. *La divina commedia. Purgatorio.* Daniele Mattalia, ed. Milano: Rizzoli, 1960.

Anthony 1982: Anthony, James. *La Musique en France à l'époque baroque*. Traduit par Béatrice Vierne. Paris: Flammarion, 1982.

Betzwieser 2000: Betzwieser,Thomas. "Musical Setting and Scenic Movement: Chorus and chœur dansé in Eighteenth-Century." *Cambridge Opera Journal*, 12, 2000, 1-28. (Howard 2015, 301-328)

Blindow 1994: Blindow, M. "Carl Heinrich Grauns Abschied von Braunschweig im Jahre 1735: ein bischer unbekannter Brief." *Die Musikforschung,* 47, 1994, 280–282.

Bran-Ricci 1993: Bran-Ricci, Josiane. "L'Organologie des principaux instruments à archet aux XVIIe et XVIIIe siècles." (Penesco 1993, 9-25)

Brockpähler c1964: Brockpähler, Renate. *Handbuch zur Geschichte der Barockoper in Deutschland*. Emsdetten: Lechte, c1964.

Brover-Lubovsky 2010: Brover-Lubovsky, Bella. "Venetian Clouds and Newtonian Optics: Modal Polarity in Early 18th-Century Music." (Utz 2010, 191–202) https://www.gmth.de/proceedings/artikel/70.aspx（最終閲覧日：2023 年 8 月 17 日）

Brown+Ograjenšek 2010: Brown, Peter, and Suzana Ograjenšek, eds. *Ancient Drama in Music for the Modern Stage.* Oxford University Press, 2010.

Burrows et al. 2015: Burrows, Donald, et al., eds. George Frideric Handel Collected Documents, Volume 2. Cambridge University Press, 2015.

Burrows et al. 2019: Burrows, Donald, et al., eds. George Frideric Handel Collected Documents, Volume 3. Cambridge University Press, 2019.

Chudinova 1998: Chudinova, I. A. "Pridvornyi pevcheskii khor." (Porfir'eva 1996-99, 2, 456-467)

Corp 2011: Corp, Edward. *The Stuarts in Italy 1719-1766: A Royal Court in Permanent Exile*. Cambridge University Press, 2011.

Crescimbeni 2019: Crescimbeni, Giovan Mario. *La bellezza della volgar poesia*. Edizione a cura di Enrico Zucchi. Torino: Fondazione 1563 per l'Arte e la Cultura della Compagnia di San Paolo, 2019.

Cumming 1995: Cumming, Julie E. "Gluck's Iphigenia Operas: Sources and Strategies." (Bauman+McClymonds 1995, 217-240)

Czornyj 1988: Czornyj, Peter J. *Georg Philipp Telemann (1681-1767): His Relationship To Carl Heinrich Graun and the Berlin Circle*. PhD. Diss., University of Hull, 1988.

Dante 1960: Alighieri, Dante. *La Divina Commedia. Inferno*. Milano: Rizzoli, 1960.

Dean+Knapp 1987: Dean, Winton and John Merrill Knapp. *Handel's Operas 1704-1726*. Oxford University Press, 1987.

Dean 2006: Dean, Winton. *Handel's Operas 1726-1741*. Woodbridge: The Boydell Press, 2006.

d'Indy 1950: d'Indy, Vincent. *Cours de composition musicale*, t.3. Paris: Durand, 1950.

Dobrovol'skaya 1996: Dobrovol'skaya, G. N. "Balet." (Porfir'eva 1996-99, 1, 79-116)

Dumigan 2014: Dumigan, Darryl J. *Nicola Porpora's Operas for the 'Opera of the Nobility': The Poetry and the Music*. PhD. Diss., University of Huddersfield, 2014.

Du Roullet 1776: Du Roullet, François-Louis Gand Le Bland. *Lettres sur les drames-opera.* Paris: Esprit, 1776. BnF. Gallica. https://gallica.bnf.fr/ark:/12148/bpt6k57896564?rk=21459;2（最終閲覧日：2023 年 9 月 13 日）

Einstein 1972: Einstein, Alfred. *Gluck*. Translated by Eric Blom. New York: McGraw-Hill, 1972.

Ferrone 1982: Ferrone, Vincenzo. *Scienza natura religione. Mondo newtoniano e la cultura italiana nel primo Settecento*. Napoli: Jovene, 1982.

Findeizen 2008: Findeizen, Nikolai. *History of Music in Russia from Antiquity to 1800*. (*Ocherki po istorii muzyki v Rossii*. Moscow and Leningrad, 1928-29.) 2. *The Eighteenth Century*. Translated by S. W. Pring. M. Velimirović and C. R. Jensen, eds. Bloomington: Indiana University Press, 2008.

Forment 2012: Forment, Bruno, ed. *(Dis)embodying Myths in Ancien Régime Opera. Multidisciplinary Perspectives.* Leuven University Press, 2012.

Freeman 1968: Freeman, Robert. "Apostolo Zeno's Reform of the Libretto." *Journal of the American Musicological Society,* 21, no.3 (Autumn, 1968), 321-341.

Gevaert 1900: Gevaert, François-Auguste. "Avant-propos." Gluck. *Iphigénie en Tauride* (Lemoine, 1900). Kalmus Vocal Score, New York: Belwin Mills, n.d.(c1980), 1-9.

Gliksohn 1985: Gliksohn, Jean-Michel. *Iphigénie de la Grèce antique à l'Europe des Lumières*. Paris: Presses Universitaires de France, 1985.

Gossett 2010: Gossett, Philip. "Source Studies and Opera History." *Cambridge Opera*

Journal, 21, 2, 2010, 111-118.

Grétry 1829: Grétry, André-Ernest-Modeste. *Mémoires ou essais sur la musique*, 3 Vols. Bruxelles : J. H. Mees, 1829.

Hall 2013: Hall, Edith. *Adventures with Iphigenia in Tauris. A Cultural History of Euripides' Black Sea Tragedy.* Oxford University Press, 2013.

Hayes 1992: Hayes, Jeremy. "Alceste." (Sadie 1992, 1, 62-70)

Heartz 1978: Heartz, Daniel. "Diderot et le Théâtre Lyrique:<le nouveau stile> proposé par le Neveu de Rameau." *Revue de musicologie*, 1978, 229-252.

Heller 1998: Heller, Wendy. "Reforming Achilles: Gender, "opera seria" and the Rhetoric of the Enlightened Hero." *Early Music,* 26, 4, 1998, 562-581.

Henzel 1997: Henzel, Christoph. "Zu den Aufführung der großen Oper Friedriches II. Von Preußen 1740-1756." *Jahrbuch des Staatlichen Instituts für Musikforschung Preußischer Kulturbesitz,* 1997, 9-57.

Henzel 1999: Henzel, Christoph. "Die Schatulle Friedrich II. Von Preussen und die Hofmusik (Teil 1)." *Jahrbuch des Staatlichen Instituts für Musikforschung Preußischer Kulturbesitz,* 1999, 36-66.

Herson 1980: Herson, Rand R. *Duke Anton Ulrich of Braunschweig-Lüineburg-Wolfenbüttel (1633-1714) and the Politics of Baroque Musical Theatre*. Ph.D. Diss., University of California, 1980.

Hoven c2015: Hoven, Lena van der. *Musikalische Repräsentationspolitik in Preußen (1688-1797) : Hofmusik als Inszenierungsinstrument von Herrschaft*. Kassel: Bärenreiter, c2015.

Howard 2015: Howard, Patricia, ed. *Gluck: The Late Eighteenth-Century Composers*. Ashgate, 2015.

Huss 2003: Huss, Frank. *Die Oper am Wiener Kaiserhof unter den Kaisern Josef I. Und Karl VI.: Mit einem Spielplan von 1706 bis 1740*. Ph.D. Diss., University of Vienna, 2003.

Keldysh et al. 1984-85: Keldysh, Yu. V. et al., eds. *Istoriya russkoi muzyki,* 2-3. Moscow: Muzyka, 1984-85.

Kirkendale 2007: Kirkendale Ursula, *Antonio Caldara: Life and Venetian-Roman Oratorios.* Revised and translated by Warren Kirkendale. Firenze: Olschki, 2007.

Kryukov 1996: Kryukov, A. N. "Ekaterina II." (Porfir'eva 1996-99, 1, 322-327)

Landgraf+Vickers 2009: Landgraf, Annette and David Vickers, eds. *The Cambridge Handel Encyclopedia*. Cambridge University Press, 2009.

Law 2009: Law, Hedy. "From Garrick's Dagger to Gluck's Dagger: The Dual Concept of Pantomime in Gluck's Paris Operas." (Weaber 2009, 55-91)

Les Spectacles de Paris 1772: *Les Spectacles de Paris, ou Calendrier historique & chronologique des théâtres*, 21, 1772.

Lesure 1984: Lesure, François, ed. *Querelles des Gluckistes et des Piccinnistes*, 1. Genève: Minfkoff Reprint, 1984.

Loomis 1999: Loomis, W. George. *Tommaso Traetta's Operas for Parma.* Ph.D. Diss., Yale University, 1999.

Markstrom 2007: Markstrom, Kurt. *The operas of Leonardo Vinci, Napoletano.* New York: Pendragon, 2007.

Marmontel 1968: Marmontel, Jean-François. *Éléments de littérature*. *Œuvres complètes*, 7 Vols. 1819-20, 4. Genève: Slatkine Reprints, 1968.

McClymonds 1992: McClymonds, Marita P. "Antigona." (Sadie 1992, 1, 146-147)

McClymonds 2001: McClymonds, Marita. P. "Opera Seria." (Sadie 2001, 18, 485-493)

McClymonds+Baldi 2001: McClymonds, Marita P., and Carolina Baldi. "Coltellini, Marco." (Sadie 2001, 6, 160-161)

McGeary 2013: McGeary, Thomas. *The Politics of Opera in Handel's Britain*. Cambridge University Press, 2013.

Mellace 1996: Mellace, Raffaele. "Tre intonazioni dell' "Achille in Sciro" a confronto: Caldara, Leo, Hasse. *Saggiatore musicale,* 3,1, 1996, 33-70.

Menicke 1906: Menicke, Carl. *Hasse und die Brüder Graun als Symphoniker : nebst Biographien und thematischen Katalogen.* Leipzig: Breitkopf & Härtel, 1906.

Mongrédien 1992: Mongrédien, Jean. "Les Mémoires ou essais sur la musique : un compositeur à l'écoute de lui- même."(Vendrix 1992, 15-27)

Mooser 1948-51: Mooser, R. –A. *Annales de la musique et des musiciens en Russie au XVIIIe siècle,* 3 Vols. Genève: Mont-Blanc, 1948-51.

Mooser 1964: Mooser, R. –A. *Opéras, intermezzos, ballets, cantates, oratorios joués en Russie durant le XVIIIe siècle*. Bâle: Bärenreiter, 1964.

Napolitano 2010: Napolitano, Michele. "Greek Tragedy and Opera." (Brown+Ograjenšek 2010, 31-46)

Naroditskaya 2012: Naroditskaya, Inna. *Bewitching Russian Opera: The Tsarina from State to Stage*. Oxford University Press, 2012.

Newman 1976: Newman, Ernest. *Gluck and the Opera: A Study in Musical History*. Westport: Greenwood Press, 1976.

Over+Zur Nieden 2021: Over, Berthold and Gesa Zur Nieden, eds. *Operatic Pasticcios in 18th- Century Europe: Contexts, Materials and Aesthetics*. Bielefeld: Transcript Verlag, 2021

Penesco 1993: Penesco, Anne, ed. *Du Baroque à l'époque contemporaine: Aspect des instruments à archet*. Paris: Honoré Champion Editeur, 1993.

Petty 1980: Petty, Frederick C. *Italian Opera in London 1760–1800*. Ann Arbor: UMI Research Press. 1980.

Pogozhev et al. 1892: Pogozhev, V. P. et al. *Arkhiv direktsii imperatorskikh teatrov*. St. Petersburg, 1892.

Porfir'eva 1996-99: Porfir'eva, A. L., ed. *Muzykal'nyi Peterburg: Entsiklopedicheskii slovar',* 3 Vols. St. Petersburg: Kompozitor, 1996-99.

Porfir'eva 1996: Porfir'eva, A. L. "Galuppi." (Porfir'eva 1996-99, 1, 226-232)

Porfir'eva 1998: Porfir'eva, A. L. "Pridvornyi orkestr: muzykanty." (Porfir'eva 1996-99, 2, 420-456)

Price 2001: Price, Curtis. "Pasticcio". 2001. Oxford Music Online. https://doi.org/10.1093/gmo/9781561592630.article.21051（最終閲覧日 :2023 年 4 月 28 日）

Ritzarev 2006: Ritzarev, Marina. *Eighteenth-Century Russian Music*. Aldershot: Ashgate, 2006.

Rushton 1972-73: Rushton, Julien. "From Vienna to Paris: Gluck and the French Opera." *Chigiana*, n.s.9-10, 1972-73, 283-298. (Howard 2015, 255-270)

Sadie 1992: Sadie, Stanley, ed. *The New Grove Dictionary of Opera*, 4 Vols. London: Macmillan, 1992.

Sadie 2001: Sadie, Stanley, ed. *The New Grove Dictionary of Music and Musicians, Second Edition*, 29 Vols. London: Macmillan, 2001.

Sartori 1991: Sartori, Claudio. *I libretti italiani a stampa dalle origini al 1800 : catalogo analitico con 16 indici,* 3. E-K. Cuneo: Bertola & Locatelli, 1991.

Scherer 2014: Scherer, Jacques. *La Dramaturgie classique en France*. Colette Scherer ed. Paris: Armand Colin, 2014.

Schneider 2000: Schneider, Herbert. "Gluck and Lully." *Lully Studies*, Cambridge University Press, 2000, 243-271. (Howard 2015, 271-299)

Starikova 1995: Starikova, L. M., ed. *Teatral'naya zhizn' v Rossii v epokhu Anny Ioannovny. Dokumental'naya khronika 1730–1740,* vypusk 1. Radinks, 1995.

Starikova 2003: Starikova, L. M., ed. *Teatral'naya zhizn' v Rossii v epokhu Elizavety*

Petrovny. Dokumental'naya khronika 1741–1750, vypusk 2. chast' 1. Moscow: Nauka, 2003.

Starikova 2005: Starikova, L. M., ed. *Teatral'naya zhizn' v Rossii v epokhu Elizavety Petrovny. Dokumental'naya khronika 1741–1750,* vypusk 2. chast' 2. Moscow: Nauka, 2005.

Stollberg-Rilinger 2021: Stollberg-Rilinger, Barbara. *Maria Teresa: The Habsburg Empress in Her Time.* Translated by Robert Savage. Princeton University Press, 2021.

Strohm 1985: Strohm, Reinhard. *Essays on Handel and Italian Opera*. Cambridge University Press, 1985.

Strohm 2012: Strohm, Reinhard. "Iphigenia's curious ménage à trois in myth, drama, and opera." (Forment 2012, 117-138)

Strohm 2021: Strohm, Reinhard. "Italian Pasticcio Opera, 1700-1750: Practices and Repertoires." (Over + Zur Nieden 2021, 45-67)

Terne 2008: Terne, Claudia. "Friedrich II. von Preußen und die Hofoper." *Friedrich300 -- Friedrich der Große und der Hof*, 1, 2008.

Terrier 2003: Terrier, Agnès. *L'Orchestre de l'Opéra de Paris : de 1669 à nos jours*. Paris: Martinière, 2003.

Torrente 2023: Torrente, Álvaro. "Achille in retiro, ópera seria «ma non tanto»". Teatro Real Madrid 2023, 24-29

Vendrix 1992: Vendrix, Philippe, ed. *Grétry et l'Europe de l'Opéra-Comique*. Liège: Mardaga, 1992.

Voss 2009: Voss, Steffen. "Oreste (HWV A11)." Arnold Jacobshagen and Panja Mücke, eds. *Händels Opern,* Teilband 2. Laaber: Laaber-Verlag, 2009, 417-421.

Weaber 2009: Weaber, Jacqueline, ed. *Musique et Geste en France de Lully à la Révolution*, Peter Lang, 2009.

文献（和）

アポロドーロス 1978: アポロドーロス『ギリシア神話』高津春繁訳, 岩波文庫, 1953（1978 改版）.

荒川 2011: 荒川恒子「ザクセン選帝侯国における 1719 年の音楽事情に関する考察——皇太子フリードリヒ・アウグスト 2 世の結婚祝典行事を通して」『山梨

大学教育人間科学部紀要』13, 2011, 288-301.

アリストテレース 1997: アリストテレース『詩学』松本仁助・岡道男訳,『アリストテレース「詩学」ホラーティウス「詩論」』岩波文庫, 1997, 7-222.

ウェストラップ 1993: Westrup, Jack.「オーケストラ」西原稔訳,『ニューグローヴ世界音楽大事典』3, 講談社, 1993, 377-384.

エウリピデス 1960: エウリピデス「アウリスのイーピゲネイア」呉茂一訳,『ギリシア悲劇全集 IV エウリピデス篇（続)』人文書院, 1960, 425-475.

エウリピデス 1986a: エウリピデス「アウリスのイピゲネイア」呉茂一訳（エウリピデス 1986c, 565-603）

エウリピデス 1986b: エウリピデス「タウリケのイピゲネイア」呉茂一訳（エウリピデス 1986c, 88-165）

エウリピデス 1986c: エウリピデス『ギリシア悲劇 IV エウリピデス（下)』松平千秋（訳者代表), ちくま文庫, 1986.

オウィディウス 1984: オウィディウス『変身物語（下)』中村善也訳, 岩波文庫, 1984.

大崎 2022: 大崎さやの『啓蒙期イタリアの演劇改革―ゴルドーニの場合』東京藝術大学出版会, 2022.

大河内 2021: 大河内文恵「七年戦争後のベルリンで上演されたオペラ――ドレスデンとの比較から」(佐藤ほか 2021, 37-62）

カークビー 1993: カークビー, エマ『ヘンデル アーン――アリア集』小林誠一訳,（録音解説）オワゾリール, POCL-1333, 1993.

川口 1966: 川口篤「解題」(ラシーヌ, 1966b, 130-132）

キケロー 2019: キケロー「友情について」『老年について　友情について』大西英文訳, 講談社学術文庫, 2019, 127-249.

佐藤ほか 2021: 佐藤英ほか編『オペラ／音楽劇研究の現在：創造と伝播のダイナミズム』水声社, 2021.

ジェイコブ 1994: ジェイコブ, マーガレット「キリスト教とニュートン主義的世界観」大谷隆昶訳（リンドバーグ＋ナンバーズ 1994, 263-282）

丹下 2013: 丹下和彦「イピゲネイアの決心：エウリピデス『アウリスのイピゲネイア』考」『関西外国語大学研究紀要』97, 2013, 111-123.

永井 2015: 永井克典「イフィジェニーの犠牲――17 世紀から 19 世紀まで」『成城法学教養論集』25, 2015, 19-40.

中川 2008：中川さつき「『シーロのアキッレ』――女装するバロック・オペラ

の英雄」『京都産業大学論集　人文科学系列』39, 2008, 79-93.
ノヴェール 2022: ノヴェール, ジャン＝ジョルジュ『ノヴェール「舞踊とバレエについての手紙」（1760 年）全訳と解説』森立子訳, 道和書院, 2022.
バトゥー 1984: バトゥー, シャルル『芸術論』山縣熙訳, 玉川大学出版, 1984.
ヘロドトス 2007: ヘロドトス『歴史（中）』松平千秋訳, 岩波文庫, 2007（改版）.
ボワロー 2019: ボワロー, ニコラ『詩法』伊藤洋訳（山下 2019, 99-107）
マルクス 2019: マルクス, ウィリアム『オイディプスの墓――悲劇的ならざる悲劇のために』森本淳生訳, 水声社, 2019.
丸本 2005: 丸本隆編『初期オペラの研究』彩流社, 2005.
三ヶ尻 2018: 三ヶ尻正『ヘンデルが駆け抜けた時代――政治・外交・音楽ビジネス』春秋社, 2018.
三澤 2007: 三澤寿喜『ヘンデル』音楽之友社, 2007.
水谷 1998: 水谷彰良『プリマ・ドンナの歴史 I――黎明期のディーヴァたち』東京書籍, 1998.
村瀬 2022: 村瀬優花「18 世紀前半のブラウンシュヴァイクにおける公開オペラ――ヴォルフェンビュッテルの宮廷オペラとの比較を通して」『日本 18 世紀学会年報』37, 日本 18 世紀学会, 2022, 12-25.
森 2005: 森佳子「バロック・オペラからの脱却――フィリドールの挑戦《エルヌランド》」『初期オペラの研究』丸本隆編, 彩流社, 2005, 50-62.
森 2006: 森佳子「ドラマトゥルギーにおけるアリア（エール）――18 世紀フランス・オペラ《ロラン》と《アティス》の場合」『演劇研究センター紀要』VI, 早稲田大学演劇博物館, 2006, 51-60.
森本 2015: 森本頼子「シェレメーチェフ家の農奴劇場（1775 ～ 97 年）におけるトラジェディ・リリック上演――フランス・オペラ受容からロシア・オペラの創出へ」（博士論文）, 愛知県立芸術大学大学院音楽研究科, 2015.
森本 2018a: 森本頼子「18 世紀ロシアにおけるオペラ・セリア上演の歴史（1）――アンナ女帝時代からエリザヴェータ女帝時代まで」『金城学院大学論集 人文科学編』14（2）, 2018, 157-168.
森本 2018b: 森本頼子「エリザヴェータ女帝時代（1741 ～ 62 年）のロシアにおけるオペラ・セリア受容再考――上演作品の題材に注目して」『早稲田オペラ／音楽劇研究』創刊号, 2018, 55-68.
森本 2019a: 森本頼子「18 世紀ロシアにおけるオペラ・セリア上演の歴史（2）――エカテリーナ時代（1）：1762 ～ 75 年」『金城学院大学論集 人文科学編』

15（2）, 2019, 146-157.

森本 2019b: 森本頼子「18 世紀ロシアにおける「改革オペラ」上演の実態――トラエッタの《アンティゴナ》（1772 年）を中心に」『名古屋音楽大学研究紀要』38, 2019, 55-78.

山下 2019: 山下純照編『西洋演劇論アンソロジー』月曜社, 2019.

ラシーヌ 1965: ラシーヌ, ジャン「イフィジェニー」戸張智雄・戸張規子訳,『ラシーヌ』鈴木力衛編, 世界古典文学全集 48, 筑摩書房, 1965, 351-394.

ラシーヌ 1966a: ラシーヌ, ジャン「イフィジェニー」川口篤訳（ラシーヌ 1966b, 129-194）

ラシーヌ 1966b: ラシーヌ, ジャン『ラシーヌ戯曲全集』2, 伊吹武彦・佐藤朔編, 人文書院, 1966

リンドバーグ + ナンバーズ 1994: リンドバーグ D.C.・R.L. ナンバーズ編『神と自然　歴史における科学とキリスト教』渡辺正雄監訳, みすず書房, 1994.

ルクレーティウス 1961: ルクレーティウス『物の本質について』樋口勝彦訳, 岩波文庫, 1961.

楽譜

Gluck c1780: Gluck, Christoph Willibald. *Iphigénie en Tauride*. Paris: Des Lauriers, n.d.(c1780)

Gluck c1907: Gluck, Christoph Willibald. *Iphigénie en Aulide*. Partition chant et piano, Transcrite par L.Narici, Paris: Choudens, c1907.

Gluck c1811: Gluck, Christoph Willibald. *Iphigénie en Aulide.* Paris: Chez Boieldieu, n.d.(c1811)

Gluck c1980: Gluck, Christoph Willibald. *Iphigénie en Tauride* (Lemoine, 1900). Kalmus vocal score, New York: Belwin Mills, n.d.(c1980)

Graun 1748a: Graun, Carl Heinrich. *Ifigenia in Aulide.* GraunWV B:I:18. c1750. Staatsbibliothek zu Berlin (Mus. Ms 8221)　https://digital.staatsbibliothek-berlin.de/werkansicht/?PPN=PPN853824169（最終閲覧日：2023 年 9 月 14 日）

Graun 1748b: Graun, Carl Heinrich. *Ifigenia in Aulide.* GraunWV B:I:18. c1748-c1750. Sächsische Landesbibliothek – Staats- und Universitätsbibliothek (Mus.2953-F-1) 1748.　https://digital.slub-dresden.de/werkansicht/dlf/129634/1（最終閲覧日：2023 年 9 月 14 日）

Handel 1723: Handel, George Frideric. *Otho an Opera as it was Perform'd at the Kings Theatre for the Royal Academy. Compos'd by Mr. Handel.* London: I. Walsh, 1723.

Handel 1728: Handel, George Frideric. *Siroe an Opera Composed by Mr. Handel.* London: J. Cluer, 1728.

Händel 1877: Händel, Georg Friedrich. *Admeto*. Georg Friedrich Händel's Werke, Band 73. Friedrich Chrysander, ed. Leipzig: Händelgesellschaft, 1877.

Händel 1991: Händel, Georg Friedrich. *Oreste: Opera in Tre Atti HWV A11*. *Hallische Händel-Ausgabe.* Serie II: Opern, Supplement, Band 1. Bernd Baselt, ed. Kassel: Bärenreiter-Verlag, 1991.

Hasse 1734: Hasse, Johann Adolf. *The Favourite Songs in the Opera call'd Artaxerxes by Sigr. Hasse.* London: I. Walsh, 1734.

Traetta 1772: Traetta, Tommaso. *Antigona*. 1772. Staatsbibliothek zu Berlin (Mus. Ms. 22008) https://digital.staatsbibliothek-berlin.de/werkansicht?PPN=PPN880803401&PHYSID=PHYS_0004&DMDID=（最終閲覧日：2023 年 9 月 17 日）

Traetta 1978: Traetta, Tommaso. *Ifigenia in Tauride*. New York: Garland, 1978.

Traetta 2003: Traetta, Tommaso. *Antigone: tragedia per musica in 3 atti*. Lucca: Otos, 2003.

台本

Bentivoglio 1663: Bengivoglio, Ippolito. *L'Achille in Sciro. Favola dramatica.* The British Library. Google Books. https://www.google.co.jp/books/edition/L_Achille_in_Sciro_Favola_dramatica_by_t/fYIxCPja0_YC?hl=it&gbpv=1&dq=inauthor:%22Ippolito+Bentivoglio%22&printsec=frontcover（最終閲覧日：2023 年 9 月 16 日）

Bonecchi 1753: Bonecchi, G. *Evdoksiya Venchannaya, ili Teodosii Vtoryi*. St. Petersburg: Imperatorskaya Akademiya nauk, 1753. The National Library of Russia. https://vivaldi.nlr.ru/bx000013879/view/#page=1（最終閲覧日：2023 年 9 月 17 日）

Capece 1712: Capece, Carlo Sigismondo. *Tetide in Sciro. Dramma per musica in tre atti.* L'Orchestra Virtuale del Flaminio. https://www.flaminioonline.it/Guide/Scarlatti/Scarlatti-Tetide7-testo.html（最終閲覧日：2023 年 9 月 16 日）

Capeci 1713a: Capeci, Carlo Sigismondo. *Ifigenia in Aulide*. Roma: Antonio de' Rossi,

1713. Bibilioteca Nazionale Centrale di Roma. Internet Archive. https://archive.org/details/ifigeniainaulide77cape（最終閲覧日：2023 年 9 月 13 日）

Capeci 1713b: Capeci, Carlo Sigismondo. *Ifigenia in Tauri*. Roma: Antonio de' Rossi, 1713. Biblioteca Nazionale Centrale di Roma. Internet Archive. https://archive.org/details/bub_gb_Ga1ROVe6oQoC/mode/2up（最終閲覧日：2023 年 9 月 13 日）

Coltellini 1768a: Coltellini, M. *Ifigeniya v Tavride dramma na muzike*. St. Petersburg: Imperatorskaya Akademiya nauk, 1768. The National Library of Russia. https://vivaldi.nlr.ru/bx000016388/view/#page=1（最終閲覧日：2023 年 9 月 17 日）

Coltellini 1768b: Coltellini, Marco. *Ifigenia in Tauride dramma per musica*. St. Petersburg: Accademia delle Scienze, 1768. The National Library of Russia. https://vivaldi.nlr.ru/bx000075057/view/#page=1（最終閲覧日：2023 年 9 月 17 日）

Coltellini 1772: Coltellini, Marco. *Antigona tragedia per musica*. St. Petersburg: Accademia delle Scienze, 1772. The National Library of Russia. https://vivaldi.nlr.ru/bx000013572/view/#page=1（最終閲覧日：2023 年 9 月 17 日）

Corselli 1744, Corselli, Francesco. *Achille in Sciro.* Biblioteca Nacional de España. http://bdh-rd.bne.es/viewer.vm?id=0000252838（最終閲覧日：2023 年 9 月 16 日）

Du Roullet 2002: Du Roullet, François Louis. *Iphigénie en Aulide*. (*Ifigenia in Aulide*). (Gluck 2002, 25-99)

Gluck 2002: Gluck, Christoph Willibald. *Ifigenia in Aulide. Libretto di François Louis du Roullet. Ifigenia in Tauride. Libretto di Nicolas François de Guillard*. Milano: Ariete, 2002.

Guillard 2002: Guillard , Nicolas François de. *Iphigénie en Tauride*. *Ifigenia in Tauride*. (Gluck 2002, 101-159)

Handel 1733: Handel, George Frideric. *Ottone, Re di Germania. Drama da rappresentarsi nel Reggio Teatro d' Hay-Market*. London: T. Wood, 1733. The British Library (907.i.2.(3)).

Metastasio 1735, Metastasio, Pietro. *Achille in Sciro. Dramma per musica.* Libretti d'opera italiani. http://www.librettidopera.it/zpdf/achsciro.pdf（最終閲覧日：2023 年 9 月 16 日）

Metastasio 1943-54, Metastasio, Pietro. *Tutte le opere di Pietro Metastasio.* Bruno Brunelli, ed. Mondadori, 1943-54, 5 Vols.

Pasqualigo 1719: Pasqualigo, Benedetto. *Ifigenia in Tauride. Tragedia da cantarsi nel celebre Teatro Grimani. Nella via di San. Gio: Grisostomo. Nelle notti Carnevalesche dell'Anno M.DCC.XIX*. Venezia: Rossetti, 1719. The Library of Congress. https://www.loc.gov/item/2010665695/（最終閲覧日：2023 年 9 月 13 日）

Racine 2008: Racine, Jean. *Iphigénie*. Cécile Lignereux, ed. Paris: Larousse, 2008.

Rolli 1735: Rolli, Paolo. *Ifigenia in Aulide. Melodramma di Paolo Rolli F.R.S. composto da Nicolò Porpora per la Nobiltà Britannica*. Londra: Bennet, 1735. The British Library. Google Books. https://www.google.co.jp/books/edition/_/OnO9RaH0FlIC?hl=ja&gbpv=1&pg=PP3&dq=ifigenia+in+aulide+rolli（最終閲覧日：2023 年 9 月 13 日）

Schürmann 1731a: *Iphigenia in Aulis In einer Opera vorgestellet auf dem Grossen Braunschweigoschen Theatro In der Winter-Messe MDCCXXXI.* Wolfenbüttel, 1731. Wolfenbütteler Digitale Bibliothek https://diglib.hab.de/drucke/textb-687/start.htm（最終閲覧日：2023 年 9 月 14 日）

Schürmann 1731b: *Iphigenia In einem Sing=Spiel auf dem Hamburgischen Schau=Platze vorgestellet Im Jahr 1731. Hamburg,* 1731. Hamburger Kulturgut Digital https://digitalisate.sub.uni-hamburg.de/recherche/detail?tx_dlf%5Bid%5D=26562&tx_dlf%5Bpage%5D=1&cHash=0336436b52054deca2c44ced49e687b0（最終閲覧日：2023 年 9 月 14 日）

Sumarokov 1787: Sumarokov, A. P. "Al'tsesta." *Polnoe sobranie vsekh sochinenii, v stikhakh i proze, pokoinago deistvitel'nago statskago sovetnika, Ordena sv. Anny Kavalera i Leiptsigskago Uchenago Sobraniya Chlena, Aleksandra Petrovicha Sumarokova*. Moscow, 1787. chast' 4, 217-246.

Villati 1748: *Ifigenia in Aulide. Dramma per musica, rappresentato nel Regio teatro di Berlino per Ordine di Sua Maesta.* Berlin 1748. Österreichische Nationalbibliothek, Vienna (Mus.Hs.17698). https://vmirror.imslp.org/files/imglnks/usimg/e/e7/IMSLP807220-PMLP137958-Ifigenia_in_Aulide_1748_libretto_A-Wn.pdf（最終閲覧日：2023 年 9 月 14 日）

Villati 1768: *Ifigenia in Aulide. Dramma per musica, rappresentato nel Regio teatro di Berlino per Ordine di Sua Maestà, con licenza di sua maestà In Berlino, appresso Haude e Spener.* Berlin, 1768. Digitalisierte Sammlungen der Staatsbibliothek zu Berlin. https://digital.staatsbibliothek-berlin.de/werkansicht?PPN=PPN720752167&PHYSID=PHYS_0002&DMDID=（最終閲覧日：2023 年 9 月 14 日）

Zeno 1785: Zeno, Apostolo. *Lettere di Apostolo Zeno cittadino veneziano*, seconda edizione. vol.2. Venezia: Sansoni, 1785. New York Public Library. Google Books.

https://www.google.co.jp/books/edition/_/EgAsAAAAMAAJ?hl=ja&gbpv=1（最終閲覧日：2023 年 9 月 13 日）

Zeno 1786: Zeno, Apostolo. *Poesie drammatiche di Apostolo Zeno*. Tomo 4. Orléans: Couret de Villeneuve, 1786. 237-264. Bibliothèque Municipale de Lyon. Google Books. https://books.google.it/books?id=QUyMGeclHrMC&printsec=frontcover&hl=ja&source=gbs_ge_summary_r&cad=0#v=onepage&q&f=false（最終閲覧日：2023 年 9 月 13 日）

データーベース

Corago: http://corago.unibo.it/

Die Oper in Italien und Deutschland zwischen 1770 und 1830: https://www.operndb.uni-mainz.de/

GluckGesamtaufgabe: https://www.gluck-gesamtausgabe.de/gwv.html

あとがき

漫画をドラマに、小説をアニメに、ゲームを2.5次元ミュージカルにと、今の世はアダプテーション（翻案）で溢れかえっている。

だが振り返ってみれば、アダプテーションは昨今急に盛んになった訳ではない。遙か昔、古代から繰り返し行われてきた営為だということがわかる。

本書は18世紀のオペラにおけるギリシア古典のアダプテーションをめぐる論集である。そもそもなぜ古典のアダプテーションを扱うことにしたのか、個人的な経験をお話ししたい。

私はよく「オペラ研究の方ですよね」と言われるのだが、元来はイタリアの演劇と文学の研究者である。18世紀のヴェネツィアの劇作家カルロ・ゴルドーニを専門としており、大学院時代はもっぱら彼の喜劇作品を中心に研究を行っていた。しかしゴルドーニは演劇作品だけではなく、オペラの台本も数多く手掛けている。そのため学会の懇親会で知己を得た早稲田大学総合研究機構オペラ／音楽劇研究所初代所長の丸本隆先生からオペラ研究会に誘われ、徐々にオペラ台本の研究に手を染めるようになった。研究を進める中で、神話や歴史を題材にしたオペラの台本は、どれも古典作品を原作とし、古典の登場人物を用いていることに気づかされた。私はヨーロッパにおける古典の伝統へと目を向けるようになったのである。

2019年に論考「ルイージ・リッコボーニの『演技術』について―イタリアにおける演技論の伝統を背景に」（『演劇学論集』第67号）で演技論の伝統について執筆したこと、また所属する西洋比較演劇研究会（日本演劇学会の分科会にあたる）のメンバーで『西洋演劇論アンソロジー』（山下純照編、月曜社）を刊行したことも、私が古典の影響をさらに追求したいと考えるきっかけとなった。このアンソロジーで、私は16世紀から20世紀のイタリアの演劇人6名の論考を抄訳・解説したのだが、それらの演劇論にはアリストテレスやクインティリアヌス等の論考の影響が強く見られた。イタリアだけではなく、フランスやイギリス等、ヨーロッパの他の国の論考にも、その影響は見て取ることができた。そこで私は、ヨーロッパ諸国の芸術文化に見られる古典の影響について共同研究を行いたいと思うようになった。

「はじめに」でも触れたように、本書は 2021 年 3 月に行われたシンポジウムをもとに企画されたものである。このシンポジウムも元はと言えば、その 2 年前に早稲田大学総合研究機構オペラ／音楽劇研究所「バロック・オペラ・ワーキング・グループ」の例会で行った、イピゲネイア主題のオペラについての私の発表が発端だった。オペラは総合芸術と言われるが、その言葉通り、オペラと音楽劇を扱う当研究所の活動は多岐にわたる。研究所には音楽、文学、演劇等各分野の、ドイツ、フランス、イギリス、イタリア、ロシア等のさまざまな国を対象とする研究者が集まっている。現在は二代目所長の荻野静男先生のもとで、まさに学際的な研究が繰り広げられている。メンバーはその興味と関心によっていくつかのワーキング・グループ（WG）に分かれているが、私は「バロック・オペラ WG」のメンバーで、シンポジウムも主にこの WG のメンバーと共に開催した。本書のタイトルは『バロック・オペラとギリシア古典』である。改革オペラとされるグルックの作品も扱っている本書に「バロック・オペラ」というタイトルを与えてしまって良いのかという議論もあるかもしれない。だが研究会での積み重ねが今回の論集の刊行につながったこと、また WG メンバー中心の論集であることから、あえて「バロック・オペラ」と付けさせていただいた。

さらに（「さらに」が多くて申し訳ないが）WG における研究以前の話をすると、そもそも私がイピゲネイアと最初に出会ったのは、子供時代のパリでのことである。私は「ひばり」という名のカトリックの私立学校に通っていたが、その校長先生（マドモワゼル・ギャルサンと呼ばれていた）がとても教育熱心な方だった。先生はある日教室にやって来ると、ラシーヌの『イフィジェニー』の話を始められた。始められた、とはいっても、当時私はフランス語はあいさつがわかる程度で、何の話なのかさっぱりわからなかった。ただ、先生が「ラシーヌ」、「イフィジェニー」と繰り返されていることだけは理解できた。さて、先生は一通り話し終わると、皆を連れて学校を出発した。私たちは映画館に連れて行かれたのである。そこで皆で『イフィジェニー』という映画を見た。映画では、なにやら家族と思われる人々が争っていた。特に父親と母親が激しく言い争い、母親が激高していたのをよく覚えている。後にクリュタイムネストラだと判明したその母親の演技は、まさに鬼気迫るもので、あまりにも激しく泣くので、私はすっかり怖くなってしまった。その他、イピゲネイアが祭壇に向かっていく場面も見た気がする。だが、私は結局最後まで何を見せられたのかよくわからなかった。長じて、自分が見た映画はマイケル・カコヤニス監督の『イフゲニア』というギリシア映画で、鬼気迫るクリュタイムネストラを演じていたのは名高いイレーネ・パパスだと知ったのだった。

その後、私は再びイピゲネイアと出会うことになる。それは東洋大学の近藤裕子先生と成城大学の永井典克先生との共同研究を通じてのことであった。私はイピゲネイア主題のイタリア・オペラについて調査を行うことになり、その成果は2015年に共著論文「ヨーロッパ近現代におけるギリシア悲劇の女性像の変容(1)—イーピゲネイア」(『東洋大学人間科学総合研究所紀要』第17号)として刊行された。私は学生時代に演劇活動をしており、上演するための戯曲を探して色々と読んでいたが、男性作家の描く女性登場人物にしばしば違和感を感じていた。そんな私にとって、演劇作品の女性像研究は、ライフワークのひとつとすべきものに思われた。

そんななか、2019年に二期会イタリア歌曲研究会代表の鴨川太郎先生から講演のご依頼をいただいたので、イピゲネイアをめぐるオペラのアリアを中心にお話しさせていただいた。そして先に述べたバロック・オペラWG、シンポジウム、本書の企画へと続いていったのである。という訳で、私個人にとっては、イピゲネイアとの出会いから約40年をかけての本書刊行となった。

刊行にあたり、われわれの研究会やシンポジウムにご参加くださった皆様に感謝申し上げたい。皆様から論集刊行のリクエストや励ましをいただいたことが、本書を企画する原動力となったからである。その企画を快く引き受けてくださった論創社の方々にも御礼申し上げる。編集の松永裕衣子さんには企画段階からお世話になった。小山妙子さんに校正を、加藤靖司さんに組版を、野村浩さんに装幀をお引き受けいただいた。おかげで無事刊行までたどり着くことができた。先に挙げさせていただいた早稲田大学総合研究機構オペラ／音楽劇研究所、二期会イタリア歌曲研究会、西洋比較演劇研究会をはじめ、シンポジウムに際してご協力いただいた日本音楽学会、日本18世紀学会、地中海学会の皆様に感謝したい。お名前は挙げきれないが、お世話になった関係者の方々に心から御礼を申し上げる。科学研究費補助金基盤研究（C）「ゴルドーニの演劇作品およびオペラ台本に見られる伝統と革新」（研究課題番号：20K00493）の助成を受けたことも、ここに明記させていただく。

2024年2月8日　著者を代表して

大崎さやの

人名索引

【ア】

アーン（1710-1778　Arne, Thomas Augustine）　131
アグリコラ（1720-1774　Agricola, Johann Friedrich）　72, 73
アストゥルア（?-1757　Astrua, Giovanna）　86
アッリゴーニ（1697-1744　Arrigoni, Carlo）　124, 129
アポロドロス（B.C.2 世紀　Apollodōros）　31
アライヤ（1709-1775 以降　Araja, Francesco）　89, 91, 92, 94, 97, 98, 100
アリオスティ（1666-1729　Ariosti, Attilio）　72
アリストテレス（B.C.384/83-B.C.322　Ἀριστοτέλης［Aristotélēs］）　4, 14, 19, 20, 29, 39
アルガロッティ（1712-1764　Algarotti, Francesco）　37, 101
アルヌー（1740-1802　Arnould, Sophie ）　157
アン王女（1709-1759　Anne, Princess of Hanover and Orange）　128, 129
アン女王（1665-1714　Anne, Queen）　121
アンジョリーニ（1731-1803　Angiolini, Gasparo）　101, 102, 104, 105, 117, 152, 166
アントン・ウルリヒ（1633-1714　Anton Ulrich）　68, 69
アンナ（ロシア皇帝）（1693-1740　Анна［Anna］）　90, 91
アンナ・エリーザベト・ルイーゼ（1738-1820　Anna Elisabeth Luise von Brandenburg-Schwedt）　72
ヴァルツ（1732-1759 活躍　Waltz, Gustavus）　125, 126, 128, 130, 136, 139
ヴィッラーティ（1701-1752　Villati, Leopoldo de）　68, 73, 74, 77-79, 88
ヴィンチ（1696?-1730　Vinci, Leonardo）　125-127, 133
ウォルシュ（父）（1665/66-1736　Walsh, senior, John）　133
エウリピデス（B.C.480 頃 -B.C.406 頃　Εὐριπίδης［Eurīpídēs］）　3, 5, 13, 15, 17-23, 25, 27, 29, 31, 59, 75, 76, 78, 79, 88, 97-99, 102, 119, 135, 137, 147, 171
エカテリーナ２世（1729-1796　Екатерина II［Ekaterina II］）　8, 91, 92, 95-98, 101, 105, 107
エラスムス（1466/69-1536　Erasmus, Desiderius）　4
エリーザベト・クリスティーネ（1691-1750　Elisabeth Christine von Braunschweig-Wolfenbüttel）　48, 69
エリーザベト・シャルロット（1676-1744　Élisabeth Charlotte）　42
エリザヴェータ（ロシア皇帝）（1709-1762　Елизавета［Elizaveta］）　89, 91, 94-98, 100,

104
エレオノーレ・マグダレーネ・テレーゼ（1655-1720　Eleonore Magdalene Therese von Pfalz-Neuburg）69
オウィディウス（B.C.43-A.D.17　Naso, Publius Ovidius）4, 97
オルランディーニ（1676-1760　Orlandini, Giuseppe Maria）27
オレンジ公ウィリアム王子（1711-1751　William IV, Prince of Orange）128

【カ】

カール6世（1685-1740　Karl VI）24, 43-47, 49, 51, 52, 55, 56, 69
ガブリエッリ（1730-1796　Gabrielli, Caterina）116
カペーチェ（1652-1728　Capece（または Capeci）, Carlo Sigismondo）13, 20-25, 28, 29, 31, 32, 37, 38, 58-61
カルダーラ（1670 頃 -1736　Caldara, Antonio）6, 7, 24, 25, 45-52, 57, 61-65, 68, 69
カルツァビージ（1714-1795　Calzabigi, Ranieri de'）93, 101, 102
ガルッピ（1706-1785　Galuppi, Baldassare）90, 92, 96, 101-106, 109, 117
ガレアッツィ（1700-1733 活躍　Galeazzi, Antonio）124
カレスティーニ（1700-1760　Carestini, Giovanni）126, 130, 135, 136, 139, 141
キケロ（B.C.106-B.C.43　Cicero, Marcus Tullius）4
キノー（1635-1688　Quinault, Philippe）73, 98, 100
ギヤール（1752-1814　Guillard, Nicolas-François）14, 34, 35, 37, 38, 68, 147
クーパー伯爵（1709-1764　2nd Earl Cowper, William）123
クッツォーニ（1696-1778　Cuzzoni, Francesca）122, 133, 138-145
グラヴィーナ（1664-1718　Gravina, Gian Vincenzo）30, 59
グラウン（カール・ハインリヒ）（1703/4-1759　Graun, Carl Heinrich）7, 67-74, 77, 79, 84, 87, 88
グリーン（1696-1755　Greene, Maurice）128
グリム（1723-1807　Grimm, Friedrich Melchior）149, 150, 154, 155, 171
グリンカ（1804-1857　Глинка［Glinka］, Михаил［Mikhail］）90
グルック（1714-1787　Gluck, Christoph Willibald）6-8, 14, 34-37, 39, 68, 69, 71, 93, 99-102, 105, 116, 147, 148, 150-154, 156-158, 163, 166, 170, 171
クレシンベーニ（1663-1728　Crescimbeni, Giovan Mario）25, 26, 59
グレトリ（1741-1813　Grétry, André-Ernest-Modeste）150, 154-156, 170
ゲーテ（1749-1832　Goethe, Johann Wolfgang von）6
コーリ（1735-42 活躍　Cori, Angelo Maria）135
コルセッリ（1705-1778　Corselli, Francesco）42, 61-65

コルテッリーニ（1724-1777　Coltellini, Marco）　68, 92, 93, 96, 101, 102, 104-106, 111, 116, 117
コルネイユ（1606-1684　Corneille, Pierre）　14, 73, 88
コンティ（1681/2-1732　Conti, Francesco Bartolomeo）　51, 69

【サ】

サヴェイジ（1720 頃 -1789　Savage, William）　131
サルティ（1729-1802　Sarti, Giuseppe）　93, 94, 96
サレ（1709-1756　Sallé, Marie）　130, 134
サンドーニ（1685-1748　Sandoni, Pietro Giuseppe）　133
ジェイムズ2世（1633-1701　James II）　137, 138
ジェネンズ（1699/1700-1773　Jennens, Charles）　125, 126
ジェミニアーニ（1687-1762　Geminiani, Francesco）　131
シュールマン（1672/3-1751　Schürmann, Georg Caspar）　68, 70, 77
シュッツ（1585-1672　Schütz, Heinrich）　67
ジョージ1世（1660-1727　George I）　72, 121, 138
ジョージ2世（1683-1760　George II）　30, 122, 123, 138
スカルツィ（1718-1739 活躍　Scalzi, Carlo）　126, 130
スカルラッティ（アレッサンドロ）（1660-1725　Scarlatti, Alessandro）　47, 50, 62
スカルラッティ（ドメニコ）（1685-1757　Scarlatti, Domenico）　21, 23, 50, 58, 59
ストラーダ・デル・ポ（1719-1741 活躍　Strada del Pò, Anna Maria）　62, 122, 130, 136, 138-141
スマローコフ（1717-1777　Сумароков［Sumarokov］, Александр［Aleksandr］）　92, 97-100, 117
ゼーノ（1668-1750　Zeno, Apostolo）　14, 23-28, 31, 32, 36, 38, 51, 59, 63, 68, 73, 74, 86, 93
セネジーノ（本名ベルナルディ）（1686-1759 以前　Senesino（Bernardi）, Francesco）　122, 123, 128, 129, 133, 134, 138-141
ゾフィー・シャルロッテ（1668-1705　Sophie Charlotte von Hannover）　71, 72
ゾフィー・ドロテア（1687-1757　Sophie Dorothea von Hannover）　71, 72
ゾフィー＝ルイーゼ（1685-1735　Sophie Luise zu Mecklenburg-Schwerin）　72
ソポクレス（B.C.497 頃 -B.C.405 頃　Σοφοκλῆς［Sophoklēs］）　106

【タ】

ダランベール（1717-1783　d'Alembert, Jean le Rond）　150
タリアズッキ（1749-63 活躍　Tagliazucchi, Giampietro）　73, 74
ダルキアン（1641-1716　d'Arquien, Maria Kazimiera）　21, 59
ダンシェ（1671-1748　Danchet, Antoine）　69
ダンテ（1265-1321　Alighieri , Dante）　4
チマローザ（1749-1801　Cimarosa, Domenico）　94, 96
チャイコフスキー（1840-1893　Чайковский［Tchaikovsky］, Пётр［Pyotr］）　90
ディドロ（1713-1784　Diderot, Denis）　20, 34, 36, 37, 149, 150
デュ・ルレ（1716-1786　Du Roullet, François-Louis Gand Le Bland）　14, 34, 36-38, 99, 147
デュシェ・ド・ヴァンシー（1668-1704　Duché de Vancy, Joseph-François）　69, 73
デラウェア男爵（1693-1766　7th Baron Delawarr, West, John）　123
テレマン（1681-1767　Telemann, Georg Philipp）　70
ド・ラ・トゥッシュ（1723-1760　de La Touche, Guymond）　35, 147, 169
ドゥーニ（1708-1775　Duni, Egidio）　150
ドゥラスタンティ（1685 頃 -1753 以降　Durastanti, Margherita）　49, 126, 130, 139, 143
ドゥランテ（1684-1755　Durante, Francesco）　105
トップハム（1710-1749　Topham, Thomas）　143
トッリ（1650 頃 -1737　Torri, Pietro）　78
トラエッタ（1727-1779　Traetta, Tommaso）　68, 90, 93, 96, 97, 101-107, 109, 111, 112, 114-117
ドルチェ（1508-1568　Dolce, Ludovico）　4

【ナ】

ニュートン（1642-1727　Newton, Isaac）　27, 33, 38
ネーグリ（1719-1745 活躍　Negri, Maria Caterina）　136, 139
ノヴェール（1727-1810　Noverre, Jean-Georges）　152

【ハ】

パイジェッロ（1740-1816　Paisiello, Giovanni）　90, 93, 96, 97, 116
ハイデッガー（1666-1749　Heidegger, John Jacob）　122

バウシュ（1940-2009　Bausch, Pina（本名 Philippine））　6
ハウプトマン（1862-1946　Hauptmann, Gerhart）　6
パシケーヴィチ（1742-1797　Пашкевич［Pashkevich］, Василий［Vasily］）　96
パスクワリーゴ（1693-1743　Pasqualigo, Benedetto）　14, 27-29, 38
ハッセ（1699-1783　Hasse, Johann Adolf）　52, 63, 65, 72, 73, 91, 94, 125, 127, 133
バトゥー（1713-1780　Batteux, Charles）　149
パリアーティ（1665-1733　Pariati, Pietro）　24, 48
バルロッチ（18 世紀活躍　Barlocci, Giovanni Gualberto）　135, 140
ビアード（1717 頃 -1791　Beard, John）　130, 136, 139
ピッチンニ（1728-1800　Piccinni, Niccolò）　150-153
ピョートル大帝（1672-1725　Пётр I［Pyotr I］）　90, 94, 95
ファウスティーナ（1697-1781　Faustina, Bordoni, Faustina）　141, 144
ファリネッリ（本名ブロスキ）（1698 頃 -1782　Farinelli（Broschi）, Carlo）　62, 63, 122, 130, 131, 133, 134, 138, 145
フィリドール（1726-1795　Philidor, François-André Danican）　150
フェッランディーニ（1710 頃 -1791　Ferrandini（または Ferandini）, Giovanni Battista）　78
フェルディナンド王子（1730-1813　Ferdinand von Preußen）　72
フランツ・シュテファン（1708-1765　Franz Stephan）　6, 41-45, 51, 52, 56
フリードリヒ・アウグスト 2 世（1696-1763　Friedrich August II）　44, 51, 67
フリードリヒ 1 世（1657-1713　Friedrich I）　71, 72
フリードリヒ・ヴィルヘルム 1 世（1688-1740　Friedrich Wilhelm I）　72
フリードリヒ 2 世（1712-1786　Friedrich II）　8, 71-74, 78, 87, 88
フレデリック皇太子（1707-1751　Frederick Louis, Prince of Wales）　122-123
ブロスキ（リッカルド）（1698 頃 -1756　Broschi, Riccardo）　133
ヘシオドス（B.C.7 世紀　Ἡσίοδος［Hēsíodos］）　3
ペルゴレージ（1710-1736　Pergolesi, Giovanni Battista）　149
ベルトッリ（1710 頃 -1767　Bertolli, Francesca）　138, 139
ベルナッキ（1685-1756　Bernacchi, Antonio Maria）　122
ヘルマン（1678-1733　Hermann, Jacob）　27
ヘロドトス（B.C.485 頃 -B.C.424 頃　Ἡρόδοτος［Hēródotos］）　4
ヘンデル（1685-1759　Handel, George Frideric（または Händel, Georg Friedrich）　7, 21, 31, 47, 49, 50, 70, 119-131, 133-135, 137, 138, 141-145
ポステル（1685-1705　Postel, Christian Heinrich）　77
ボッタレッリ（1741-1783 活躍　Bottarelli（または Botarelli）, Giovanni Gualberto）　73, 74, 78, 88

ボネッキ（1715-1785 以降　Bonecchi, Giuseppe）　91, 92, 94, 95
ボノンチーニ（1670-1747　Bononcini, Giovanni）　124, 129
ポルポラ（1686-1768　Porpora, Nicola Antonio）　30, 64, 70, 105, 122, 124, 127-130, 133, 138, 145
ボワロー（1636-1711　Boileau, Nicolas）　19

【マ】

マッフェーイ（1675-1755　Maffei, Scipione）　5
マヌーツィオ（1450 頃 -1515　Manuzio, Aldo）　4
マリア・テレジア（1717-1780　Maria Theresia）　6, 41-46, 51, 52, 55-58, 66
マリア・ヨゼファ（1699-1757　Maria Josepha von Österreich）　44, 67
マルモンテル（1723-1799　Marmontel, Jean-François）　150, 152
マンズォーリ（1720 頃 -1782　Manzuoli, Giovanni）　116
マンゾレット（本名モナンニ）（1740 頃 -1796 以降　Manzoletto（Monanni）, Angelo）　116
ミケーリ（1700 頃 -1784　Micheli, Benedetto）　135, 137
ムソルグスキー（1839-1881　Мусоргский [Musorgsky], Модест [Modest]）　90
メタスタージオ（本名トラパッシ）（1698-1782　Metastasio（Trapassi）, Pietro）　6, 23, 30, 41, 42, 46, 51-53, 55-64, 66, 73, 74, 86, 91-93, 101
モーツァルト（1756-1791　Mozart, Wolfgang Amadeus）　39
モレッティ（?-1807　Moretti, Ferdinando）　93, 94, 96
モンタニャーナ（1730-1750 活躍　Montagnana, Antonio）　122, 133

【ヤ】

ヤング（1712-1789　Young, Cecilia）　131, 136, 139, 141, 143-145
ヨーゼフ 1 世（1678-1711　Joseph I）　44, 46, 49, 51

【ラ】

ラウパッハ（1728-1778　Raupach, Hermann Friedrich）　90, 92, 97, 98, 117
ラシーヌ（1639-1699　Racine, Jean）　5, 13, 14, 18-20, 22, 23, 25-27, 31, 34-38, 73, 75-79, 88, 147, 151, 169
ラ・モット（1672-1731　La Motte, Antoine Houdar [Houdart, Houdard] de）　73
ランプ（1702/3-1751　Lampe, John Frederick）　131

リッコボーニ（1676-1753　Riccoboni, Luigi）　4, 5
リッチ（1692-1761　Rich, John）　130
リムスキー＝コルサコフ（1844-1908　Римский-Корсаков［Rimsky-Korsakov］, Николай［Nikolai］）　90
リュリ（1632-1687　Lully, Jean-Baptiste）　98-100, 148, 149, 152, 166, 170
ルイ 14 世（1638-1715　Louis XIV）　18, 42, 46
ルヴァスール（1749-1826　Levasseur, Rosalie）　157
ルクレティウス（B.C.99 頃 -B.C.55　Lucretius）　33
ルグロ（1739-1793　Legros, Joseph）　157
ルスポリ卿（1672-1731　Ruspoli, Francesco Maria）　49, 135
ルスポリ夫人（1676-1753　Ruspoli, Maria Isabella Cesi）　135
ルソー（1712-1778　Rousseau, Jean-Jacques）　149, 150
ルチェラーイ（1475-1525　Rucellai, Giovanni）　4
レオポルト・クレメンス（1707-1723　Leopold Clemens）　43
レオポルト・ヨーゼフ（1679-1729　Leopold Joseph）　42-44
老僭王ジェイムズ・フランシス・エドワード・ステュアート（1688-1766　The Old Pretender, James Francis Edward Stuart）　138
ロッシ（1710-31 活躍　Rossi, Giacomo）　135
ロッティ（1667-1740　Lotti, Antonio）　67, 101
ロッリ（1687-1765　Rolli, Paolo）　14, 30-33, 37, 38, 59, 122

作品名索引

【ア】

愛と憎しみの力（La forza dell'amore e dell'odio　1734 初演　アライヤ作曲　プラータ台本） 89, 91
愛の殿堂（Il tempio d'amore　1755 初演　アグリコラ作曲　タリアズッキ台本） 73
アウリスのイピゲネイア（Ἰφιγένεια ἐν Αὐλίδι［Iphigéneia en Aulídi］ B.C.405 初演　エウリピデス作） 3-5, 13, 15, 16, 39, 69
アウリスのイフィゲニア（Iphigenia in Aulis　1728 初演　C. H. グラウン作曲　シュールマン台本） 68, 70
アウリデのイフィジェニーア（Ifigenia in Aulide　1713 初演　D・スカルラッティ作曲　カペーチェ台本） 13, 14, 20-22, 59
アウリデのイフィジェニーア（Ifigenia in Aulide　1718 初演　カルダーラ作曲　ゼーノ台本） 14, 24, 26, 69
アウリデのイフィジェニーア（Ifigenia in Aulide　1735 初演　ポルポラ作曲　ロッリ台本） 14, 30, 133, 145
アグリッピーナ（Agrippina　1709 初演　ヘンデル作曲　グリマーニ台本） 121, 139
アスタルト（Astarto　1718 初演　コンティ作曲　ゼーノ＆パリアーティ台本） 69
アスタルト（Astarto　1720 初演　ボノンチーニ作曲　ロッリ台本） 124, 129
アタリア（アタルヤ）（Athalia　1733 初演　ヘンデル作曲　ハンフリーズ台本） 133, 134
アティス（Atys　1780 初演　ピッチンニ作曲　マルモンテル台本） 152, 153
アドメート（アドメトス）（Admeto　1727 初演　ヘンデル作曲　アウレーリ台本　マウロ改作） 70, 119, 139
アフリカのスキピオ（Scipio Africanus　1732 初演　グラウン作曲　フィールダー台本） 71
アリオダンテ（Ariodante　1735 初演　ヘンデル作曲　サルヴィ台本） 130, 131, 133-135, 145
アリツェスタ（Альцеста［Al'tsesta］ 1758 初演　ラウパッハ作曲　スマローコフ台本） 90, 92, 95, 97-100, 117
アルケスティス（Ἄλκηστις［Alkēstis］ B.C.438 頃執筆　エウリピデス作） 3, 17, 69, 98
アルゴのジョーヴェ（アルゴスのゼウス）（Giove in Argo　1717 初演　ロッティ作曲　ルキーニ台本） 67

アルセスト（アルケスティス）（Alceste　1776 初演　グルック作曲　デュ・ルレ台本） 90, 99, 100, 151
アルセスト、またはアルシードの勝利（Alceste ou le Triomphe d'Alcide　1674 初演　リュリ作曲　キノー台本） 98-100
アルタセルセ（アルタクセルクセス）（Artaserse　1730 初演　ヴィンチ作曲　メタスタージオ台本） 126, 133
アルタセルセ（アルタクセルクセス）（Artaserse　1730 初演　ハッセ他（パスティッチョ）作曲　メタスタージオ台本） 131, 133
アルチーナ（Alcina　1735 初演　ヘンデル作曲　アリオスティ台本） 133-135
アルチェステ（アルケスティス）（Alceste　1718 初演　ポルシーレ作曲　パリアーティ台本） 69
アルチェステ（アルケスティス）（Alceste　1767 初演　グルック作曲　カルツァビージ台本） 99, 151, 152
アルバーチェ（アルバケス）（Arbace　1734 初演　ヘンデル他（パスティッチョ）作曲　メタスタージオ台本） 124, 126, 128, 133
アルミーダ（Armida　1761 初演　トラエッタ作曲　ドゥラッツォ＆ミリアヴァッカ台本） 105, 116
アルミード（Armide　1777 初演　グルック作曲　キノー台本） 151, 158
アルミーラ（Almira　1705 初演　ヘンデル作曲　パンチェーリ台本　フォイストキング改作） 121
アルミニオ（アルミニウス）（Arminio　1745 初演　ハッセ作曲　パスクイーニ台本） 72
アンティーゴノ（アンティゴノス）（Antigono　1764 初演　トラエッタ作曲　メタスタージオ台本） 93, 105
アンティーゴナ（アンティゴネ）（Antigona　1772 初演　トラエッタ作曲　コルテッリーニ台本） 90, 93, 97, 105-107, 109, 110, 113-116
アンティゴネ（Ἀντιγόνη［Antigonē］　B.C.441 頃執筆　ソポクレス作） 3, 106
イェフタ（エフタ）（Jephtha　1752 初演　ヘンデル作曲　モーレル台本） 119
イタリア演劇、または上演用悲劇選集（Teatro italiano, o sia scelta di Tragedie per uso della scena　1723-1725 初版　マッフェーイ編） 5
イタリア文人新聞（Giornale de' letterati d'Italia　1710-1740 刊行　ゼーノ他編） 27
イッシーピレ（Issipile　1735 初演　サンドーニ作曲　メタスタージオ台本　コーリ改作） 133
イッポーリトとアリーチャ（ヒッポリュトスとアリキア）（Ippolito ed Aricia　1759 初演　トラエッタ作曲　フルゴーニ台本） 105, 109, 116
イフィゲニア（イピゲネイア）（Ifigenia　1748 初演　グラウン作曲　ヴィッラーティ台

本） 67, 69-71, 74-77, 79, 85, 87, 88
イフィジェニー（イピゲネイア）（Iphigénie 1674 初演 ラシーヌ作） 5, 13, 18-20, 26, 34, 37, 68, 69, 75-78, 88
イポリートとアリシ（ヒッポリュトスとアリキア）（Hippolyte et Aricie 1733 初演 ラモー作曲 ペルグラン台本） 105, 109
ヴェンチェズラーオ（ヴァーツラフ）（Venceslao 1731 年初演 ヘンデル他（パスティッチョ）作曲 ゼーノ台本） 127
エイシスとガラテア（アキスとガラテイア）（Acis and Galatea 1718 年初演 / 1732 年改訂 ヘンデル作曲 ゲイ台本） 124, 129
エステル（Esther 1718 年初演 / 1732 年改訂 ヘンデル作曲 ポープ、アーバスノット？台本 ハンフリーズ加筆） 131, 133, 134
奥様女中（La serva padrona 1733 初演 ペルゴレージ作曲 フェデリーコ台本） 149
オットーネ（オットー）（Ottone 1723 年初演 ヘンデル作曲 パッラヴィチーノ台本 ハイム改作） 124, 125, 127, 128, 133, 139, 141-145
オペラの中のオペラ（The Opera of Operas 1733 年初演 アーン作曲 ヘイウッド台本） 125
オペラ論（Saggio sopra l'opera in musica 1763 改訂版 アルガロッティ作） 37
おまえたちは露滴る薔薇 HWV.162（Siete rose rugiadose 1711-1712 頃作曲 ヘンデル作曲 作詞家不詳） 139, 143
オリドのイフィジェニー（アウリスのイピゲネイア）（Iphigénie en Aulide 1774 初演 グルック作曲 デュ・ルレ台本） 7, 14, 34-37, 71, 147, 148, 151, 157-159, 166, 169, 170
オリンピーアデ（L'Olimpiade 1758 初演 トラエッタ作曲 メタスタージオ台本） 93, 105
オルフェーオとエウリディーチェ（オルペウスとエウリュディケ）（Orfeo ed Euridice 1762 初演 グルック作曲 カルツァビージ台本） 93, 101, 116, 151
オルフェとユリディース（オルペウスとエウリュディケ）（Orphée et Euridice 1774 初演 グルック作曲 カルツァビージ台本（モリーヌの仏訳による）） 151, 152
オルミズダ（ホルミスダス）（Ormisda 1730 初演 ヘンデル他（パスティッチョ）作曲 ゼーノ台本） 127
オルランド（Orlando 1733 初演 ヘンデル作曲 カペーチェ台本） 59, 122
オレステ（オレステス）（L'Oreste 1520 頃執筆 ルチェラーイ台本） 4
オレステ（オレステス）（L'Oreste 1722 初演 ミケーリ作曲 バルロッチ台本） 135
オレステ（オレステス）（Oreste 1734 初演 ヘンデル（セルフ・パスティッチョ）作曲 バルロッチ台本） 7, 31, 119, 120, 126, 130, 133-145

【カ】

カイオ・ファッブリーチョ（ガイウス・ファブリキウス）（Caio Fabbricio　1733 初演　ヘンデル他（パスティッチョ）作曲　ゼーノ台本）　124-126
カストルとポリュクス（カストルとポリュデウケス）（Castor et Pollux　1737 初演　ラモー作曲　ベルナール台本）　109
カトーネ（カトー）（Catone　1732 初演　ヘンデル他（パスティッチョ）作曲　メタスタージオ台本）　127
カドミュスとエルミオーヌ（カドモスとハルモニア）（Cadmus et Hermione　1673 初演　リュリ作曲　キノー台本）　148
今日この日こそ（This is the day　1734 初演　ヘンデル作曲　詩篇）　128
ギリシア神話（Βιβλιοθήκη［Bibliothēkē］　B.C.2 世紀執筆　アポロドロス作）　31
クレオーフィデ（クレオピス）（Cleofide　1754 初演　アグリコラ作曲　メタスタージオ台本）　72
クレオパトラとチェーザレ（クレオパトラとカエサル）（Cleopatra e Cesare　1742 初演　グラウン作曲　ボッタレッリ台本）　72, 74, 88
クレオメネ（Il Cleomene　1731 初演　アライヤ作曲　カッサーニ台本）　91
クレタのアリアンナ（アリアドネ）（Arianna in Creta　1734 初演　ヘンデル作曲　パリアーティ台本　コールマン改作？）　119, 124, 128, 129, 133, 134
皇帝ティートの慈悲（La clemenza di Tito　1735 初演　ハッセ作曲　メタスタージオ台本）　91, 94
後宮からの誘拐（Die Entführung aus dem Serail　1782 初演　モーツァルト作曲　プレツナー台本）　39
乞食オペラ（The Beggar's Opera　1728 初演　ペープシュ作曲　ゲイ台本）　130

【サ】

シーロエ（カワード2世）（Siroe　1728 初演　ヘンデル作曲　メタスタージオ台本　ハイム改作）　139, 142-144
シーロのアキッレ（スキュロス島のアキレウス）（Achille in Sciro　1663 初演　レグレンツィ作曲　ベンティヴォーリオ台本）　57
シーロのアキッレ（スキュロス島のアキレウス）（Achille in Sciro　1736 初演　カルダーラ作曲　メタスタージオ台本）　6, 23, 41, 51-53, 55, 57, 61, 66
シーロのアキッレ（スキュロス島のアキレウス）（Achille in Sciro　1737 初演　サッロ作曲　メタスタージオ台本）　61

シーロのアキッレ（スキュロス島のアキレウス）（Achille in Sciro　1744 初演　コルセッリ作曲　メタスタージオ台本）　53, 62, 66
シーロのアキッレ（スキュロス島のアキレウス）（Achille in Sciro　1765 初演　アグリコラ作曲　台本作者不詳）　73
詩学（Περὶ Ποιητικῆς［Peri poietikês］　B.C.335 頃　アリストテレス作）　4, 14, 19, 20, 29
詩法（L'Art poétique　1674 初版　ボワロー作）　19
ジューリオ・チェーザレ（ユリウス・カエサル）（Giulio Cesare　1724 初演　ヘンデル作曲　ブッサーニ台本　ハイム改作）　127
シリタ（Sirita　1719 初演　カルダーラ作曲　ゼーノ台本）　51
神曲（La divina commedia　1304 頃 -1321 頃執筆　ダンテ作）　4
セビーリャの理髪師（Il barbiere di Siviglia　1782 初演　パイジェッロ作曲　ペトロセッリーニ台本）　97
セミラーミデ（セミラミス）（Semiramide　1733 初演　ヘンデル他（パスティッチョ）作曲　メタスタージオ台本）　88, 124-126, 128
セレウコ（Seleuco　1744 初演　アライヤ作曲　ボネッキ台本）　91, 100
俗語詩の美について（La bellezza della volgar poesia　1700 初版　クレシンベーニ作）　25
ソザルメ（Sosarme　1732 初演　ヘンデル作曲　サルヴィ台本）　124, 129, 139
ソフォニズバ（Sofonisba　1762 初演　トラエッタ作曲　ヴェラーツィ台本）　105, 114

【タ】

戴冠したエウドッサ、またはテオドージオ 2 世（Eudossa incoronata, o sia Teodosio II　1751 初演　アライヤ作曲　ボネッキ台本）　92, 95
ダヴィドとベルサベア（David e Bersabea　1734 初演　ポルポラ作曲　ロッリ台本）　124, 129, 133
タウリケのイピゲネイア（Ἰφιγένεια ἐν Ταύροις［Iphigéneia en Taúrois］　B.C.413 頃執筆　エウリピデス台本）　3-6, 13, 15-17, 21, 31, 39, 102, 135
タウリスのイフィゲーニエ（タウリケのイピゲネイア）（Iphigenie auf Tauris　1779 初演　ゲーテ作）　6
タウリスのイフィゲーニエ（タウリケのイピゲネイア）（Iphigenie auf Tauris　1974 初演　バウシュ振付）　6
タウリデのイフィジェニーア（タウリケのイピゲネイア）（Ifigenia in Tauride　1719 初演　オルランディーニ作曲　パスクワリーゴ台本）　14, 27
タウリデのイフィジェニーア（タウリケのイピゲネイア）（Ifigenia in Tauride　1763 初演　トラエッタ作曲　コルテッリーニ台本）　101-106

タウリデのイフィジェニーア（タウリケのイピゲネイア）（Ifigenia in Tauride　1768 初演　ガルッピ作曲　コルテッリーニ台本）　90, 92, 97, 101-104, 106, 109
タウリのイフィジェニーア（タウリケのイピゲネイア）（Ifigenia in Tauri　1713 初演　D・スカルラッティ作曲　カペーチェ台本）　14, 20-23, 28, 59
ダフネ（Dafne　1627 初演　シュッツ作曲　オピッツ台本）　67
タメルラーノ（ティムール）（Tamerlano　1724 初演　ヘンデル作曲　ピオヴェーネ台本　ハイム改作）　139, 143
チーロ（キュロス）（Ciro　1733 初演　トッリ作曲　ヴィッラーティ台本）　78
チェッキーナ、あるいは、良い娘（Cecchina, ossia La buona figliuola　1760 初演　ピッチンニ作曲　ゴルドーニ台本）　152
忠実な羊飼い（Il pastor fido　1712 初演 / 1734 改訂　ヘンデル作曲　ロッシ台本）　124, 129, 133, 134
ツェファールとプロクリス（Цефал и Прокрис［Tsefal i Prokris］　1755 初演　アライヤ作曲　スマローコフ台本）　92, 95, 97
ティートとベレニーチェ（Tito e Berenice　1714 初演　カルダーラ作曲　カペーチェ台本）　25
貞節が裏切りを打ち負かす（L'inganno vinto dalla costanza　1700 初演　アリオスティ作曲　マウロ台本）　72
ティリダーテ（ティリダテス）あるいは欺瞞の中の真実（Il Tiridate, overo La verità nell'inganno　1717 初演　カルダーラ作曲　シルヴァーニ台本）　69
ティンダーリディ（チュンダレオスの息子たち）（Tindaridi　1760 初演　トラエッタ作曲　フルゴーニ台本）　109
テッサリアの愛（Amore in Tessaglia　1718 初演　コンティ作曲　パリアーティ台本）　69
デボラ（Deborah　1733 初演　ヘンデル作曲　ハンフリーズ台本）　124, 128, 129, 133, 134
テミストクレ（テミストクレス）（Temistocle　1718 初演　ポルポラ作曲　ゼーノ台本）　69
デルフォイのイフィゲーニエ（イピゲネイア）（Iphigenie in Delphi　1940 初演　ハウプトマン作）　6
テルプシーコレ（Terpsichore　1734 初演　ヘンデル作曲　歌詞なし）　133, 134
独裁官ルーチョ・パピーリオ（ルキウス・パピリウス）（Lucio Papirio dittatore　1719 初演　カルダーラ作曲　ゼーノ台本）　69
独裁官ルーチョ・パピーリオ（ルキウス・パピリウス）（Lucio Papirio Dittatore　1732 初演　ヘンデル他（パスティッチョ）作曲　ゼーノ台本　フルゴーニ改作）　127
トリドのイフィジェニー（タウリケのイピゲネイア）（Iphigénie en Tauride　1704 初演

デマレ＆カンプラ作曲　ダンシェ＆デュシェ台本） 69
トリドのイフィジェニー（タウリケのイピゲネイア）（Iphigénie en Tauride　1779 初演 / ウィーン初演 1781　グルック作曲　ギヤール台本 / ウィーン・ドイツ語版アルシンガー台本） 7, 8, 14, 34-37, 39, 68, 69, 71, 102, 147, 148, 151-153, 157, 159, 163, 169-171
トロメーオ（プトレマイオス）（Tolomeo　1728 初演　ヘンデル作曲　カペーチェ台本　ハイム改作） 127
ドン・キショッテ（ドン・キホーテ）（Don Chisciotte am Hofe der Herzogin, oder Don Chisciottens zweiter Teil　1728 初演　カルダーラ作曲？　シュールマン台本？） 77

【ナ】

ナクソスのアリアンナ（アリアドネ）（Arianna in Nasso　1733 初演　ポルポラ作曲　ロッリ台本） 124, 128, 129

【ハ】

パルテノペ（Partenope　1730 初演　ヘンデル作曲　スタンピーリア台本） 70, 139, 140
パルナッソ（パルナッソス）山の祭礼（Parnasso in Festa　1734 初演　ヘンデル作曲　台本作者不詳） 124, 128, 129
フィガロの結婚（Le nozze di Figaro　1786 初演　モーツァルト作曲　ダ・ポンテ台本） 39
フェヴェーイ（Февей［Fevey］　1786 初演　パシケーヴィチ作曲　エカテリーナ 2 世台本） 96
フェルナンド（Fernando　1734 初演　アッリゴーニ作曲　ロッリ台本） 124, 129
復活（La ressurezione　1708 初演　ヘンデル作曲　カペーチェ台本） 21, 47, 49
フロリダンテ（Floridante　1721 初演　ヘンデル作曲　ロッリ台本） 139
ベッレロフォンテ（Bellerofonte　1750 初演　アライヤ作曲　ボネッキ台本） 92, 95, 100
ヘルクレス（ヘラクレス）（Hercules　1745 初演　ヘンデル作曲　ブロートン台本） 119
ベルミーラ（Belmira　1734 初演　ポルポラ他（パスティッチョ）作曲　台本作者不詳） 124, 133
ベレニーチェ（ベレニケ）（Berenice　1730 初演　フェランディーニ作曲　ヴィッラーティ台本） 78
変身物語（Metamorphoseon libri　A.D.8 頃執筆　オウィディウス作） 4, 97
ポリドルス（ポリュドロス）（Polidorus　1735 初演　グラウン作曲　ミュラー台本） 71

ポリフェーモ（ポリュペモス）（Polifemo　1735 初演　ポルポラ作曲　ロッリ台本）133

【マ】

見捨てられたディドーネ（ディド）（Didone abbandonata　1740 初演　ガルッピ作曲　メタスタージオ台本）92, 101
見捨てられたディドーネ（ディド）（Didone abbandonata　1742 初演　ハッセ作曲　メタスタージオ台本）72
無邪気な義務と愛の諍い（Der Streit der kindlichen Pflicht und Liebe　1731 初演　ポルポラ、テレマン作曲　メタスタージオ台本）70
名婦列伝（Ἠοῖαι［Ēhoîai］　B.C.580-B.C.520 頃執筆　作者不詳）3
メーロペ（メロペ）（Merope　1756 初演　グラウン作曲　フリードリヒ 2 世&タリアズッキ台本）73, 74
メサイア（Messiah　1741 初演　ヘンデル作曲　ジェネンズ台本）121, 125
最も美しい名前（Il più bel nome　1708　カルダーラ作曲　パリアーティ台本）48
メルキュール・ド・フランス（Mercure de France　1672- 現在）34, 151, 163
物の本質について（De rerum natura　B.C.1 世紀執筆　ルクレティウス作）33

【ラ】

ラダミスト（ラダミストゥス）（Radamisto　1720 初演　ヘンデル作曲　ハイム台本）139
ラ・チッラ（La Cilla　1707 初演　ファッジョーリ作曲　トゥーリオ台本）23
ラツィオのエネーア（アエネアス）（Enea nel Lazio　1734 初演　ポルポラ作曲　ロッリ台本）124, 129
ラモーの甥（Le Neveu de Rameau　1805 初版　ディドロ作）150
リッカルド（リチャード）1 世（Riccardo Primo　1727 初演　ヘンデル作曲　ブリアーニ台本　ロッリ改作）139-141
リナルド（Rinaldo　1711 初演　ヘンデル作曲　ロッシ台本）121, 135
歴史（ἱστορίαι［historiai］　B.C.430 頃執筆　ヘロドトス作）4
ロターリオ（Lotario　1729 初演　ヘンデル作曲　ロッシ台本？）139
ロデリンダ（Rodelinda, regina de' Langobardi　1742 初演　グラウン作曲　ボッタレッリ台本）70, 72, 74
ロドリーゴ（ロデリック）（Rodrigo　1707 初演　ヘンデル作曲　シルヴァーニ台本）139
ロラン（Roland　1778 初演　ピッチンニ作曲　マルモンテル台本）152, 153

❖執筆者紹介

【編著者】

大崎さやの（おおさき・さやの）

イタリア演劇・文学研究。博士（文学、東京大学）。現在、東京藝術大学、東京大学、法政大学、明治大学等にて非常勤講師。著書『啓蒙期イタリアの演劇改革―ゴルドーニの場合』（東京藝術大学出版会）により第28回AICT演劇評論賞、第55回河竹賞奨励賞を受賞。他に『演劇と音楽』（共著、森話社）、『ベスト・プレイズⅡ―西洋古典戯曲13選』（共訳著、論創社）、『西洋演劇論アンソロジー』（共訳著、月曜社）等。

森 佳子（もり・よしこ）

早稲田大学・多摩美術大学ほか非常勤講師。博士（文学）。専門は音楽学（主にフランスのオペラ、音楽劇）。主な著書に『笑うオペラ』『クラシックと日本人』（共に青弓社）、『オッフェンバックと大衆芸術－パリジャンが愛した夢幻オペレッタ』（早稲田大学出版部）、『オペレッタの幕開け――オッフェンバックと日本近代』（青弓社）、訳書に『音楽のグロテスク』（ベルリオーズ著、青弓社）、共編著に『オペラ学の地平』（彩流社）、『パリ・オペラ座とグランド・オペラ』（森話社）などがある。

【著者】（執筆順）

辻 昌宏（つじ・まさひろ）

明治大学経営学部教授。イタリア詩、英詩とオペラのリブレットを研究対象としている。著書『オペラは脚本（リブレット）から』（明治大学出版会）、共訳書にジョーゼフ・カーマン『ドラマとしてのオペラ』（音楽之友社）、マリーナ・ボアーニョ、ジルベルト・スタローネ『君の微笑み――エットレ・バスティアニーニ』（フリースペース）。共著に『イタリアの歴史を知るための50章』（明石書店）、『キーワードで読むオペラ / 音楽劇研究ハンドブック』（アルテスパブリッシング）等。

大河内文恵（おおこうち・ふみえ）

東京芸術大学大学院音楽研究科博士後期課程修了。博士（音楽学）。現在、東京芸術大学音楽学部附属音楽高等学校非常勤講師。専門は西洋音楽史。著書・論文に『オペラ／音楽劇研究の現在：創造と伝播のダイナミズム』（共著、水声社、2021年）、「1760年代から1830年までのヴィーンにおけるオペラ上演についての試論：ドレスデン・ベルリンとの比較から」（東京芸術大学音楽学部附属高等学校研究紀要17、2022年）などがある。

森本頼子（もりもと・よりこ）

愛知県立芸術大学大学院音楽研究科博士後期課程（音楽学専攻）修了。博士（音楽）。現在、名古屋音楽大学、金城学院大学、愛知県立芸術大学、各非常勤講師。早稲田大学総合研究機構オペラ／音楽劇研究所招聘研究員。専門は、西洋音楽史、ロシア音楽史など。著書に『上海フランス租界への招待――日仏中三か国の文化交流』（共編著、勉誠出版、2023年）、『音楽と越境――8つの視点が拓く音楽研究の地平』（編著、音楽之友社、2022年）などがある。

吉江秀和（よしえ・ひでかず）

青山学院大学大学院文学研究科史学専攻博士後期課程満期退学。18世紀ロンドンにおける音楽受容を中心に研究。現在、杏林大学等にて非常勤講師。著書・論文に『グローバリゼーション再審：新しい公共性の獲得に向けて』（共著、時潮社、2012年）、「1780年から1800年にかけての古楽コンサートのプログラムに見られるヘンデル作品の変化に関する一考察」（『杏林大学研究報告 教養部門』第33巻、2016年）等。

バロック・オペラとギリシア古典

2024 年 3 月 20 日　初版第 1 刷印刷
2024 年 3 月 30 日　初版第 1 刷発行

編著者　大崎さやの／森 佳子
著　者　辻 昌宏／大河内文恵／森本頼子／吉江秀和
発行者　森下紀夫
発行所　論創社
東京都千代田区神田神保町 2-23　北井ビル
tel. 03（3264）5254　fax. 03（3264）5232
web. https://www.ronso.co.jp/
振替口座　00160-1-155266

装幀／野村　浩
組版／加藤靖司
印刷・製本／中央精版印刷

ISBN978-4-8460-2373-7